Lance Armstrong

Tour des Lebens

Lance Armstrong
mit Sally Jenkins

TOUR des LEBENS

Wie ich den Krebs besiegte und die Tour de France gewann

Weltbild

Die Originalausgabe erschien unter dem Titel
It's Not About the Bike. My Journey Back to Life

Genehmigte Lizenzausgabe
für Weltbild Verlag GmbH, Augsburg 2001

Übersetzt aus dem Amerikanischen von Peter A. Schmidt,
Bringfried Schröder, Cornelia Stoll und Karlheinz Dürr
Textredaktion: Ulrike Brandt-Schwarze, Bonn
Umschlagkonzept: Patricia Büdinger
Umschlaglayout: Elisabeth Walter
Umschlagfoto: Associated Press GmbH
Autorenfoto: PICTUREPRESS Bild- und Textagentur, Hamburg
Gesamtherstellung: GGP Media, Pößneck

Gedruckt auf chlor- und säurefreiem Papier

Printed in Germany

ISBN 3-8289-0459-9

Dieses Buch ist für meine Mutter Linda,
die mir gezeigt hat, was ein echter Champion ist
Kik – sie hat aus mir einen Mann gemacht
Luke – er war das größte Geschenk meines Lebens
und ließ in einem Sekundenbruchteil die Tour de France
zu einer Lappalie schrumpfen
alle meine Ärzte und Krankenschwestern
Jim Ochowicz für die Apfelkrapfen ... jeden Tag
meine Teamkameraden Kevin, Frankie,
Tyler, George und Christian
meine Sponsoren
Chris Carmichael
Bill Stapleton. Er war immer für mich da
Bart Knaggs, ein Mann unter Männern
J. T. Neal, der härteste Krebspatient,
den diese Krankheit je getroffen hat
Kelly Davidson, eine bemerkenswerte kleine Lady
Jeff Garvey
alle Mitarbeiter der Lance Armstrong Foundation
die Städte Austin, Boone, Santa Barbara und Nizza
Sally Jenkins – wir wollten zusammen ein Buch schreiben,
aber unterwegs bist Du mir ans Herz gewachsen.

1 Davor und danach

Ich möchte sterben, 100 Jahre alt, mit der amerikanischen Flagge auf dem Rücken und dem Stern von Texas auf dem Sturzhelm, wenn ich gerade auf dem Rennrad mit 100 Sachen einen Alpenpaß hinuntergerauscht bin. Ich möchte über die allerletzte Ziellinie rollen, während meine zehn Kinder und meine tapfere Frau Beifall klatschen, und dann möchte ich mich in eines dieser berühmten französischen Sonnenblumenfelder legen und würdevoll mein Leben aushauchen – das totale Gegenteil von dem bitteren frühen Ende, das scheinbar für mich vorgesehen war.

Langsam dahinzusiechen ist nichts für mich. Ich mache nichts langsam, nicht mal atmen. Bei mir muß alles schnell gehen: schnell essen, schnell schlafen. Es macht mich verrückt, mit meiner Frau Auto zu fahren, wenn sie am Steuer sitzt. Sie bremst bei jeder gelben Ampel, während ich genervt auf dem Beifahrersitz rumrutsche.

»Nun fahr schon, du schleichst rum wie 'ne lahme Tussi«, sage ich zu ihr.

»Lance«, gibt sie zurück, »heirate 'nen Mann.«

Mein ganzes Leben lang bin ich mit meinem Rennrad herumgerast, auf kleinen Sträßchen in Austin in Texas bis hin zu den Champs-Elysées, und ich habe immer gedacht, wenn ich früh sterben sollte, dann deshalb, weil mich irgendein Bauer mit seinem Geländewagen kopfüber in den Straßengraben befördert hat. Gut möglich. Radfahrer befinden sich im Dauerkrieg mit diesen Typen in den riesigen Lastwagen. Ich kann schon gar nicht mehr zählen, wie oft und in wie vielen Ländern ich schon angefahren worden bin. Ich habe gelernt, mir selbst die Fäden zu ziehen. Man braucht dazu bloß einen Nagelknipser und einen starken Magen.

Wenn Sie wüßten, wie mein Körper unter dem Renntrikot aussieht, wäre Ihnen sofort klar, wovon ich rede. Ich habe marmorierte Narben an beiden Armen und verfärbte Stellen von oben bis unten an den Beinen, die ich mir übrigens glattrasiere. Vielleicht ist das der Grund, warum die LKW-Fahrer immer versuchen, mich über den Haufen zu fahren. Sie sehen meine gepflegten Waden und sagen sich, heute wird nicht gebremst. Aber ein Radrennfahrer muß sich rasieren, weil man unbehaarte Haut besser saubermachen und verbinden kann, wenn man über den Schotter gesegelt ist.

Eine Minute zuvor ist man noch die Straße entlanggeradelt, und im nächsten Moment liegt man mit der Schnauze im Dreck. Röhrend fegt ein Schwall heißer Auspuffgase über einen hinweg, man schmeckt den beißenden Dieselqualm und kann nur noch den entschwindenden Rücklichtern die Faust hinterher schütteln.

Mit dem Krebs war es nicht anders. Er war wie ein LKW, der mich von der Straße geschmissen hat, und ich trage noch die Narben, die das beweisen. Auf meiner Brust, knapp über dem Herzen, habe ich eine runzlige Narbe, wo der Venenkatheter gesessen hat. Von meiner Leiste bis zum rechten Oberschenkel hoch zieht sich die Operationsnarbe, wo sie mir den Hoden rausgeschnitten haben. Aber die Glanzstücke sind zwei tiefe Halbmonde auf meinem Schädel, als hätte mich zweimal ein Pferd getreten. Das sind die Andenken an meine Gehirnoperation.

Als ich 25 war, bekam ich Hodenkrebs, und daran wäre ich fast gestorben. Ich hatte eine Überlebenschance von nicht mal 40 Prozent, und, ehrlich gesagt, ein paar von meinen Ärzten haben das auch nur aus reiner Freundlichkeit gesagt. Ich weiß schon, der Tod ist nicht gerade ein Thema für Small talk. Krebs auch nicht, oder Narben am Schädel, oder das, was unterhalb der Gürtellinie liegt. Aber ich habe auch nicht vor, mich nett und unverbindlich mit Ihnen zu unterhalten. Ich will, daß Sie die Wahrheit erfahren. Ich bin sicher, es ist Ihnen lieber, davon zu hören, wie das mit dem Krebs wirklich war, wieso ich danach trotzdem die Tour de France gewinnen konnte, dieses Straßenrennen von über 3800 Kilometern, von dem man sagt, es sei der härteste Sportwettkampf der Welt. Sie wollen etwas erfahren über Glauben und nicht weiter Begründbares, über dieses ganz unwahrscheinliche Comeback, wodurch ich heute neben so überragenden Fahrern wie Greg LeMond und Miguel Induráin stehen kann. Vielleicht wollen Sie auch etwas über den oft wie ein Märchen erzählten Aufstieg in den Alpen und den Sieg über die Straßen der Pyrenäen lesen. Sie wollen wissen, wie ich mich dabei *gefühlt* habe.

Manches von dieser Geschichte ist nicht ganz leicht zu erzählen, und manches hört sich nicht besonders schön an. Ich bitte Sie gleich hier am Anfang, alles, was Sie über Helden und Wunder denken, zu vergessen. Das hier ist kein Märchenbuch. Wir sind nicht in Disneyland oder Hollywood. Ein Beispiel: Ich habe gelesen, daß ich die Hügel und Berge in Frankreich hinauf*geflogen* wäre. Aber einen Berg fliegt man nicht rauf. Man quält sich langsam und unter Schmerzen den Anstieg hoch, und wenn man sich ganz besonders anstrengt, kommt man vielleicht vor den anderen da oben an.

Mit dem Krebs ist das genauso. Auch starke Menschen bekommen Krebs, tun alles, was man tun muß, um ihn zu besiegen, und sterben trotzdem. Das ist eine Grundwahrheit, die man einsehen muß. Wenn man das getan hat, wird einem alles andere ziemlich egal. Es kommt einem nicht mehr so wichtig vor.

Ich weiß nicht, warum ich noch lebe. Ich kann nur raten. Ich bin ziemlich zäh, und in meinem Beruf habe ich gelernt, wie man mit Problemen und Hindernissen fertig wird. Ich mag anstrengendes Training und anstrengende Rennen. Das hat mir geholfen. Es war eine gute Voraussetzung, aber entscheidend war es nicht. Ich kann mir nicht helfen, aber ich glaube, daß ich überlebt habe, war doch eher ein glücklicher Zufall.

Als ich 16 war, wurde ich zu einer Testreihe an der Cooper Clinic in Dallas eingeladen. Das ist ein sehr angesehenes Forschungszentrum, wo das Aerobic erfunden wurde. Ein Arzt testete meinen VO_2max-Faktor, der zeigt, wieviel Sauerstoff man maximal aufnehmen und nutzen kann. Er sagte, das wären die höchsten Werte, die er je gesehen hätte. Außerdem produzierte ich weniger Milchsäure als die meisten Menschen. Der Körper erzeugt Milchsäure, wenn er arbeitet und dabei müde wird. Milchsäure macht das Stechen in der Lunge und den Muskelkater in den Beinen.

Ich kann mich also sehr stark anstrengen und werde dabei nicht so schnell müde wie die meisten anderen Leute. Vielleicht habe ich auch deshalb überlebt. Ich hatte einfach Glück. Ich bin mit einem außergewöhnlichen Talent zum Atmen auf die Welt gekommen. Aber wie dem auch sei, ich habe eine lange Zeit in einem Nebel aus Krankheit und Verzweiflung verbracht.

Meine Krankheit hat mich vom hohen Roß runtergeholt und mir ist eine Menge klargeworden. Der Krebs hat mich gezwungen, unbarmherzig über mein Leben nachzudenken. Es gibt da ein paar Sachen, auf die ich nicht besonders stolz bin: Manchmal war ich gemein, habe mich um meine Pflichten rumgedrückt, manchmal war ich auch schwach und habe irgendwas nicht getan, was mir heute leid tut. Ich habe mich gefragt: »Was für ein Mensch willst du eigentlich sein – wenn du überhaupt am Leben bleibst?« So langsam wurde mir klar, daß mir zum erwachsenen Mann noch einiges fehlte.

In Wahrheit war der Krebs das Beste, was mir passieren konnte. Ich weiß nicht, warum ich diese Krankheit bekommen habe. Aber sie hat bei mir Wunder gewirkt, und ich will gar nicht, daß es nicht so gekommen wäre. Warum sollte ich mir auch nur einen Tag lang etwas aus meinem Leben wegdenken, und dann noch das wichtigste und prägendste überhaupt?

Aber ich will Ihnen nichts vormachen. Es gibt zwei Lance Armstrongs: den vor dem Krebs und den danach. Die Lieblingsfrage der Leute ist: »Wie hat der Krebs Sie verändert?« Die wirkliche Frage ist aber, inwiefern er mich *nicht* verändert hat. Am 2. Oktober 1996 ging ich aus meinem Haus, und als ich wiederkam, war ich ein anderer. Ich war ein Weltklassesportler gewesen, mit einer hübschen Villa am Flußufer, einem Porsche in der Garage und einem selbstverdienten Vermögen auf der Bank. Ich gehörte zur Weltspitze der Radrennfahrer, und meine Karriere bewegte sich steil nach oben. Als ich zurückkam, war ich ein total anderer Mensch. Irgendwie ist mein altes Ich tatsächlich gestorben, und mir wurde ein zweites Leben geschenkt. Sogar mein Körper sieht anders aus, denn bei der Chemotherapie verschwanden alle Muskeln, die ich mir antrainiert hatte, und als ich gesund wurde, kamen sie nicht genauso wieder.

Menschen sterben. Manchmal macht mich diese Wahrheit so fertig, daß ich es nicht über mich bringen kann, sie auszusprechen. Wozu also weitermachen, fragt man sich dann. Warum lassen wir es nicht einfach gut sein und legen uns dorthin, wo wir gerade sind? Aber es gibt auch noch eine andere Wahrheit: Die Menschen leben, und sie leben auf die bemerkenswerteste Art und Weise. Als ich krank war, habe ich an einem einzigen Tag mehr Schönheit und Triumph erlebt, als je in einem ganzen Radrennen - aber es waren *menschliche* Augenblicke, keine geheimnisvollen Wunder. Ich habe einen Typen kennengelernt, der in einem ausgeleierten Trainingsanzug rumlief und sich als brillanter Chirurg entpuppte. Ich habe mich mit einer unermüdlichen, überlasteten Krankenschwester namens LaTrice angefreundet, die sich auf eine Art um mich gekümmert hat, die es nur gibt, wenn man mit jemandem tief und mitfühlend verbunden ist. Ich habe Kinder gesehen, ohne Wimpern und ohne Augenbrauen, denen die Chemo die Haare weggebrannt hatte und die mit dem unerschrockenen Herzen eines Miguel Induráin kämpften.

Bis heute habe ich es noch nicht richtig begriffen.

Alles, was ich tun kann, ist, Ihnen die ganze Geschichte der Reihe nach zu erzählen.

Ich hätte *natürlich* wissen müssen, daß mit mir etwas nicht stimmte. Aber bei Sportlern, und bei Radfahrern ganz besonders, gehört das Verdrängen zum Geschäft. Man verdrängt alle Beschwerden und Schmerzen, weil man das tun muß, sonst würde man das Rennen nicht durchstehen. Dieser Sport ist eine Art Selbstmißbrauch. Man sitzt den ganzen Tag im Sattel, sechs oder sieben Stunden hintereinander, bei jedem Wetter, über Stock und Stein, durch Matsch, Wind und Regen, sogar bei Hagel, und läßt sich vom Schmerz nicht unterkriegen.

Alles tut einem weh, der Rücken, die Füße, die Hände, der Nacken, der Hintern und natürlich die Beine.

Nein, es ist mir damals, 1996, nicht aufgefallen, daß ich mich nicht besonders gut fühlte. Als in diesem Winter mein rechter Hoden leicht anschwoll, sagte ich mir, damit mußt du eben leben. Ich nahm an, ich hätte mir die Schwellung irgendwie beim Radfahren zugezogen, oder es sei eine Reaktion auf irgendwelche männlichen Körpervorgänge. Ich fuhr gute Rennen, hatte eigentlich bessere Bewertungen als je zuvor, und zum Aufhören gab es keinen Grund.

Radrennfahren ist ein Sport, bei dem sich Reife auszahlt. Er verlangt ein körperliches Stehvermögen, das man jahrelang aufbauen muß, und ein Verständnis für Strategie, das man erst mit viel Erfahrung bekommt. Im Jahr 1996 hatte ich allerdings das Gefühl, daß ich mich allmählich meiner Bestform näherte. Im Frühjahr gewann ich das »Flèche – Walonne«, eine mörderische Tour durch die Ardennen, die bis dahin noch kein Amerikaner geschafft hatte. Beim klassischen Rennen »Lüttich – Bastogne – Lüttich« über 267 Kilometer an einem einzigen schweren Tag kam ich als Zweiter ins Ziel. Und bei der »Tour DuPont«, 1960 Kilometer in zwölf Tagen durch die Berge von Carolina, wurde ich Sieger. Außerdem konnte ich noch fünf zweite Plätze einfahren, und ich war zum erstenmal in meiner Karriere kurz davor, in die internationale Spitze der fünf Weltbesten einzubrechen.

Als ich die »Tour DuPont« gewann, fiel den Radsportfans allerdings etwas Ungewöhnliches auf. Wenn ich sonst über den Zielstrich fuhr, pumpte ich normalerweise die Fäuste wie Kolben auf und ab, aber an diesem Tag war ich für Siegeskundgebungen auf dem Rad viel zu erschöpft. Ich hatte blutunterlaufene Augen und einen hochroten Kopf.

Nach meinem ausgezeichneten Frühjahr hätte ich eigentlich zuversichtlich und energiegeladen sein müssen. Statt dessen war ich einfach nur müde. Meine Brustwarzen taten mir weh. Wenn ich besser informiert gewesen wäre, hätte ich gewußt, daß das ein Krankheitszeichen war. Es bedeutete, daß ich einen erhöhten Spiegel des Hormons HCG (Humanes Choriongonadotropin) hatte, das normalerweise von Frauen in der Schwangerschaft produziert wird. Bei Männern kommt es nur in winzigen Mengen vor, es sei denn, ihre Hoden spielen verrückt.

Ich dachte, ich wäre einfach nur erschöpft. »Reiß dich zusammen«, sagte ich zu mir, »du kannst dir keinen Durchhänger leisten.« Die beiden wichtigsten Rennen der Saison lagen noch vor mir: Die Tour de France und die Sommerolympiade in Atlanta. Nur dafür hatte ich trainiert und war ich Rennen gefahren.

Bei der Tour de France mußte ich schon nach fünf Tagen aufgeben. Nachdem ich durch ein Gewitter gefahren war, bekam ich Halsschmerzen und eine Bronchitis. Ich hustete und hatte Schmerzen im Lendenbereich. Ich konnte einfach nicht wieder aufs Rad steigen. »Ich hab' keine Luft mehr bekommen«, sagte ich zu den Journalisten. Rückblickend waren das schicksalhafte Worte.

In Atlanta ließ mich mein Körper wieder im Stich. Beim Zeitfahren wurde ich Sechster, und beim Straßenfahren kam ich auf den 12. Platz. Insgesamt ganz gut, aber ich hatte einfach mehr erwartet und war enttäuscht.

Als ich wieder in Austin war, schob ich alles auf eine Grippe. Ich schlief viel, alles tat mir weh und mir war irgendwie schwindelig. Ich nahm das alles auf die leichte Schulter und dachte: »Na ja, die Saison war eben ziemlich anstrengend.«

Am 18. September feierte ich meinen fünfundzwanzigsten Geburtstag. Ein paar Tage später lieh ich mir ein Gerät, um Margarita-Bowle zu machen, feierte in meinem Haus mit Freunden eine große Party, und anschließend ging es noch zu einem Konzert von Jimmy Buffet. Mitten in dieser Nacht sagte ich zu meiner Mutter Linda, die aus Plano herübergekommen war: »Ich bin der glücklichste Mensch auf der Welt.« Ich liebte mein Leben. Ich traf mich mit Lisa Sheils, einer hübschen Studentin an der University of Texas. Ich hatte gerade einen neuen Zweijahresvertrag über 1,25 Millionen Dollar pro Jahr mit dem angesehenen französischen Rennteam Cofidis unterschrieben. Ich hatte ein wunderschönes neues Haus, an dem ich monatelang herumgebaut hatte, bis innen und außen alles bis ins kleinste genau so geworden war, wie ich es mir vorgestellt hatte. Es war eine Villa im mediterranen Stil am Ufer des Lake Austin, mit hohen Glasfenstern, durch die man auf den Swimmingpool und eine Art italienischen Innenhof hinaussah, der sich bis zum Bootsanleger hinunterzog, wo mein eigener Jetski und mein Motorboot auf mich warteten.

Der Abend wurde nur durch eines getrübt: Mitten im Konzert bekam ich Kopfschmerzen. Es fing an mit einem dumpfen Pochen. Ich schluckte ein paar Aspirin, die halfen aber nicht. Die Kopfschmerzen wurden sogar schlimmer.

Ich versuchte es mit Ibuprofen. Ich hatte inzwischen vier Tabletten davon intus. Aber die Kopfschmerzen wurden immer schlimmer. Ich sagte mir, das sei ein Fall von entschieden zu vielen Margaritas und schwor mir, nie, nie wieder dieses Zeug zu trinken. Mein Freund, Agent und Anwalt Bill Stapleton schnorrte bei seiner Frau Laura ein paar Migränetabletten, die sie in der Handtasche hatte. Ich nahm drei. Auch das half nicht.

Inzwischen war es eine Art von Kopfschmerzen, die man sonst nur im Kino zu sehen bekommt: Die Knie werden weich, man hält sich den Kopf mit beiden Händen und man meint, er platzt.

Schließlich gab ich auf und ging nach Hause. Ich knipste alle Lichter aus, legte mich auf die Couch und bewegte mich nicht. Der Schmerz ließ zwar nicht nach, aber im Verein mit meinem Tequila-Kater hatte er mich so ausgelaugt, daß ich schließlich doch einschlief.

Als ich am nächsten Morgen wach wurde, war es vorbei. In

der Küche beim Kaffeekochen kam mir alles ein bißchen verschwommen vor. Die Dinge schienen keine festen Konturen zu haben. »Ich werde wohl langsam alt«, dachte ich. »Vielleicht brauche ich eine Brille.«

Ich hatte für alles eine Entschuldigung.

Ein paar Tage später telefonierte ich im Wohnzimmer mit meinem Freund Bill Stapleton. Plötzlich bekam ich einen heftigen Hustenanfall. Ich mußte würgen und spürte einen metallischen und fauligen Geschmack im Mund. »Bleib mal dran«, sagte ich, »hier stimmt was nicht.« Ich rannte ins Bad und hustete ins Waschbecken.

Es war mit Blut gesprenkelt. Ich starrte ins Becken. Ich mußte nochmal husten, und dabei spuckte ich eine rote Lache aus. Ich konnte nicht glauben, daß diese Menge Blut und schleimiges Zeug aus meinem eigenen Körper gekommen sein sollte.

Tief beunruhigt ging ich zurück ins Wohnzimmer und nahm den Hörer. »Bill, ich ruf dich nachher nochmal an«, sagte ich. Sofort, nachdem ich aufgelegt hatte, wählte ich die Nummer von meinem Nachbarn Dr. Rick Parker an, einem guten Freund, der in Austin mein Hausarzt ist. Rick wohnt nur ein Stückchen die Straße hinunter.

»Kannst du mal rüberkommen?« bat ich. »Ich huste Blut.«

Während Rick noch unterwegs war, ging ich wieder ins Bad und betrachtete die blutige Bescherung im Becken. Plötzlich drehte ich den Hahn auf. Ich wollte alles wegspülen. Manchmal tue ich Dinge, ohne vernünftig darüber nachzudenken. Ich wollte nicht, daß Rick das sah. Es war mir unangenehm. Ich wollte, daß es weg war.

Als Rick kam, untersuchte er meine Nase und meinen Mund. Nachdem er mir in den Hals geguckt hatte, wollte er das Blut sehen. Ich zeigte ihm das bißchen, das noch im Bekken hing. »Oh Gott«, dachte ich, »ich kann ihm doch nicht sagen, wieviel das gewesen ist, das ist einfach zu ekelig.« Der verbliebene Rest sah nicht besonders beeindruckend aus.

Rick kannte meine Klagen über Stirnhöhlenbeschwerden und Allergien. In Austin gibt es viel Jakobskraut und Pollenflug, und wegen der strengen Dopingvorschriften im Radsport kann ich es mir nicht leisten, Medikamente dagegen zu nehmen. Ich muß es über mich ergehen lassen.

»Die Blutung könnte aus deinen Stirnhöhlen gekommen sein«, meinte Rick. »Du hast ja da einen Bruch.«

»Wunderbar«, sagte ich. »Dann ist es also keine große Sache.«

Ich war sehr erleichtert, ich stürzte mich auf die erste Vermutung, daß es nichts Ernstes wäre, und hakte es ab. Rick knipste seine kleine Stablampe aus, und auf dem Weg zur Tür lud er mich in der kommenden Woche zum Abendessen ein.

Ein paar Abende später fuhr ich mit meinem Motorroller den Hügel runter zu den Parkers. Ich habe etwas übrig für motorisiertes Spielzeug, und der Roller war eins meiner Lieblingsstücke. Aber an diesem Abend tat mir mein Hoden so weh, daß ich kaum auf dem Ding sitzen konnte.

Auch bei den Parkers hatte ich große Mühe, einigermaßen bequem am Eßtisch zu sitzen. Ich mußte genau die richtige Sitzposition finden, und dann durfte ich mich nicht mehr bewegen. Es tat einfach höllisch weh.

Fast hätte ich Rick gesagt, was mit mir los war, aber ich hatte zu große Hemmungen. Über so was unterhält man sich wohl kaum beim Abendessen, und ich hatte ihn ja schon mit dem Blut belästigt. »Er denkt sonst bestimmt, ich wäre ein Jammerlappen«, dachte ich bei mir. »Halt lieber den Mund.«

Als ich am nächsten Morgen aufwachte, war einer meiner Hoden furchterregend angeschwollen, er war fast so groß wie eine Apfelsine. Ich zog mich an, nahm mein Rad von seinem Halter in der Garage herunter und machte mich auf meine übliche Trainingsrunde. Aber ich merkte, daß ich nicht auf dem Sattel sitzen konnte. Ich mußte die ganze Runde in den Pedalen stehen. Als ich am frühen Nachmittag nach Hause kam, rief ich zögernd wieder bei den Parkers an.

»Rick, mit einem meiner Hoden stimmt was nicht«, sagte ich. »Es ist sehr angeschwollen, und ich mußte die ganze Strekke im Stehen fahren.«

Rick war sehr ernst. »Das mußt du sofort untersuchen lassen«, meinte er.

Er wollte mir unbedingt noch am selben Nachmittag einen Termin bei einem Spezialisten machen. Wir legten auf, und er rief Dr. Jim Reeves an, einen prominenten Urologen aus der Stadt. Als Rick ihm meine Beschwerden geschildert hatte, sagte Dr. Reeves, ich solle sofort zu ihm kommen. Er würde mir einen Termin freihalten. Rick rief mich an und sagte, Dr. Reeves vermute zwar bei mir nur eine Torsion, eine Drehung des Hodens, aber ich sollte hinkommen und es untersuchen lassen. Wenn ich mich nicht darum kümmern würde, könnte ich den Hoden verlieren.

Ich duschte und zog mich an, nahm die Autoschlüssel und setzte mich in meinen Porsche, und merkwürdigerweise weiß ich noch genau, was ich anhatte: Khakihosen und ein grünes Hemd drüber. Die Praxis von Dr. Reeves lag in der Innenstadt von Austin in der Nähe der University of Texas in einem unauffälligen Klinikgebäude aus braunem Klinker.

Dr. Reeves war ein älterer Herr mit einer tiefen, angenehmen Stimme, die tief aus einem Brunnenschacht zu kommen schien. In seiner ärztlich-beflissenen Art wirkte bei ihm alles wie Routine – obwohl er von dem, was er bei der Untersuchung sah, ernsthaft alarmiert war.

Mein Hoden war auf das Dreifache der normalen Größe geschwollen, hart und äußerst berührungsempfindlich. Dr. Reeves machte ein paar Notizen und Messungen. »Das sieht mir etwas verdächtig aus«, meinte er. »Zur Sicherheit schicke ich Sie rüber zur Ultraschalluntersuchung, das ist gleich gegenüber.«

Ich zog mich wieder an und ging zu meinem Auto. Das Institut lag auf der anderen Seite einer breiten Straße in einem anderen klinikartigen braunen Klinkerbau. Ich beschloß, mit dem Auto hinüberzufahren. Das Gebäude war ein kleiner Bienenstock aus lauter Büros und Räumen, die mit komplizierten medizinischen Geräten vollgestopft waren. Wieder legte ich mich auf einen Untersuchungstisch.

Eine MTA, eine medizinisch-technische Assistentin, kam

herein und untersuchte mich mit dem stabförmigen Instrument des Ultraschallgeräts, das ein Bild in einen Monitor einspeist. Ich hatte geglaubt, ich wäre in ein paar Minuten wieder draußen. Nur eine Routineuntersuchung zur Beruhigung des Arztes.

Eine Stunde später lag ich immer noch auf dem Tisch.

Die MTA wollte offenbar jeden Millimeter von mir untersuchen. Ich lag stumm da und bemühte mich, gelassen zu bleiben. Warum dauerte das so lange? Hatte sie was gefunden?

Dann legte sie den Stab weg und ging, ohne ein Wort zu sagen, aus dem Zimmer. »Moment mal«, rief ich. »Hey!«

»Verdammt, ich denke, das war nur eine Formsache«, dachte ich. Nach einiger Zeit kam die MTA mit einem Mann zurück, den ich dort schon vorher gesehen hatte. Es war der Chefradiologe. Er nahm den Stab und fing nun seinerseits an, meine Geschlechtsteile zu untersuchen. Eine weitere Viertelstunde verging. »Warum dauert das so lange?«

»Gut, Sie können sich jetzt anziehen und wieder rauskommen«, sagte er.

Ich streifte hastig meine Sachen über und ging zu ihm raus auf den Flur.

»Wir müssen noch Ihren Oberkörper röntgen«, meinte er.

Ich blieb wie angewurzelt stehen. »Wieso denn das?« wollte ich wissen.

»Dr. Reeves hat darum gebeten«, war die Antwort.

Wozu wollen die sich meine Brust ansehen? Da tat mir doch nichts weh. Wieder ging es in ein Untersuchungszimmer, und ich zog mich aus. Eine andere medizinisch-technische Assistentin besorgte das Röntgen.

Ich wurde langsam wütend und wußte noch nicht mal, warum. Wieder zog ich mich an und stelzte zum Institutsbüro. Am Ende des Flurs sah ich den Chefradiologen stehen.

»Hey«, rief ich und knöpfte ihn mir vor.

»Was passiert hier eigentlich?« fragte ich. Mein Ton war gereizt. »Das ist doch nicht normal!«

»Nun ja, ich möchte Dr. Reeves nicht vorgreifen«, sagte er,

»aber er scheint bei Ihnen möglicherweise einen krebsbezogenen Befund abklären zu wollen.«

Ich stand wie angewurzelt da.

»Ach, du Scheiße«, sagte ich.

»Sie müssen die Röntgenaufnahmen gleich zu Dr. Reeves mitnehmen. Er wartet auf Sie in seiner Praxis«, sagte der Arzt.

In meiner Magengrube spürte ich einen kleinen Eisblock, der langsam größer wurde. Ich nahm mein Handy und wählte die Nummer von Rick.

»Rick, hier stimmt was nicht, aber keiner will damit rausrükken«, sagte ich.

»Lance, ich kann nicht viel dazu sagen«, antwortete er, »aber ich möchte dabeisein, wenn du gleich zu Dr. Reeves gehst. Warte da auf mich.«

»Okay«, sagte ich. Während die Aufnahmen entwickelt wurden, wartete ich im Röntgeninstitut. Endlich kam der Radiologe, gab mir einen großen braunen Umschlag und sagte, Dr. Reeves würde mich in seiner Praxis erwarten. Ich starrte den Umschlag an. Ich begriff: Das da drin ist meine Brust.

»Es sieht nicht gut aus«, dachte ich und stieg in mein Auto. Ich schaute auf den braunen Umschlag mit den Röntgenaufnahmen von meiner Brust. Bis zur Praxis von Dr. Reeves waren es nur knapp 200 Meter, aber es kam mir weiter vor. Wie zwei Kilometer. Oder zwanzig.

Ich fuhr die kurze Strecke und parkte den Wagen. Die normalen Öffnungszeiten waren längst vorbei. »Wenn Dr. Reeves auf mich gewartet hat, diese ganze lange Zeit, dann muß es dafür einen guten Grund geben«, dachte ich. »Das kann nur heißen, gleich kommt der dicke Hammer.«

Als ich zur Praxis von Dr. Reeves ging, merkte ich, daß das Gebäude leer war. Alle waren schon gegangen. Draußen war es inzwischen dunkel geworden.

Rick kam, er sah ziemlich ernst aus. Ich hockte mich auf einen Stuhl, Dr. Reeves machte den Umschlag auf und zog die Röntgenaufnahmen von meiner Brust heraus. Eine Röntgenaufnahme sieht aus wie das Negativ zu einem normalen Schwarzweiß-Foto. Alles, was nicht normal ist, zeichnet sich in weißen Abstufungen darauf ab. Ein schwarzes Bild ist in Wirklichkeit gut, weil es bedeutet, daß die Organe sauber sind. Schwarz ist gut. Weiß ist schlecht.

Dr. Reeves klemmte die Aufnahmen in den Leuchtrahmen an der Wand.

In meiner Brust sah es aus wie bei einem Schneesturm.

»Also, die Lage ist ernst«, erklärte Dr. Reeves. »Sieht aus wie Hodenkrebs mit ausgedehnten Metastasen in der Lunge.«

»Ich habe Krebs«, durchfuhr es mich.

Ich fragte: »Sind Sie sicher?«

»Ziemlich sicher«, antwortete er.

»Ich bin erst 25. Warum sollte ausgerechnet ich Krebs haben?« dachte ich.

»Sollte ich nicht noch eine zweite Meinung einholen?« schlug ich vor.

»Natürlich«, sagte Dr. Reeves. »Dazu haben Sie jedes Recht. Aber Sie sollten wissen, daß ich mir meiner Diagnose sicher bin. Ich habe Sie für morgen früh um sieben zur Operation angemeldet, um den Hoden zu entfernen.«

»Ich habe Krebs, und er steckt schon in meiner Lunge«, schoß es mir durch den Kopf.

Dr. Reeves erläuterte seine Diagnose: Hodenkrebs sei eine seltene Erkrankung. In den Vereinigten Staaten träten jährlich nur etwa 7000 Fälle auf. Meistens wären junge Männer im Alter zwischen 18 und 25 Jahren betroffen. Dank der Fortschritte auf dem Gebiet der Chemotherapie gelte er als eine sehr gut therapierbare Krebsform, aber der entscheidende Faktor wäre ein frühes Eingreifen. Niemand könne wissen, wie schnell er voranschreite. Dr. Reeves war sicher, daß ich Krebs hatte. Die Frage war, wie weit er sich schon ausgebreitet hatte. Er empfahl mir, zu Dr. Dudley Youman zu gehen, einem renommierten Onkologen aus der Stadt, der auch Lady Bird Johnson behandelt hatte. Rasches Handeln sei angesagt, jeder Tag zähle. Damit beendete Dr. Reeves seine Ausführungen.

Ich sagte gar nichts.

»Ich laß Sie beide mal für ein paar Minuten allein«, sagte Dr. Reeves.

Als ich mit Rick allein war, sank mir der Kopf auf den Schreibtisch.

»Ich kann es einfach nicht glauben«, sagte ich.

Aber ich mußte zugeben, ich war krank. Die Kopfschmerzen, das Blutspucken, der gereizte Hals, auf die Couch fallen und endlos schlafen - ich fühlte mich krank, und das schon seit einiger Zeit.

»Lance, hör gut zu, bei der Behandlung von Krebs sind enorme Fortschritte gemacht worden«, sagte Rick. »Krebs ist heilbar. Wir werden alle Hebel in Bewegung setzen. Wir schaffen das.«

»Okay«, sagte ich. »Okay.«

Rick rief Dr. Reeves wieder herein. »Was soll ich tun?« fragte ich. »Los geht's. Wir machen den Krebs fertig. Egal, was zu tun ist, wir machen das!«

Ich wollte sofort geheilt werden. Auf der Stelle. Ich hätte mich noch in dieser Nacht operieren lassen. Ich hätte mich selbst ins Krankenhaus eingeliefert und eigenhändig die Strahlenkanone eingeschaltet, wenn es was geholfen hätte. Aber Dr. Reeves erklärte mir geduldig das weitere Vorgehen, das mir am nächsten Morgen bevorstand: In der Früh mußte ich im Krankenhaus antreten zu einer ganzen Latte von Tests und Blutuntersuchungen, damit der Onkologe abschätzen konnte, wie weit der Krebs war, und dann würde der Hoden operativ entfernt.

Ich stand auf und ging. Ich hatte jede Menge Anrufe zu erledigen, einen davon bei meiner Mutter. Ich mußte ihr irgendwie beibringen, daß ihr Sohn - ihr einziges Kind - Krebs hatte.

Ich stieg in mein Auto und machte mich auf den kurvigen, baumbestandenen Straßen auf den Heimweg zu meinem Haus hoch über dem See. Zum erstenmal in meinem Leben fuhr ich langsam. Ich stand unter Schock. Ich dachte: »Oh Mann, ich werde nie wieder Rennen fahren können« - nicht etwa: »Oh Mann, ich werde sterben«, oder: »Oh Mann, ich werde nie eine

Familie haben.« Irgendwo tief in mir ging alles durcheinander. Aber der erste Gedanke war: »Oh Mann, ich werde nie wieder Rennen fahren können.« Ich griff zum Autotelefon und wählte die Nummer von Bill Stapleton.

»Bill, es gibt böse Neuigkeiten«, sagte ich.

»Was ist los?« fragte er geistesabwesend.

»Ich bin krank«, sagte ich. »Mit meiner Karriere ist's aus.«

»Was?« rief er.

»Es ist alles vorbei«, sagte ich. »Ich bin krank, ich werde nie wieder Rennen fahren können, und ich werde alles verlieren.«

Ich legte auf.

Im ersten Gang schlich ich durch die Straßen. Ich konnte einfach kein Gas geben. Ich holperte dahin und bekam Zweifel an allem. Als ein Fünfundzwanzigjähriger, den nichts umwerfen konnte, hatte ich mein Haus verlassen. Nicht kaputt zu machen. Der Krebs würde alles über den Haufen werfen. Er würde nicht nur meine Karriere beenden, er würde überhaupt alles, worauf mein Selbstwertgefühl beruhte, zerstören. Ich hatte mit nichts angefangen. Meine Mutter war eine Sekretärin in Plano in Texas. Aber auf meinem Rennrad war ich jemand geworden. Wenn andere Jungen nach der Schule im Country Club im Pool herumplanschten, saß ich Kilometer um Kilometer auf dem Rad, denn das war meine Chance. Jede Trophäe und jeder Dollar, die ich je bekommen hatte, waren mit Fässern von Schweiß erkauft. Was sollte ich jetzt machen? Was würde aus mir werden, wenn ich nicht mehr Lance Armstrong, der Weltklasseradfahrer, der schnellste und härteste Bursche überhaupt war?

Ein kranker Mensch.

Ich fuhr die Auffahrt zu meinem Haus rauf. Drinnen klingelte das Telefon. Ich ging rein und warf die Schlüssel auf den Tisch. Das Telefon klingelte immer noch. Ich ging dran. Es war mein Freund Scott McEachern. Die Firma Nike hatte ihn als ihren Repräsentanten für die Zusammenarbeit mit mir abgestellt.

»Hey, Lance, was ist los?« fragte Scott.

»Eine Menge«, knurrte ich. »Nicht zu knapp.«

»Was soll das heißen?« erkundigte er sich.

»Ich, äh ...«, ich brach ab.

Bis jetzt hatte ich das Wort noch nicht laut ausgesprochen.

»Was ist denn?« fragte Scott.

»Ich hab' Krebs«, sagte ich.

Ich fing an zu weinen.

Und dann, in diesem Augenblick, dämmerte es mir: Ich würde vielleicht mein Leben verlieren. Nicht nur meinen Sport.

Ich kann sterben!

2 Die Startlinie

Die Vergangenheit prägt uns, ob uns das paßt oder nicht. Jede Begegnung und jede Erfahrung wirkt sich irgendwie aus, und wir werden dadurch geformt wie ein einsamer Mesquitebaum auf der Ebene durch den Wind.

Das wichtigste, was Sie über meine Kindheit wissen müssen, ist, daß ich nie einen richtigen Vater hatte – aber ich habe auch nie rumgesessen und mich nach einem gesehnt. Meine Mutter war 17, als sie mich bekam, und von diesem Tag an versuchte alle Welt ihr einzureden, wir würden es nicht weit bringen. Sie selbst sah das anders und hat mich in der felsenfesten Überzeugung aufgezogen: »Man kann aus jeder Schwierigkeit eine Chance machen.« So haben wir's dann gehalten.

Ich war ein ziemlicher Brocken von Baby, besonders für eine so kleine Frau. Der Mädchenname meiner Mutter war Linda Mooneyham. Sie ist 1,60 Meter groß und wiegt noch keine 50 Kilo. Ich weiß nicht, wie eine so zierliche Person es überhaupt geschafft hat, mich auf die Welt zu bringen. Ich brachte knapp neun Pfund auf die Waage, und wegen der schweren Geburt hatte meine Mutter noch den ganzen Tag danach Fieber. Es war so hoch, daß die Schwestern mich nicht in ihren Arm legen wollten.

Meinen sogenannten Vater habe ich nie kennengelernt. Er hatte überhaupt keine Bedeutung – es sei denn, man hält seine Abwesenheit für bedeutsam. Nur weil er die DNA geliefert hat, aus der ich entstanden bin, ist er noch lange nicht mein Vater, und was mich betrifft, so gibt es nichts, was uns verbindet, absolut nichts. Ich habe keine Ahnung, wer er ist. Ich weiß nicht, wo er wohnt, ich weiß nicht, wo er arbeitet, ich weiß nicht, was er mag oder nicht mag.

Ich habe nie nach ihm gefragt. Ich habe mich nie mit meiner Mutter über ihn unterhalten. Nicht ein einziges Mal. In 28 Jahren hat sie ihn nie erwähnt, und ich auch nicht. Das hört sich vielleicht merkwürdig an, aber es stimmt. Der entscheidende Punkt ist: Er ist mir gleichgültig und meiner Mutter auch. Sie sagt, sie hätte mir von ihm erzählt, wenn ich gefragt hätte, aber, mal ehrlich, ich wäre mir dabei ziemlich blöd vorgekommen – er war mir einfach völlig egal. Meine Mutter liebte mich ohne Wenn und Aber, und ich liebte sie genauso, und das war uns beiden genug.

Nachdem ich mich nun einmal hingesetzt habe, um über mein Leben zu schreiben, habe ich mir gedacht, ich sollte vielleicht selbst ein paar Dinge über mich herausfinden. Leider hat eine texanische Zeitung meinen leiblichen Vater vor kurzem aufgestöbert und einen Artikel über ihn gebracht. Das wurde über ihn berichtet: Er heißt Gunderson, ist Auslieferungsfahrer beim »Dallas Morning Star«, hat zwei Kinder und lebt in Cedar Creek Lake, Texas. Meine Mutter hat ihn während der Schwangerschaft geheiratet, und als sie sich wieder trennten, war ich noch nicht mal zwei. In der Zeitung wurde er mit der Behauptung zitiert, er sei ein stolzer Vater und seine Kinder würden mich als ihren Bruder betrachten. Aber ich halte ihn für einen Opportunisten und habe kein Interesse daran, ihn zu treffen.

Meine Mutter stand allein da. Ihre Eltern waren geschieden. Ihr Vater Paul Mooneyham, mein Großvater, war ein Vietnam-Veteran mit Alkoholproblemen, der in einem Postamt arbeitete und in einem Wohnwagen hauste. Meine Großmutter Elizabeth hatte alle Hände voll zu tun, um ihre drei Kinder durchzubringen. Keiner in der Familie konnte meiner Mutter groß helfen – aber sie haben es wenigstens versucht. Mein Großvater hörte am Tag meiner Geburt auf zu trinken und ist seitdem trocken geblieben, 28 Jahre, genau so lange, wie ich auf der Welt bin. Al, der jüngere Bruder meiner Mutter, war mein Babysitter. Er ging später zur Armee – für die Männer aus unserer Familie der traditionelle Weg, um sich freizuschwimmen. Er hat da Karriere gemacht und ist bis zum Oberstleutnant aufgestiegen. An seiner Brust prangen massenweise Auszeichnungen, und er und seine Frau haben einen Sohn namens Jesse, an dem ich einen Narren gefressen habe. Wir sind stolz auf unsere Familie.

Ich war ein willkommenes Kind. Meine Mutter war eisern entschlossen, mich zu bekommen. Sie versteckte ihre Schwangerschaft unter weiten Blusen, damit niemand auf den Gedanken kam, mit ihr herumzudiskutieren oder sie davon abzubringen. Als ich dann schließlich da war, nahmen meine Mutter und ihre Schwester mich manchmal mit zum Einkaufen. An einem Nachmittag hatte mich meine Tante auf dem Arm. An der Kasse im Supermarkt weckte ich die Begeisterung der weiblichen Angestellten, die in Babysprache auf mich einredeten. Eine sagte: »Was für ein süßes Baby.« Da ging meine Mutter dazwischen. »Das ist *mein* Baby«, verkündete sie.

Meine Mutter brachte die Schule zu Ende und ging nebenher halbtags arbeiten. Wir wohnten damals in einem tristen Ein-Zimmer-Appartement in Oak Cliff, einem Vorort von Dallas. Es war eins dieser Viertel, wo die Wäsche an der Leine flattert und es an jeder Ecke einen Kentucky Fried Chicken gibt. Dort arbeitete meine Mutter. In ihrer rosa-weiß gestreiften Uniform nahm sie die Bestellungen auf. Außerdem saß sie oft in Kroger's Lebensmittelgeschäft auf der anderen Straßenseite an der Kasse. Vorübergehend hatte sie auch einen Job auf dem Postamt, wo sie unzustellbare Briefe sortierte, dann jobbte sie als Registratorin, alles nebenher, während sie für die Schule lernte und sich um mich kümmerte. Sie verdiente 400 Dollar im Monat, die Miete kostete 200 Dollar und mein Platz in der Kinderkrippe 25 die Woche. Aber sie gab mir alles, was ich brauchte und noch ein bißchen mehr. Sie hatte ein Händchen für kleine Genüsse.

Als ich noch ganz klein war, ging meine Mutter regelmäßig mit mir in ein Kaufhaus in der Nähe. Dort bestellte sie einen »Schlürf«-Becher, den sie mir mit dem Strohhalm verabreichte. Sie saugte ein bißchen davon mit dem Strohhalm an, dann legte ich den Kopf in den Nacken, und sie ließ das süße kalte Eiszeug in meinen Mund strömen. Sie verstand es, mir mit wenig kostspieligen Dingen eine Freude zu machen.

Abends las sie mir aus einem Buch vor. Ich war zwar fast noch ein Baby und viel zu klein, um ein Wort zu verstehen, aber sie hielt mich auf dem Schoß und las mir vor. Dazu war sie nie zu müde. »Ich kann nicht warten, bis du *mir* was vorlesen kannst«, sagte sie immer. Kein Wunder, daß ich schon mit zwei Jahren Gedichte aufsagen konnte. Bei mir ging immer alles schnell. Mit neun Monaten konnte ich laufen.

Eines Tages bekam meine Mutter einen Job als Sekretärin mit 12 000 Dollar Jahresgehalt. So konnten wir in eine schönere Wohnung ziehen, nach Richardson, einem Vorort im Norden von Dallas. Später arbeitete sie bei der Telekommunikationsfirma Ericsson, und dort hat sie sich die Leiter hinaufgearbeitet. Sie ist keine Sekretärin mehr, sondern Sachbearbeiterin, und außerdem hat sie nebenher die Zulassung als Grundstücksmaklerin erworben. Damit dürfte alles gesagt sein, was man über diese Frau wissen muß. Sie hat etwas auf dem Kasten und arbeitet härter als irgend jemand sonst. Außerdem sieht sie immer noch so jung aus, daß sie meine Schwester sein könnte.

Nach Oak Cliff fühlte sie sich hier in der Vorstadt wie im Himmel. Nord-Dallas zieht sich in einer ununterbrochenen Kette von Trabantenstädten praktisch bis an die Grenze von Oklahoma, und diese Siedlungen sehen alle gleich aus. Große Einfamilienhäuser und riesige Einkaufszentren bedecken meilenweit die flache, braune texanische Landschaft. Aber man findet dort auch gute Schulen und viele unbebaute Flächen, wo Kinder spielen können.

Gegenüber von unserer Wohnung, auf der anderen Straßenseite, war ein Fahrradladen, Richardson Bike Mart. Der kleine Laden am Rand eines Einkaufszentrums gehörte Jim Hoyt, einem gut gebauten Burschen mit ungewöhnlich hellen Augen. Jim sponserte mit seinem Laden Radrennen und bemühte sich immer darum, junge Leute für diesen Sport zu begeistern. Meine Mutter ging einmal in der Woche morgens mit mir zu einem

Laden, wo es frischgebackene heiße Doughnuts gab, und dann kamen wir jedesmal an Jims Fahrradladen vorbei. Jim wußte, daß sie jeden Cent umdrehen mußte, aber er merkte auch, daß sie sich immer hübsch zurechtmachte, und auch ich sah wie aus dem Ei gepellt aus. Er interessierte sich ein bißchen für uns und machte ihr für mein erstes richtiges Fahrrad einen guten Preis. Es war ein Schwinn Mag Scrambler, und ich bekam es, als ich ungefähr sieben Jahre alt war. Es war in einem scheußlichen Braun lackiert und hatte gelbe Räder, aber ich war begeistert. Warum Kinder ein Fahrrad so toll finden? Es steht für Befreiung und Unabhängigkeit, und es ist unser erster fahrbarer Untersatz. Ein Fahrrad bedeutet die Freiheit, überall hinzufahren, ohne Aufsicht und ohne Erwachsene.

Meine Mutter hat mir noch etwas gegeben, worauf ich allerdings nicht besonders scharf war – einen Stiefvater. Als ich drei Jahre alt war, hat sie wieder geheiratet, einen Mann namens Terry Armstrong. Terry war ein kleiner Mann mit einem riesigen Schnurrbart, der sich immer erfolgreicher gab, als er in Wirklichkeit war. Er belieferte Lebensmittelläden mit Ware und war ein typischer reisender Handelsvertreter. Aber er brachte eben auch ein zweites Gehalt nach Hause und half, die Rechnungen zu bezahlen. Inzwischen bekam meine Mutter ein paarmal Gehaltserhöhung, und dann kaufte sie in Plano, einem der besseren Vororte, ein Haus für uns.

Ich war noch ein kleiner Junge, als Terry mich gesetzlich adoptierte, wodurch ich den Namen Armstrong bekam. Ich habe es weder als einen glücklichen noch als einen unglücklichen Tag in Erinnerung, keins von beidem. Ich weiß nur noch, daß der DNA-Spender Gunderson seine Rechte mir gegenüber aufgab. Damit die Adoption stattfinden konnte, mußte er sie erlauben und zustimmen. Er nahm sich einen Kugelschreiber und unterschrieb die Formulare.

Terry Armstrong war ein bekennender Christ, und seine Familie machte meiner Mutter gern Vorschriften über meine Erziehung. Terry hatte trotz seiner frommen Sprüche ein jähzorniges Temperament und verprügelte mich oft und gern. Wegen jeder Kleinigkeit haute er mich windelweich. Wegen Kinderkram, zum Beispiel, weil ich dreckig oder unordentlich war.

Einmal hatte ich eine Schublade offen gelassen, und ein Socken hing heraus. Terry griff sich sein altes Paddel, von der Studentenverbindung vom College. Es war ein dickes, massives Holzpaddel, mit dem man, ehrlich gesagt, meiner Meinung nach einem kleinen Jungen nicht zu Leibe rücken sollte. Er legte mich übers Knie und walkte mich durch.

Das Paddel war seine bevorzugte Erziehungsmethode. Wenn ich zu spät nach Hause kam, trat das Paddel in Aktion: Klatsch. Für Widerworte gab's eins mit dem Paddel: Klatsch. Es tat nicht nur körperlich weh, sondern auch seelisch. Deshalb mochte ich Terry Armstrong nicht. Für mich war er ein mürrischer, geiler Spinner, und aus diesem Grund hatte für mich die organisierte Religionsausübung schon sehr früh den Beigeschmack der Heuchelei.

Hochleistungssportlern bringt das Herumstochern in ihrer Kindheit wenig, weil diese Nabelschau einem beim Rennen nichts nützt. Wenn einem beim Aufstieg auf 2000 Meter ein Rudel Italiener und Spanier am Hinterrad hängt, hat man anderes zu tun, als über seinen kindlichen Groll nachzudenken. Man braucht einen dumpfen Sammelpunkt für seine Gedanken. All das ist zwar da, es kocht tief in einem und ist der Brennstoff für das Feuer. »Mach aus dem Negativen etwas Positives«, sagte meine Mutter immer. Nichts ist umsonst gewesen, man kann aus allem etwas machen, die alten Wunden und früheren Kränkungen werden zur Energie für den Wettkampf. Aber damals war ich nur ein kleiner Wicht, der vor Wut bebte und dachte: »Wenn ich mit meinem Fahrrad lang genug durchhalte, schaff ich es vielleicht, hier rauszukommen.«

Auch Plano blieb nicht ohne Wirkung auf mich. Der Ort war der Inbegriff einer amerikanischen Vorstadt, mit all seinen Einkaufszentren, in perfektem Schachbrettmuster angelegten Straßenvierteln und den Country Clubs im nachgemachten Vor-Bürgerkriegsstil mitten in braunverbrannten, brachliegenden Feldern. Plano war bevölkert von Typen mit Polohemden und

Hüfthosen, Frauen mit unechtem Goldschmuck und affigen Teenagern. Nichts war alt, nichts war echt. Der Ort hatte etwas Seelentötendes, und das war vielleicht auch der Grund, warum es hier mehr Heroinmißbrauch gab als im ganzen Land und die Zahl der jugendlichen Selbstmorde besonders hoch war. Dann gab es noch die Plano East Highschool, eine der größten und footballbesessensten Schulen im ganzen Land, ein moderner Bau, der eher nach einer Regierungsbehörde aussieht, mit Türflügeln so groß wie die Tore einer LKW-Laderampe. Dort ging ich zur Schule.

Wenn man in Plano, Texas, kein Footballspieler war, existierte man überhaupt nicht, und wenn man nicht zur oberen Mittelschicht gehörte, erging es einem nicht besser. Meine Mutter war Sekretärin, und daran würde sich so bald nichts ändern. Also versuchte ich es mit Football. Aber ich konnte meine Bewegungen nicht gut koordinieren. Bei allem, wo man sich von der einen Seite auf die andere drehen, oder wo es auf das Zusammenspiel von Auge und Hand ankam, überhaupt bei jeglicher Art der Ballbehandlung war ich eine Niete.

Ich war wild entschlossen, etwas zu finden, in dem ich erfolgreich sein könnte. Als ich in der fünften Klasse war, veranstaltete meine Grundschule einen Langstreckenlauf. Am Abend vorher sagte ich zu meiner Mutter: »Ich werde oben auf dem Treppchen stehen.« Sie sah mich kurz an, dann stöberte sie in ihren Sachen herum und förderte einen Silberdollar von 1972 zu Tage. »Das ist eine Glücksmünze«, sagte sie. »Denk dran, der einzige Gegner, den du schlagen mußt, ist die Uhr.« Ich gewann den Wettlauf.

Ein paar Monate später wurde ich Mitglied im örtlichen Schwimmverein. Am Anfang war es nur ein weiterer Versuch, um von den anderen Kindern akzeptiert zu werden, die alle ihre Bahnen im Pool des Los Rios Country Clubs zogen, wo ihre Eltern Mitglied waren. Am ersten Tag des Schwimmtrainings stellte ich mich so dämlich an, daß man mich zu den Siebenjährigen steckte. Als ich in die Runde schaute, war da auch die kleine Schwester eines Schulkameraden. Es war eine Blamage. Ich hatte es vom schlechten Footballspieler zum unfähigen Schwimmer gebracht.

Aber ich versuchte es trotzdem. Wenn ich mit den Kleinen schwimmen mußte, um die Technik zu lernen, dann mußte ich da durch. Meine Mutter überkommt heute noch das Erbarmen, wenn sie sich daran erinnert, wie ich einen Kopfsprung machte und dann, mit Armen und Beinen rudernd, die Bahn hinunterplanschte, als ob ich das ganze Becken leerschöpfen wollte. »Du hast dir ja so viel *Mühe* gegeben«, meint sie dann. Mein Gastspiel in der Anfängergruppe dauerte jedoch nicht lange.

Schwimmen ist für einen Zwölfjährigen kein gemütlicher Sport, und im Schwimmklub der Stadt Plano ging es besonders heftig zu – man ging nicht nur mal eben zum Pool des »Country-Club« und schwamm übungshalber ein paar Bahnen. Ich schwamm für einen Mann namens Chris McCurdy, der für mich heute noch einer der besten Trainer ist, mit dem ich je gearbeitet habe. Innerhalb von einem Jahr hatte Chris etwas aus mir gemacht. In 1500 Meter Freistil war ich der Viertbeste im Staat Texas. Er trainierte uns ohne Wenn und Aber. Jeden Morgen von halb sechs bis sieben war Frühsport. Als ich ein bißchen älter geworden war, fuhr ich mit dem Rad zum Training, 16 Kilometer durch halbdunkle frühmorgendliche Straßen. Vor dem Unterricht schwamm ich 4000 Meter, am Nachmittag fuhr ich noch einmal zwei Stunden zum Training und riß 6000 Meter herunter. Das waren pro Tag zehn Kilometer im Wasser und 32 Kilometer auf dem Fahrrad. Meine Mutter ließ mich gewähren, aus zwei Gründen: Erstens hatte sie nicht die Möglichkeit, mich hin- und herzufahren, weil sie arbeiten mußte, und außerdem wußte sie, daß ich das brauchte, um mein Temperament zu zügeln.

Als ich 13 war, hing ich eines Nachmittags im Richardson Bike Mart herum und sah ein Plakat, auf dem ein Wettbewerb namens »Iron Kids« ausgeschrieben wurde. Es war ein Triathlon für Junioren, eine Wettbewerbskombination aus Fahrradfahren, Schwimmen und Laufen. Ich hatte noch nie Triathlon gemacht – aber hier wurden lauter Dinge verlangt, die ich gut konnte, und deshalb meldete ich mich an. Meine Mutter ging mit mir in ein Geschäft und kaufte mir ein Triathlon-Outfit, das im Grunde nichts anderes war als eine Shorts für den Geländelauf und ein Trikothemd aus einem schnelltrocknenden Mischgewebe – beides konnte man, ohne sich umzuziehen, während des ganzen Wettbewerbs anbehalten. Für den Triathlon kauften wir auch mein erstes richtiges Rennrad. Es war ein Mercier, ein schlankes elegantes Straßenrad.

Ich gewann, sogar mit großem Abstand – dabei hatte ich noch nicht mal dafür trainiert. Kurz darauf fand in Houston wieder ein Triathlon statt. Das gewann ich auch. Als ich aus Houston zurückkam, war ich voller Selbstvertrauen. Als Schwimmer gehörte ich zur Spitzengruppe der Junioren, aber ich war nie der absolut beste gewesen. Im Triathlon aber war ich besser als jeder Junge in Plano und besser als alle Jungen in ganz Texas, was das anging. Ich war besser als alle anderen – und dieses Gefühl mochte ich.

Was einen großen Ausdauerathleten auszeichnet, ist die Fähigkeit, nichts als peinlich zu empfinden und leiden zu können, ohne zu jammern. Ich entdeckte allmählich, daß ich immer dann gewann, wenn es darum ging, die Zähne zusammenzubeißen, egal, wie es aussah, und länger durchzuhalten als alle anderen. Auf die Sportart selbst schien es gar nicht anzukommen – solange es ein reiner Langstreckenwettbewerb war, konnte ich jeden schlagen.

Wenn es eine fürstliche Quälerei war, hatte ich gute Karten.

Mit Terry Armstrongs Paddel wäre ich vielleicht noch zurechtgekommen. Aber dann passierte etwas, womit ich nicht mehr zurechtkam.

Als ich 14 war, ging meine Mutter ins Krankenhaus, um sich die Gebärmutter rausnehmen zu lassen. Das ist für keine Frau eine leichte Operation, körperlich nicht und seelisch nicht, und meine Mutter war damals noch sehr jung. Ich sollte an einer Schwimmausscheidung in San Antonio teilnehmen und mußte abreisen, bevor sie wieder auf den Beinen war. Terry fand, er müßte auf mich aufpassen. Ich war aber überhaupt nicht daran interessiert, daß er mitkam. Ich konnte es nicht leiden, wenn er sich als Papa des Nachwuchstalents aufspielte und fand außerdem, sein Platz sei jetzt im Krankenhaus. Aber er war nicht davon abzubringen.

Als wir auf dem Flughafen saßen und auf unseren Flug warteten, starrte ich Terry an und dachte: »Was willst du hier überhaupt?« Er fing an, etwas auf einen Schreibblock zu kritzeln. Immer, wenn er etwas geschrieben hatte, knüllte er das Papier zusammen, warf es in den Abfalleimer, und nahm ein neues Blatt. Die Sache kam mir komisch vor. Nach einer Weile stand Terry auf und ging zum Klo. Ich flitzte zum Abfalleimer, angelte die Papierknäuel heraus und stopfte sie in meine Reisetasche.

Später, als ich allein war, holte ich die Zettel heraus und strich sie glatt. Es waren neckische Briefe an seine Freundin. Ich las sie alle, Stück für Stück. Er schrieb Liebesbriefe an seine Freundin, während meine Mutter im Krankenhaus die Gebärmutter rausgenommen bekam.

Auf dem Rückflug nach Dallas hatte ich die zerknüllten Briefe unten in meiner Tasche. Als ich nach Hause kam, ging ich in mein Zimmer und holte mein »Guinness Buch der Rekorde« aus dem Regal. Mit einer Schere schnitt ich in die Mitte des Buchs einen Hohlraum, stopfte die Papierknäuel hinein und stellte das Buch wieder ins Regal. Ich wollte die Briefe aufbewahren, warum, weiß ich nicht genau. Vielleicht als Rückversicherung, als ein bißchen Munition, falls ich einmal Verwendung dafür hätte. Wenn zum Beispiel das Paddel wieder in Aktion treten sollte.

Ich hatte Terry vorher schon nicht gemocht, aber danach empfand ich überhaupt nichts mehr für ihn. Jeglicher Respekt war flöten gegangen, und ich fing an, seine Autorität herauszufordern.

Lassen Sie mich meine turbulente Jugendzeit auf den Punkt bringen. Als Junge erfand ich das Spiel »Feuerball«, bei dem sich die Spieler mit Gartenhandschuhen in Benzin getauchte brennende Tennisbälle zuwarfen.

Ich goß Benzin in eine Plastikschüssel, kippte eine ganze Dose Tennisbälle rein und ließ sie darin schwimmen. Dann angelte ich einen heraus und zündete ihn an. Mein bester Freund Steve Lewis und ich warfen uns den lichterloh brennenden Ball so lange zu, bis unsere Handschuhe anfingen zu qualmen. Man stelle sich vor: Zwei Jungen stehen im heißen Texaswind auf einem Feld und werfen sich gegenseitig etwas Brennendes zu. Manchmal fingen die Gartenhandschuhe auch Feuer, und wir schlugen sie gegen unsere Jeans, bis uns die Funken wie Glühwürmchen um die Köpfe schwirrten.

Einmal flog mir ein Ball aus Versehen auf das Dach und ein paar Schindeln gerieten in Brand. Ich mußte eiligst hinaufklettern und das Feuer austreten, bevor das ganze Haus in Flammen aufging und das des Nachbarn dazu. Ein andermal landete ein Ball mitten in der Wanne mit dem Benzin, und die ganze Chose explodierte. In einem Turm aus schwarzem Qualm fegte eine Flammenwalze in die Luft. Ich bekam es mit der Angst zu tun und versuchte, das Feuer zu löschen, indem ich die Schüssel umtrat. Aber die Schüssel schmolz und versackte langsam im Boden, eine filmreife Szene wie aus »Das China Syndrom«.

Einen Großteil meines Verhaltens erkläre ich mir damit, daß ich wußte, wie unglücklich meine Mutter war. Ich konnte nicht verstehen, weshalb sie mit Terry weiterhin zusammenlebte, wenn es den beiden dabei offensichtlich so schlecht ging. Aber vielleicht war ihr das immer noch lieber, als ihren Sohn allein aufziehen und von einem einzigen Gehalt leben zu müssen.

Einige Monate nach der Reise nach San Antonio ging die Ehe in die Brüche. Eines Abends rief ich meine Mutter an, um ihr zu sagen, daß ich erst später zum Abendessen käme. Sie sagte: »Junge, komm bitte nach Hause.«

»Was ist denn los?« fragte ich.

»Ich muß mit dir reden.«

Ich stieg aufs Fahrrad und fuhr heim. Als ich ankam, saß sie allein im Wohnzimmer.

»Ich habe Terry gesagt, er soll gehen«, eröffnete sie mir. »Ich werde die Scheidung einreichen.«

Ich war unendlich erleichtert und gab mir auch gar keine Mühe, das zu verbergen. Genaugenommen war ich außer mir vor Freude. »Das ist ja toll«, strahlte ich.

»Aber mach mir jetzt keine zusätzlichen Probleme, mein Lieber«, sagte sie. »Ich kann damit im Moment nicht umgehen. Bitte, mach mir jetzt keine Schwierigkeiten.«

»Klar«, sagte ich, »versprochen!«

Ein paar Wochen lang verkniff ich mir jeden Kommentar. Aber eines Tages, als wir in der Küche herumsaßen, sagte ich wie aus heiterem Himmel zu meiner Mutter: »Der Kerl hat nichts getaugt.« Die Briefe erwähnte ich nicht – sie war schon unglücklich genug. Jahre später fand sie die Briefe eines Tages beim Putzen. Überrascht war sie nicht.

Eine Zeitlang versuchte Terry mit mir Kontakt zu halten, indem er mir zum Geburtstag eine Karte schrieb und ähnliches. Er schickte mir manchmal einen Umschlag mit 100 Eindollarscheinen. Ich gab den Umschlag jedesmal meiner Mutter. »Bitte, schick ihm das zurück«, sagte ich dann. »Ich will das nicht haben.« Irgendwann schrieb ich ihm, ich würde am liebsten meinen Namen ändern, wenn das möglich wäre. Ich wollte mit ihm und seiner Familie nichts zu tun haben.

Nach der Trennung kamen sich meine Mutter und ich viel näher. Ich glaube, sie war schon längere Zeit unglücklich gewesen, und ein unglücklicher Mensch ist nun mal nicht er selbst. Nachdem sie geschieden war, veränderte sie sich. Sie war viel entspannter, als wäre ein Druck von ihr gewichen. Nachdem Terry weg war und sie wieder für uns beide sorgen mußte, hatte sie natürlich eine andere Art von Druck, aber das war für sie nichts Neues. Die nächsten fünf Jahre blieb sie allein.

Ich versuchte, ein braver Sohn zu sein. Ich kletterte auf unser Dach, um die Weihnachtsbeleuchtung anzubringen – und wenn ich nachts eine Spritztour mit einem kurzgeschlossenen Auto machte, dann war das ein Vergehen, das niemandem wehtat. Wenn sie von der Arbeit nach Hause kam, setzten wir uns gemeinsam hin, machten den Fernseher aus und unterhielten uns. Wir aßen bei Kerzenschein, und sie bestand auf anständigen Tischsitten. Sie machte einen Tacosalat oder ein paar Hamburger, zündete Kerzen an und erzählte mir von ihrem Arbeitstag. Manchmal sagte sie auch, wie sehr ihr die Arbeit auf die Nerven ginge, und daß sie das Gefühl habe, man würde sie respektlos behandeln, weil sie nur eine Sekretärin war.

»Warum schmeißt du den Krempel nicht einfach hin?« schlug ich vor.

»Mein Sohn, man schmeißt niemals den Krempel hin«, gab sie zurück. »Da beiße ich mich durch.«

Manchmal, wenn sie nach Hause kam, merkte man ihr an, daß sie einen besonders schweren Tag gehabt hatte. Wenn gerade Hardrock aus den Lautsprechern dröhnte, Guns n' Roses oder solche Sachen, genügte ein Blick, und ich machte andere Musik. »Mom, das ist für dich«, sagte ich dann und spielte gedämpft Kenny G – und das war wirklich ein Opfer für mich.

Ich versuchte sie emotional zu stützen, denn sie tat soviel für mich, unauffällige Dinge. Jeden Samstag wusch und bügelte sie mir fünf Hemden, damit ich für jeden Schultag der nächsten Woche ein frisches Hemd anzuziehen hatte. Weil sie wußte, wie hart ich trainierte und daß ich nachmittags heißhungrig nach Hause kam, fand ich immer einen Topf mit selbstgemachter Spaghettisauce oder etwas Ähnliches im Kühlschrank. Sie brachte mir bei, wie man Spaghetti kocht, und daß man eine einzelne Spaghettinudel an die Wand werfen muß, um festzustellen, ob die Nudeln gar sind.

Allmählich verdiente ich auch mein eigenes Geld. 1987 trat ich beim »President's Triathlon« in Lake Lavon gegen ein Feld von hartgesottenen Sportlern an, die alle älter waren als ich. Ich kam auf Platz 32 und schockierte damit sowohl meine Mitstreiter als auch die Zuschauer, die nicht glauben konnten, daß ein Fünfzehnjähriger über die ganze Distanz mitgehalten hatte. Die Presse beschäftigte sich mit dieser Leistung, und ich sagte zu einem Reporter: »Ich glaub, in ein paar Jahren hab ich es nicht mehr weit zur Spitze, und in zehn Jahren bin ich der Beste.« Meine Freunde, Jungs wie Steve Lewis, hielten mich damals für einen lächerlichen Angeber. (Im Jahr darauf machte ich den 5. Platz.)

Die Triathlons brachten gutes Geld. Auf einmal hatte ich die Brieftasche voll solider Schecks. Ich trug mich für jeden Triathlon in die Startliste ein, von dem ich Wind bekam. Die meisten Wettbewerbe waren nicht für Junioren, und es gab ein Mindestalter - man mußte 16 oder älter sein -, also fälschte ich mein Alter auf der Geburtsurkunde, die man zusammen mit den Anmeldeformularen einsenden mußte. Gewonnen habe ich solche Profiwettkämpfe nicht, aber ich kam unter die ersten fünf. Die anderen nannten mich »Junior«.

Das hört sich an, als sei mir alles in den Schoß gefallen, aber so war es nicht. Bei einem der ersten Profi-Triathlons, bei denen ich antrat, machte ich den Fehler, vorher etwas Falsches zu essen - ich hatte ein paar Zimtrollen verschlungen und zwei Cola hinterhergeschüttet - und bezahlte dafür mit einem totalen Flop, weil mir die Kraft ausging. Im Schwimmwettbewerb kam ich als erster aus dem Wasser, und nach dem Abschnitt mit dem Fahrrad als erster aus dem Sattel, aber mitten im Laufwettbewerb brach ich beinahe zusammen. Meine Mutter, die gewohnt war, mich mit der Führungsgruppe ankommen zu sehen, wartete am Ziel auf mich und wunderte sich, wo ich so lange blieb. Sie machte sich die Strecke entlang auf den Weg und kam mir entgegen, während ich mich mühselig über die Piste quälte.

»Los, voran, Junge, du schaffst es«, rief sie mir zu.

»Ich bin total fertig«, japste ich. »Ich hab keine Kraft mehr.«

»Kann passieren«, sagte sie, »aber du darfst jetzt nicht aufgeben - und wenn du über die Ziellinie kriechst.«

Ich kroch über die Ziellinie.

Auch bei den Radrennen in Dallas machte ich mir nach und nach einen Namen. Jeden Dienstagabend wurde auf einem alten Rundkurs durch die unbebauten Felder von Richardson ein Rennen veranstaltet, das zu einer ganzen Serie gehörte. Diese »Tuesday Night Crits« waren bei den lokalen Klubfahrern heiß umkämpft und zogen ein großes Publikum an. Ich fuhr für Jim

Hoyt, der mit seinem Richardson Bike Mart als Sponsor einer Klubmannschaft auftrat. Meine Mutter besorgte mir einen Werkzeugkasten für meinen ganzen Fahrradkram. Sie sagt, sie hätte immer noch vor Augen, wie ich auf dem Rundkurs wie ein Wilder in die Pedale trat, die anderen Jungen niedermachte und das ganze Feld überrundete. Sie konnte nicht glauben, wieviel Kraft in mir steckte. Auch wenn es lediglich um 100 Dollar in bar ging – ich fuhr alles in Grund und Boden, nur um an das Preisgeld zu kommen.

Die Schwierigkeitsgrade im Radrennsport sind in Kategorien eingeteilt, wobei die Kategorie 1 die schwierigste ist und Kategorie 4 die einfachste. Bei den Dienstagabend-Ausscheidungen fing ich in »Kat 4« an, aber ich wollte unbedingt in eine bessere. Dazu mußte man eine gute Wertung vorweisen können und eine bestimmte Zahl von Rennen gewonnen haben. Das war mir aber alles zu langwierig. Ich überredete die Organisatoren, mich in der Kat 3 drei gegen ältere und erfahrenere Fahrer starten zu lassen. »Okay«, hieß es, »mach was du willst, aber tu uns den Gefallen und versuch auf keinen Fall zu gewinnen.« Wenn ich zu sehr auffiel, konnte es großen Ärger geben, weil sie wegen mir das Reglement verletzt hatten.

Ich gewann. Ich konnte nichts dagegen tun. Ich fuhr den anderen Fahrern einfach davon. Anschließend gab es ein paar Diskussionen darüber, was man mit mir machen sollte, und eine Möglichkeit wäre gewesen, mich zu sperren. Statt dessen wurde ich höher eingestuft. Es gab vier oder fünf Fahrer der Kategorie 1, lauter Lokalmatadoren, die ausnahmslos alle für Jim Hoyts Richardson Bike Mart fuhren, und deshalb fing ich an, mit ihnen zusammen zu trainieren – ich, ein Sechzehnjähriger, fuhr bei Leuten mit, die schon Ende 20 waren.

Inzwischen war ich zur nationalen Sprint-Triathlon Nachwuchshoffnung Nummer eins des Jahres avanciert. Meine Mutter und ich begriffen, daß ich als Sportler gute Zukunftsaussichten hatte. Ich verdiente 20 000 Dollar pro Jahr und legte mir eine Kartei mit meinen geschäftlichen Kontakten an. Ich brauchte Sponsoren und Förderer, die bereit waren, meine Flugtickets und Spesen für die verschiedenen Rennen und Triathlons vorzufinanzieren. Meine Mutter sagte zu mir: »Lance, sieh mal, wenn du auf einen grünen Zweig kommen willst, wirst du dich selber um alles kümmern müssen, weil dir das nämlich kein anderer abnimmt.« Ich führte Buch über die Zeiten, die ich bei den Lauf-, Rad- und Schwimmwettbewerben erzielt hatte.

Meine Mutter war mein bester Freund und mein treuester Bundesgenosse geworden. Sie war meine Organisatorin und motivierte mich, ein richtiger Dynamo. »Wenn du nicht 110 Prozent gibst, wirst du's nicht schaffen«, sagte sie oft zu mir. Ich war stolz auf sie, und wir waren uns sehr ähnlich. Wir verstanden uns perfekt, und wenn wir zusammen waren, brauchte es kaum Worte. Wir verstanden uns auch so. Sie fand immer eine Möglichkeit, mir das neueste Fahrrad zu beschaffen oder das entsprechende Zubehör, das dazu angeboten wurde. Sie hat sämtliche ausrangierten Pedale und Gangschaltungen bis heute aufgehoben. Das Zeug war so teuer, daß sie es nicht übers Herz gebracht hat, die Sachen wegzuwerfen.

Wir fuhren überall herum, und ich meldete mich zu Zehn-Kilometer-Läufen und Triathlons an. Wir machten uns sogar Hoffnungen auf meine Aufnahme in die Olympiamannschaft. Ich hatte immer noch den Silberdollar als Talisman bei mir, und jetzt bekam ich von ihr noch einen Schlüsselanhänger, auf dem »1988« stand – das Jahr der nächsten Sommerolympiade.

Jeden Tag nach der Schule lief ich zehn Kilometer, und dann schwang ich mich aufs Rad und fuhr bis in den Abend hinein. Auf diesen Fahrten wuchs mir Texas ans Herz. Die Landschaft war auf eine verzweifelte Art schön. Man konnte auf den Nebenstraßen durch endlose Äcker und Baumwollfelder in die Weite rausfahren und sah in der Ferne einen Wasserturm oder Getreidespeicher oder eine zerfallene Scheune. Das Vieh hatte das Gras bis zur Narbe abgeweidet, und die Erde sah aus wie eingetrockneter Kaffee in einer alten Tasse. Manchmal kam ich an wogenden Feldern voller Wildblumen vorbei oder an freistehenden Mesquitebäumen, denen der Wind die seltsamsten Formen gegeben hatte. Aber oft bestand die ganze Landschaft nur aus platter, gelblich-brauner Prärie, ab und zu irgendwo eine Tankstelle, ansonsten immer nur Felder, Felder mit braunem Gras, Baumwollfelder, tischeben und unansehnlich und windig. Dallas ist die drittwindigste Stadt im ganzen Land. Aber es förderte mein Stehvermögen.

An einem Nachmittag wurde ich von einem Lastwagen von der Straße gedrängt. Ich hatte inzwischen meinen Mittelfinger entdeckt und machte dem Fahrer das entsprechende Zeichen. Er hielt an, warf einen Benzinkanister nach mir und wollte mir an den Kragen. Ich ließ mein schönes Mercier-Rad am Straßenrand im Stich und rannte los. Der Kerl trampelte mit den Füßen auf meiner Maschine herum und machte sie total kaputt.

Bevor er weiterfuhr, konnte ich mir seine Nummer merken. Meine Mutter verklagte ihn vor Gericht und gewann. Inzwischen hatte sie mir aus der Versicherungssumme ein neues Rad gekauft, ein Raleigh mit Rennfelgen.

Damals hatte ich noch keinen Kilometerzähler am Fahrrad, und wenn ich wissen wollte, wie lang eine Trainingsstrecke war, mußte meine Mutter mit dem Auto hinter mir herfahren. Wenn ich zu ihr sagte, die Strecke müßte abgemessen werden, setzte sie sich sofort ins Auto und fuhr los, auch wenn es schon spät am Abend war. Nun ist eine 50-Kilometer-Tour für mich ein Klacks, aber für eine Frau, die gerade von der Arbeit gekommen ist, ist es oft genug ein Schlauch. Aber sie sagte keinen Ton. Sie fuhr einfach los, und wir konnten die Strecke genau ausrechnen.

Durch sie bekam mein Training eine Art von Organisation. »Hör mal«, sagte sie, »ich weiß ja nicht, was du alles brauchst. Aber ich rate dir, setz dich hin und geh im Kopf alles durch, was du brauchst, denn du würdest dich doch ärgern, wenn dir im entscheidenden Moment etwas fehlt.«

Meine Mutter und ich gingen nach und nach immer unbefangener miteinander um. Sie vertraute mir vollkommen, und ich tat, was ich für richtig hielt. Das Interessante daran ist, daß ich ihr immer reinen Wein eingeschenkt habe, egal, was ich vorhatte. Ich habe ihr nie was vorgelogen. Wenn ich mich amüsieren gehen wollte, hatte sie nichts dagegen. Die meisten Jugendlichen mußten sich abends heimlich davonstehlen, aber ich ging ich einfach zur Haustür raus.

Vielleicht ließ sie mir die Zügel ein bißchen zu locker. Ich war ein übermütiger Bursche und hätte mir leicht selber schaden können. In Plano gab es viele breite Boulevards und viel unbebautes Brachland, geradezu eine Einladung für einen jungen Kerl, der ein Fahrrad oder ein Auto unter dem Hintern hat, Blödsinn zu machen. Mit meinem Rad sauste ich die großen Straßen rauf und runter, wich den Autos aus und zischte bei Rot über die Ampeln. Ich zog meine Kreise sogar bis in die Innenstadt von Dallas. Ich genoß den Nervenkitzel, mich im dichten Verkehr zu bewegen.

Mein nagelneues Raleigh war absolute Spitze, wunderschön, aber ich hatte es nur kurze Zeit, bis ich es zu Schrott fuhr und mir dabei fast den Hals brach. Es passierte an einem Nachmittag, als ich die Ampelschaltung überlisten wollte. Ich versuchte die grüne Welle einzuholen und war bei einer ganzen Reihe von Ampeln noch durchgekommen. Fünf hatte ich schon geschafft. Dann kam ich an die sechste. Es war eine riesige sechsspurige Kreuzung, und ich trat in die Pedale.

Ich war schon über drei Querspuren hinweg, als das Signal auf gelb umsprang. Ich fuhr weiter - wie immer. Auch heute noch.

Die Ampel sprang auf rot. Aus dem Augenwinkel bemerkte ich eine Frau in einem Geländewagen. Sie hatte mich nicht gesehen, gab Gas und nahm mich voll auf die Hörner.

Ich flog kopfüber im Sturzflug über die Kreuzung. Von Helm keine Spur. Ich kam mit dem Schädel auf, überschlug mich ein paarmal und blieb am Bordstein liegen.

Ich war allein unterwegs. Nichts dabei, keinen Ausweis, kein gar nichts. Ich versuchte, mich aufzurappeln. Leute standen um mich herum. Jemand sagte: »Nein, nein, nicht aufstehen!« Ich ließ mich wieder auf den Boden sinken, wartete auf den Krankenwagen und hörte das hysterische Geschrei der Frau, die mich angefahren hatte. Der Krankenwagen kam und brachte mich in ein Krankenhaus, wo ich noch geistesgegenwärtig genug war, unsere Telefonnummer zu nennen. Das Krankenhaus rief meine Mutter an, die nun ihrerseits einen ziemlich hysterischen Anfall bekam.

Ich hatte eine Gehirnerschütterung, mein Kopf mußte mit ein paar Stichen genäht werden und mein Fuß, an dem eine breite Wunde klaffte, ebenfalls. Weil mich der Wagen genau von der Seite erwischt hatte, war mein Knie ausgerenkt und gezerrt, und es kam in eine schwere Schiene. Das Rennrad war Schrott.

Ich erklärte dem Arzt, der mich behandelte, daß ich momentan für einen Triathlon-Wettbewerb trainierte, der in nur sechs Tagen in Lewisville am Dallas Lake stattfinden sollte. »Völlig ausgeschlossen«, sagte der Arzt. »Sie sind die nächsten drei Wochen außer Gefecht. Sie dürfen weder laufen noch gehen.«

Am Tag danach verließ ich hinkend und unter Schmerzen das Krankenhaus und hatte mich damit abgefunden, daß ich schachmatt war. Aber nachdem ich ein paar Tage tatenlos zu Hause herumgesessen hatte, fiel mir die Decke auf den Kopf. Mit meinem geschienten Bein humpelte ich zu einem kleinen Golfplatz in der Nähe, um ein bißchen Golf zu spielen. Es war angenehm, wieder rauszukommen und sich zu bewegen. Ich nahm die Beinschiene ab. »Na ja«, dachte ich, »geht ja gar nicht so schlecht.«

Am vierten Tag sah ich nicht mehr so recht ein, was das Ganze noch sollte. Ich fühlte mich eigentlich prima und meldete mich zu dem Triathlon an.

»Ich zieh die Sache durch«, sagte ich abends zu meiner Mutter. »Ich starte bei dem Wettkampf.«

»Okay, prima«, sagte sie.

Ich rief einen Freund an und sagte: »Du mußt mir dein Rennrad leihen.« Dann ging ich ins Badezimmer und zog mir die Fäden an meinem Fuß. Fäden ziehen ist einfach, man braucht sie nur mit einem Nagelknipser durchzuschneiden und kann sie dann rausziehen. Die Fäden am Kopf ließ ich drin, weil ich eine Badekappe aufhaben würde. Als nächstes schnitt ich mir

Löcher in den Laufschuh und den Fahrradschuh, damit nichts auf die Fußwunde drückte.

Am nächsten Morgen stand ich in aller Frühe mit den anderen am Start. Ich kam als erster aus dem Wasser und sprang als erster vom Rad, aber beim Zehn-Kilometer-Lauf holten mich ein paar Mann ein, und ich kam als Dritter ins Ziel. Am nächsten Tag stand in der Zeitung ein großer Artikel über den dritten Platz, den ich trotz meines Unfalls erreicht hatte. Eine Woche später bekamen meine Mutter und ich einen Brief von meinem Arzt. »Ich kann es einfach nicht glauben«, schrieb er.

Nichts schien mich bremsen zu können. Mir geht es nie schnell genug, auf allen Gebieten. Als Teenager faszinierten mich schnelle Autos, und das erste, was ich mir von den Preisgeldern meiner Triathlonkarriere kaufte, war ein gebrauchter kleiner roter Fiat, mit dem ich Plano unsicher machte – ohne Führerschein.

An einem Nachmittag, ich war inzwischen in der elften Klasse, zog ich eine Sache durch, über die meine alten Freunde heute noch ins Schwärmen geraten. Mit ein paar Kumpels aus der Klasse zischte ich mit meinem Auto eine zweispurige Straße entlang. Ein Stück vor uns bummelten zwei Wagen nebeneinander her.

Ungeduldig stieg ich aufs Gas und jagte meinen kleinen Fiat zwischen die beiden Karren. Ich setzte mich genau in den Zwischenraum, und man hätte zum Fenster hinauslangen und den beiden Fahrern den Finger in die offenen Münder stecken können.

Ich fuhr mit dem Auto auch nachts herum, was ohne Begleitung eines Erwachsenen gesetzeswidrig war. Einmal hatte ich in der Weihnachtszeit einen Halbtagsjob als Packer in einem großen Spielwarenladen und mußte den Kunden helfen, ihre Einkäufe im Auto zu verstauen. Mein Freund Steve Lewis bekam einen Job in einem Supermarkt. Wir hatten beide Nachtschicht, und unsere Eltern ließen uns mit dem Auto zur Arbeit fahren. Das war keine gute Idee. Steve und ich veranstalteten auf der Heimfahrt Privatrennen und rasten mit über 130 Sachen durch die Straßen.

Steve hatte einen Pontiac Trans Am, und ich inzwischen einen Camaro IROC Z28, ein Wahnsinnsauto. Ich war damals in einer total überdrehten Discophase und wollte dieses Auto unbedingt haben. Jim Hoyt verhalf mir zu dem Schlitten, indem er für die erforderliche Ratenfinanzierung den Strohmann machte. Er stellte mir den Wagen hin, ich bezahlte die monatlichen Raten und versicherte ihn auf meinen Namen. Es war ein Geschoß, ein richtiges Geschoß. An manchen Abenden fuhren wir zur Forest Lane, wo es eine lange Gerade gab, und droschen den Wagen mit 180 oder 190 über eine Straße, auf der noch nicht mal 75 Kilometer pro Stunde erlaubt waren.

Ich hatte zwei unterschiedliche Gruppen von Freunden, einmal einen Kreis aus beliebten und angesehenen Studenten von meiner Highschool, mit denen ich durch die Lokale zog, und dann meine Sportkameraden, die Straßenrennfahrer, Läufer und Triathleten, von denen manche schon erwachsene Männer waren. Der soziale Anpassungsdruck in Plano war groß, aber meine Mutter und ich konnten noch nicht einmal ansatzweise mit diesen Leuten mithalten und gaben uns in dieser Beziehung auch gar keine Mühe. Andere Burschen gaben mit den heißen Öfen an, die sie von ihren Eltern geschenkt bekommen hatten, aber ich fuhr ein Auto, das ich mir von meinem selbstverdienten Geld gekauft hatte.

Trotzdem kam ich mir manchmal ausgeschlossen vor. Ich war zwar beliebt, lebte aber trotzdem wie auf einer Insel. Ich war der Typ, der diesen komischen Sport machte und nicht die richtigen Klamotten anhatte. Von Mitschülern aus »besseren« Kreisen bekam ich Sätze zu hören wie: »Wenn ich du wäre, wäre es mir peinlich, in solchen Lycrashorts herumzulaufen.« Da konnte ich nur noch die Achseln zucken. Es gab eine ungeschriebene Kleiderordnung. Alle Leute, die etwas auf sich hielten, trugen Sachen, auf denen das Schildchen einer Polomarke aufgenäht war. Sie trugen sozusagen alle die gleiche Uniform. Sie wußten es vielleicht nicht, aber darauf lief es hinaus, eine Uniform. Dieselben Hosen, dieselben Stiefel, dieselben Gürtel, dieselben Portemonnaies, dieselben Mützen. Es war die totale Gleichmacherei und genau das, was ich am allerwenigsten leiden konnte.

Im Herbst meines letzten Schuljahres meldete ich mich zu einem wichtigen Zeitfahren in Moriarty in New Mexico. Es war bei jungen Fahrern ein beliebtes Rennen, bei dem man leicht eine gute Zeit herausfahren konnte. Die Strecke ging über rund 20 Kilometer auf einem ebenen Stück Highway mit ganz wenig Wind. Viele große Lastwagen bretterten auf dieser Straße mit einem Schwall von heißem Fahrtwind vorbei, der einen voranschob. Die junge Fahrer machten dort mit, um Bestzeiten zu fahren und bekannt zu werden.

Es war im September. Als wir aufbrachen, war es in Texas immer noch sehr heiß, und ich hatte deshalb nur ein paar leichte Sachen eingepackt. Aber als ich am nächsten Morgen um sechs Uhr aufstand und die Nase aus der Tür streckte, stand ich plötzlich in einer eiskalten Morgenbrise, die von den Bergen herunterwehte. Ich hatte nichts weiter anzuziehen als meine Radlerhosen und ein kurzärmliges Renntrikot. Ich fuhr fünf Minuten die Straße entlang, dann dachte ich, das schaffst du nicht. Ich war völlig durchgefroren.

Ich fuhr zurück und ging wieder aufs Zimmer. Ich sagte: »Mom, da draußen ist es zu kalt zum Fahren. Ich brauche eine Jacke oder so was.« Wir suchten das ganze Gepäck durch, aber ich hatte kein einziges warmes Kleidungsstück mitgenommen. Ich hatte nichts, ich war völlig unvorbereitet. Wie ein blutiger Anfänger.

Meine Mutter sagte: »Schau mal, ich hab hier eine leichte Windjacke«, und zog ein kleines pinkfarbenes Jäckchen hervor. Ich habe ja schon erwähnt, wie klein und zierlich sie ist. Das Jäckchen sah aus wie für eine Puppe.

Es war zu kalt, ich hatte einfach keine andere Wahl.

»Gut, das nehm ich«, sagte ich.

Ich ging wieder hinaus. Die Ärmelchen reichten mir gerade bis zum Ellbogen und alles andere war viel zu eng, aber ich hatte das Jäckchen die ganzen 45 Minuten an, in denen ich mich warm fuhr. Ich hatte es immer noch an, als ich zum Startplatz zurückkehrte. In dem kleinen pinkfarbenen Windjäckchen versuchte ich mich vor einer Meute von Leuten warmzuhalten. Beim Zeitfahren ist das Warmbleiben das A und O, denn wenn man auf die Strecke geschickt wird, muß man sofort hundertprozentig da sein, zack, die ganzen zwanzig Kilometer. Aber mir war immer noch kalt.

Verzweifelt ging ich wieder zu meiner Mutter. »Mom, setz dich ins Auto und schmeiß die Heizung an, so warm, wie's geht.«

Sie ließ den Motor laufen und stellte das Heizgebläse auf volle Touren. Ich kroch ins Auto und kauerte mich vor die Heizungsdüsen. »Sag mir, wenn's losgeht«, bat ich sie. Das war meine Warmlaufphase.

Endlich war ich dran. Ich stieg aus, sprang aufs Rad, rollte zur Startlinie und zischte los. Ich unterbot die Streckenbestzeit um 45 Sekunden.

Was für die Leute in Plano wichtig war, wurde für mich immer nebensächlicher. Schule und Freunde wurden mir immer weniger wichtig. An erster Stelle stand der Plan, ein Weltklassesportler zu werden. Ich hatte nicht den Ehrgeiz, Besitzer eines Nobelbungalows mit angrenzendem Einkaufsparadies zu werden. Ich besaß ein schnelles Auto und hatte Geld in der Tasche, aber das verdankte ich meinen Wettkampfsiegen – in einer Sportart, die in meiner Umgebung kein Mensch kannte und für die sich niemand interessierte.

Meine einsamen Trainingsfahrten wurden immer länger. Manchmal zog ich mit ein paar Leuten los zum Camping oder zum Wasserskifahren. Statt anschließend mit den anderen im Auto heimzudüsen, fuhr ich ganz allein mit dem Fahrrad nach Hause. Nach einem Campingausflug mit ein paar Freunden im Grenzgebiet zwischen Texas und Oklahoma bin ich einmal die ganze Strecke, knapp 100 Kilometer, mit dem Rad zurückgefahren. Ich setzte mich einfach aufs Rad, und los ging's.

Offenbar war nicht mal meinen Lehrern in der Schule klar,

auf welches Ziel ich lossteuerte. Im zweiten Semester meines letzten Schuljahrs wurde ich von der US-Cycling-Federation, dem amerikanischen Radsportverband, eingeladen, zum Training mit der amerikanischen Juniorenmannschaft nach Colorado Springs zu kommen und anschließend nach Moskau zu meinem ersten internationalen Rennen bei der Weltmeisterschaft der Junioren 1990 mitzufliegen. Die Kunde von meinem Abschneiden in New Mexico war nach oben durchgedrungen.

Aber die Schulverwaltung von Plano stellte sich quer. Es gab einen strikten Grundsatz: keine Beurlaubung ohne triftigen Grund. Man sollte meinen, eine Reise nach Moskau wäre vielleicht eine Ausnahme wert, und eine Schule könnte vielleicht stolz darauf sein, einen Olympia-Anwärter unter ihren Abgängern zu haben. Aber denen war das alles egal.

Ich fuhr trotzdem nach Colorado Springs und nach Moskau. Auf der Juniorenweltmeisterschaft hatte ich von Tuten und Blasen keine Ahnung. Ich setzte nur auf rohe Kraft, ohne Konzept und Einteilung, ohne jede taktische Überlegung. Dennoch lag ich ein paar Runden in Führung, bevor mir die Puste ausging und mein Tank leer war, weil ich zu früh aufgedreht hatte. Die amerikanischen Verbandsfunktionäre waren trotzdem beeindruckt, und der russische Trainer sagte jedem, der es hören wollte, ich wäre der beste Nachwuchsradfahrer, den er seit Jahren gesehen hätte.

Ich war sechs Wochen fort. Als ich im März wiederkam, hatte man alle meine Zensuren auf die schlechteste Note gesetzt. Ein Kollegium von sechs Schulbeamten eröffnete meiner Mutter und mir, ich hätte innerhalb von ein paar Wochen in allen Fächern meinen Rückstand aufzuholen, sonst könnte ich nicht zusammen mit der Klasse den Abschluß machen. Meine Mutter und ich waren sprachlos.

»Aber das ist überhaupt nicht zu schaffen«, sagte ich zu den Herren.

Die Anzugfraktion starrte mich nur an.

»Sie sind doch jemand, der nicht so schnell aufgibt, oder?« sagte einer von ihnen.

Ich starrte zurück. Ich wußte nur zu gut, daß die Sache ganz anders ausgesehen hätte, wenn ich Football spielen und Polohemden tragen würde und Eltern hätte, die im Los Rios Country Club Mitglied waren.

»Die Sitzung ist geschlossen«, sagte ich.

Wir standen auf und verließen den Raum. Wir hatten schon die Anzeigen für meinen Schulabgang geordert, den Bommelhut und die Robe gekauft, und den Eintritt zum Abschlußball bezahlt. Meine Mutter sagte: »Den Rest des Tages bleibst du noch in der Schule, und wenn du nach Hause kommst, habe ich die Sache geregelt.«

Sie fuhr wieder ins Büro und rief jede Privatschule an, die sie im Telefonbuch von Dallas fand. Sie fragte, ob man bereit sei, mich aufzunehmen, und dann mußte sie gestehen, daß sie keine Studiengebühren bezahlen könnte, und ob man mich auch für Gottes Lohn aufnehmen würde? Sie setzte sich mit sämtlichen Schulen im Gebiet von Nord-Dallas in Verbindung und erklärte unsere Zwangslage. »Er ist kein übler Kerl«, bettelte sie, »er hat nichts mit Drogen am Hut. Ich verspreche Ihnen, Sie werden es nicht bereuen. Er wird es nämlich zu etwas bringen.«

Am Ende des Tages hatte sie eine Privatschule ausfindig gemacht, Bending Oaks, wo man bereit war, mich aufzunehmen, vorausgesetzt, ich machte ein paar Aufholkurse. Der Leistungsstand meiner alten Schule wurde übernommen, und ich machte meinen Abschluß wie geplant. Bei der Abschlußfeier hatten alle meine Klassenkameraden kastanienbraune Bommeln an ihren Hüten, nur an meinem prangte eine in Gold von Plano East. Aber mir machte das überhaupt nichts aus.

Ich beschloß, trotzdem auf den Abschlußball von Plano East zu gehen. Wir hatten den Eintritt ja schon bezahlt, und ich sagte mir, das läßt du dir nicht entgehen. Ich kaufte für meine Balldame ein Bukett, lieh mir einen Smoking und buchte eine Limousine. Als ich an jenem Abend in meinen Smoking stieg und mir die Fliege umband, hatte ich eine Idee. Meine Mutter war noch nie in einer Limousine herumchauffiert worden.

Ich wollte, daß auch sie diese Fahrt genießen konnte. Wie

soll man zum Ausdruck bringen, was man für die Eltern empfindet und wieviel man ihnen verdankt? Meine Mutter hatte mir mehr gegeben als irgendein Lehrer und jede Vaterfigur, und das über lange und schwere Jahre, die ihr manchmal so unausgefüllt und leer vorgekommen sein müssen wie diese braunen Felder von Texas. Wenn es darum ging, niemals aufzugeben, sich nicht von Äußerlichkeiten beeindrucken zu lassen, die Zähne zusammenzubeißen und beharrlich auf das Ziel hinzuarbeiten, dann konnte ich nur hoffen, das Stehvermögen und die Standhaftigkeit meiner Mutter geerbt zu haben, einer alleinstehenden Frau mit einem kleinen Sohn und einem kleinen Gehalt. Und am Ende des Tages wartete kein Lohn auf sie und kein Pokal und kein Scheck für den ersten Platz. Für sie gab es nur ihre Überzeugung, daß sich die Dinge durch ehrliches Bemühen zum Besseren wandeln lassen und daß die Kraft ihrer Liebe sich auszahlt. Und ich begriff, wenn sie sagte: »Betrachte ein Hindernis als Chance, mach aus dem Negativen etwas Positives«, hatte sie jedesmal mich gemeint - und ihren Entschluß, mich auf die Welt zu bringen und unverdrossen großzuziehen, wie sie es getan hatte.

»Mom, zieh dein Ballkleid an«, sagte ich zu meiner Mutter.

Sie hatte ein wunderschönes Strandkleid, das sie ihr »Ballkleid« nannte. Sie machte sich zurecht, setzte sich mit meiner Freundin und mir in den Wagen, und wir fuhren über eine Stunde durch die Stadt, lachten und stießen auf mein Examen an, bis es an der Zeit war, am Ballsaal auszusteigen.

Meine Mutter war wieder guter Dinge und hatte eine neue Beziehung aufgenommen. Als ich 17 war, lernte sie einen Mann namens John Walling kennen, einen feinen Kerl, den sie nach einiger Zeit heiratete. Ich konnte ihn gut leiden, und wir wurden Freunde. Ich habe es sehr bedauert, als es 1998 zur Trennung kam.

Es ist komisch, immer wieder sagt jemand zu mir: »Hey, ich hab zufällig deinen Vater getroffen.« Ich muß dann jedesmal nachdenken, wer gemeint sein könnte, denn eigentlich kommen dafür drei Leute in Frage, wobei ich, ehrlich gesagt, meinen leiblichen Vater nicht von einem x-beliebigen Mann hinter dem Bankschalter unterscheiden könnte, und mit Terry habe ich mir nichts zu sagen. Gelegentlich nimmt jemand von den Armstrongs Kontakt mit mir auf, so als ob ich zu ihrer Familie gehören würde. Sie erzählen vollkommen unbekannten Leuten, daß ich mit ihnen verwandt wäre. Das bin ich aber nicht, und ich wünschte, sie würden meine Einstellung zu diesem Thema respektieren. Meine Leute sind die Mooneyhams. Was den Namen Armstrong angeht, habe ich das Gefühl, ich hätte ihn mir selbst ausgedacht. So sehe ich die ganze Sache.

Ich bin sicher, die Armstrongs können tausend Gründe dafür nennen, warum ich einen Vater brauchte und weshalb sie ihre Sache tadellos gemacht haben. Aber ich bin anderer Ansicht. Ich verdanke alles nur meiner Mutter. Für die Armstrongs habe ich immer nur eine Mischung aus Kälte und Mißtrauen empfunden.

Nach meinem Schulabgang hing ich ein paar Monate in Plano herum. Die meisten Klassenkameraden von Plano East studierten im staatlichen Hochschulsystem weiter. Mein Kumpel Steve zum Beispiel hat 1993 sein Diplom an der North Texas State University gemacht. Vor einiger Zeit veranstaltete die Plano East Highschool unser zehnjähriges Klassentreffen. Mich hat keiner eingeladen.

Das Leben in Plano ging mir mehr und mehr auf die Nerven. Für eine heimische Radsportmannschaft, die von Subaru-Montgomery gesponsert wurde, startete ich im ganzen Land bei Rennen, aber ich wußte, daß im Radsport die Musik in Europa spielt. Ich hatte das Gefühl, daß ich dort mitmischen sollte. Außerdem hatte ich von Plano allmählich genug, nach allem, was die sich hier im Zusammenhang mit meinem Schulabschluß geleistet hatten.

Ich hing irgendwie in der Luft. Mittlerweile schlug ich regelmäßig alle erwachsenen Fahrer, gegen die ich antrat, beim Triathlon, beim Zehn-Kilometer-Fahren oder bei den »Tuesday Night«-Rennen auf dem Rundkurs in Plano. Um die Zeit totzuschlagen, trieb ich mich immer noch im Richardson Bike Mart herum, der, wie gesagt, Jim Hoyt gehörte.

Als junger Mann war Hoyt ein eifriger Radsportler gewesen, aber mit 19 wurde er nach Vietnam verfrachtet und diente dort zwei Jahre lang bei der Infanterie, das Härteste, was es an Militärdienst gibt. Als er wieder nach Hause kam, wollte er nichts anderes, als endlich wieder auf einem Rad sitzen. Er fing als Vertragshändler für die Firma Schwinn an und eröffnete bald zusammen mit seiner Frau Rhonda ein eigenes Geschäft. Seit Jahren unterstützten Hoyt und Rhonda junge Radsporttalente in und um Dallas, indem sie ihnen Räder und Zubehör zur Verfügung stellten und eine kleine Gage zahlten. Hoyt war überzeugt, daß Anreize die Leistung steigern. Wir fuhren für die von ihm ausgesetzten Geld- und Sachpreise um die Wette, und allein schon aus diesem Grund legten wir uns noch stärker ins Zeug. In meinem letzten Jahr an der Highschool verdiente ich durch Starts für Jim Hoyt 500 Dollar im Monat.

Hinten in seinem Laden hatte er ein kleines Büro, wo ich oft mit ihm rumsaß und mich mit ihm unterhielt. Schuldirektoren und Stiefväter waren mir ziemlich egal, aber manchmal hatte ich das Bedürfnis, mit Hoyt zu reden. Er sagte oft: »Ich arbeite zwar wie ein Pferd, aber etwas anderes möchte ich gar nicht machen. Wenn man die Leute nur nach ihrem Geld beurteilen würde, müßte man in seinem Leben oft umlernen. Ich hab' Freunde, die sind Chef im eigenen Laden, und andere, die müssen bei feinen Leuten Rasen mähen gehen.« Jim Hoyt konnte ein harter Brocken sein und ließ sich nicht auf der Nase herumtanzen. Ich hatte einen gesunden Respekt vor seinem Temperament.

Bei den Dienstagsrennen hatte ich an einem Abend ein Sprintduell mit einem anderen Fahrer, einem Typ, der älter war als ich und den ich nicht leiden konnte. Als wir Kopf an Kopf die letzten Meter hinunterjagten, berührten sich unsere Fahrräder. Unter gegenseitigem Anrempeln überquerten wir die Ziellinie. Die Räder surrten noch, da flogen schon die Fäuste. Wir stürzten uns aufeinander und wälzten uns im Dreck. Hoyt und ein paar andere zogen uns auseinander, und alle lachten über mich, weil ich die Sache unbedingt auskämpfen wollte. Hoyt jedoch war wütend auf mich, er duldete so was nicht. Er ging zu meinem Rad, hob es auf und schob es fort. Ich sah traurig hinterher.

Es war ein Schwinn Paramount, eine phantastische Maschine, die ich bei den Weltmeisterschaften in Moskau gefahren hatte. In der darauffolgenden Woche wollte ich bei einem Etappenrennen in Arkansas mit diesem Rad antreten.

Ich ging also ein bißchen später zu Jim Hoyts Haus. Er kam heraus auf den Vorhof. »Ich möchte mein Rad wiederhaben«, sagte ich.

»Nichts da«, zischte er. »Wenn du mit mir reden willst, dann komm morgen in mein Büro.«

Ich wich vor ihm zurück. Er war außer sich vor Zorn, und ich hatte Angst, daß er nach mir schlagen würde. Außerdem war da noch etwas anderes im Busch, worüber ich mir Sorgen machte: Er wußte von meiner gewohnheitsmäßigen Raserei mit dem Camaro.

Ein paar Tage später nahm er mir dann auch den Wagen weg. Ich war außer mir vor Wut. Ich hatte sämtliche Raten für den Wagen abgestottert, alles in allem 5000 Dollar. Andererseits stammte ein Teil des Geldes aus den Gagen, mit denen er mich dafür bezahlt hatte, daß ich in seiner Mannschaft fuhr. Aber ich konnte nicht mehr klar denken. Ich war einfach zu wütend. Wenn jemand einem Siebzehnjährigen seinen Camaro IROC Z wegnimmt, dann kommt er auf die Abschußliste. Ich bin nicht mehr zu Jim hingegangen. Ich war viel zu sauer und hatte gleichzeitig zuviel Schiß vor ihm.

Es dauerte Jahre, bis wir wieder miteinander redeten.

Ich kehrte der Stadt den Rücken. Nachdem ich in Colorado Springs und in Moskau in Erscheinung getreten war, wurde ich für die Nationalmannschaft der USA vorgeschlagen. Ich bekam einen Anruf von Chris Carmichael, dem neuernannten Direktor der amerikanischen Mannschaft. Mein Ruf war bis zu ihm vorgedrungen: superstark, aber keine Ahnung von Renntaktik. Chris sagte, er wolle einen neuen Stall von jungen amerikanischen Radrennfahrern aufbauen; unser Sport trete in Amerika auf der Stelle und er suche frisches junges Blut. Er nannte die Namen von ein paar anderen jungen Fahrern mit Entwicklungspotential, Leute wie Bobby Julich und George Hincapie, und er wollte, daß ich auch mitmachte. Ob ich Lust hätte, nach Europa zu gehen?

Es war Zeit, das Nest zu verlassen.

3 »Ich gebe meine Mutter doch nicht an der Garderobe ab!«

Das Leben eines Straßenradrennfahrers bedeutet, daß man, die Füße an die Pedale geschnallt, mit 90 Schlägen pro Minute bei Tempo 35 bis 70 die Pedalkurbel dreht, Stunde um Stunde, tagaus, tagein, quer über ganze Kontinente. Es bedeutet, nach Luft zu japsen, Wasser in sich hineinzuschütten und im Sattel Energieriegel zu verschlingen, weil man bei einem solchen Tempo pro Tag zehn bis zwölf Liter Wasser verliert und mindestens 6000 Kilokalorien verbrennt. Eine Pause gibt es nicht, nicht einmal zum Pinkeln, oder um einen Regenschutz überzuziehen, nichts darf diese Schachpartie aufhalten, die mit Hochgeschwindigkeit abläuft und sich im »Peloton«, dem dichten Schwarm von Fahrern, abspielt, während man durch den Regen zischt, sich in kalte Gebirgsregionen hinaufquält, über regenglatten Asphalt schlittert oder über Kopfsteinpflaster holpert, in dem Wissen, daß man durch eine einzige falsche Reaktion eines einzigen nervösen Fahrers, der zu heftig in die Bremsen geht oder den Lenker verzieht, in ein Bündel aus verbogenem Metall und geschundenem Fleisch verwandelt werden kann.

Ich hatte keine Ahnung, worauf ich mich eingelassen hatte. Als ich mit 18 von zu Hause fortging, bedeutete Rennen fahren für mich nichts weiter, als aufs Rad zu springen und loszulegen. In meiner Anfangszeit galt ich als Draufgänger, und diese Einschätzung hat mich seitdem verfolgt, vielleicht nicht mal zu Unrecht. Ich war noch sehr jung, mußte noch sehr viel lernen und sagte und tat Dinge, die ich mir besser verkniffen hätte. Aber es lag mir fern, mich als Angeber aufzuspielen. Ich war eben ein Texaner. Die spanische Presse nannte mich »Toro de Texas«.

Bei meinem ersten internationalen Rennen tat ich alles, was ich nach Anweisung meines Trainers gerade *nicht* hätte tun sollen. Es war bei der Amateurweltmeisterschaft in Utsunomiya in Japan, einem Straßenrennen über eine harte Strecke von 184 Kilometern mit einer langen und schweren Steigung, und, um die Sache noch anstrengender zu machen, an einem schwülheißen Tag mit Temperaturen um 32 Grad. Ich nahm als Mitglied der US-amerikanischen Nationalmannschaft unter Chris Carmichael teil, einem jungen Trainer mit sandfarbenem Haar und Sommersprossen, den ich noch nicht gut kannte – und auf den ich nicht hörte.

Dabei hatte er mir strikte Anweisungen gegeben: Ich sollte mich über den größten Teil des Rennens im Hintergrund halten und auf seine Zeichen achten, bevor ich irgend etwas unternahm. Chris sagte, es sei zu heiß und die Strecke sei zu anstrengend, um die ganze Zeit vorn fahren zu wollen, voll im Wind. Das beste sei, sich ziehen zu lassen und die Kräfte zu schonen.

»Ich möchte, daß du dich zurückhältst«, sagte Chris. »Ich will dich nicht vorn an der Spitze rumfahren sehen, wo du den ganzen Wind abkriegst.«

Ich nickte und ging zum Start. Beim ersten Streckenabschnitt hielt ich mich noch an seine Anweisung und fuhr in den hinteren Reihen. Aber dann konnte ich mich nicht mehr beherrschen und wollte meine Beine erproben. Ich schob mich allmählich nach vorn. Auf dem zweiten Abschnitt übernahm ich die Führung, und als ich am Kontrollpunkt ankam, fuhr ich völlig allein, 45 Sekunden vor dem Feld. Als ich an Chris vorbeigezogen war, hatte ich zu ihm hinübergeschaut. Er breitete die Arme aus, als ob er sagen wollte: »Was soll das denn?« Ich grinste ihn an und zeigte ihm beim Überholen die Texas-Longhorn-Geste – ich wedelte ihm mit ausgestrecktem kleinem Finger und Zeigefinger zu: »Los, voran, auf die Hörner nehmen!«

Chris schrie zum amerikanischen Begleitstab hinüber: »Was hat der denn vor?« Ja, was hatte ich vor? Ich legte einfach nur los. Es war ein Zug, der als klassischer früher Armstrong in die Annalen eingehen sollte: Ein eigensinniger und unabweisbar blödsinniger Angriff, die Attacke der leichten Kavallerie. Auf den nächsten drei Abschnitten fuhr ich weiterhin solo und baute meinen Vorsprung auf anderthalb Minuten aus. Ich war voller Zuversicht, bis die Hitze mir mehr und mehr zu schaffen machte. Im Handumdrehen hatten 30 Mann aufgeschlossen und hielten mit. Die Hälfte des Rennens lag noch vor mir, und ich mußte mich bereits quälen. Ich versuchte weiterhin, die Spitze zu halten, aber ich hatte nichts mehr zuzusetzen. Von der Hitze und den Steigungen zermürbt, kam ich als Elfter ins Ziel.

Dennoch war ich der bestplazierte Amerikaner im ganzen Rennen, und als alles vorbei war, war Chris mehr erfreut als erzürnt. Hinterher gingen wir an die Hotelbar, tranken zusammen ein Bier und unterhielten uns. Ich wußte noch nicht, wie ich Chris einzuordnen hatte. Anfangs, als ich aus Plano gekommen war, hatte er die amerikanische Nationalmannschaft in zwei Gruppen aufgeteilt und mich in das B-Team gesteckt, was ich ihm noch nicht ganz verziehen hatte. Ich begriff allerdings allmählich, daß seine ungezwungene Art mit brüderlicher Loyalität und einem gerüttelt Maß an Rennfahrerweisheit gepaart war. Er war ein ehemaliger Olympiateilnehmer und hatte als junger Fahrer mit Greg LeMond im Wettkampf gelegen.

Wir tranken unser Bier und ließen lachend die Ereignisse des Tages Revue passieren. Dann wurde Chris auf einmal ernst. Er gratulierte mir zu meinem 11. Platz und sagte, was er gesehen hatte, habe ihm gefallen. »Du hattest keine Angst vor dem Mißerfolg«, sagte er. »Als du da vorne gefahren bist, hast du nicht gedacht: ›Und was ist, wenn sie mich wieder kriegen?‹« Ich ließ mir das Lob gern gefallen.

Doch dann fügte er hinzu: »Natürlich, wenn du begriffen hättest, was Sache ist und dir deine Kräfte eingeteilt hättest, dann hättest du unter den Medaillengewinnern sein können.«

Da hatte ich nun besser abgeschnitten als je ein Amerikaner vor mir, und Chris deutete an, daß das nicht gut genug gewesen sei. In seiner unterschwelligen Art hatte er mir sogar zu verstehen gegeben, daß ich die Sache versaut hätte. Er redete weiter. »Ganz im Ernst, du könntest viel besser sein«, sagte er. »Ich bin davon überzeugt, daß du Weltmeister werden kannst. Aber bis dahin gibt's noch viel zu tun.«

Chris wies darauf hin, daß die Spitzenfahrer, die Marco Pantanis und die Miguel Induráins allesamt ebenso stark waren wie ich – wenn nicht stärker. »Das trifft für alle zu, mit denen du es auf diesem Niveau zu tun bekommst«, sagte er. Was mich von ihnen unterschied, war ihr Vorsprung an Wissen.

Ich mußte lernen, wie man Rennen fährt, und das konnte nur im Sattel geschehen. In diesem ersten Jahr verbrachte ich 200 Tage in Übersee und trieb mich in ganz Europa herum, denn der eigentliche Test fand auf der Straße statt, wo es in einem 250-Kilometer-Rennen kein Verstecken gab. Am Ende der Distanz hatte es entweder geklappt – oder nicht.

Zu Hause in Amerika ließ ich mich in Austin nieder, im texanischen Hügelland, wo steinige dunkelgrüne Ufer die städtischen Seen und deren Zuflüsse säumten, die vom Wasser des breiten und unruhigen Colorado River gespeist werden. In Austin schien sich niemand darum zu kümmern, was für Klamotten ich trug und ob ich »dazugehörte« oder nicht. Ich konnte in der Tat keine zwei Leute finden, die das gleiche anhatten, und manche der reichsten Leute der Stadt liefen herum wie Penner. Es schien eine Stadt, die wie gemacht war für junge Leute, mit einer sich ständig ausweitenden Szene von Bars und Musicclubs an der Sixts Street und winzigen Tex-Mex-Läden, wo ich spottbillig Chilipeppers essen konnte.

Außerdem war die Stadt für mein Training hervorragend geeignet, mit Tausenden von Fahrradwegen und Nebenstraßen, auf denen man meilenweit auf Erkundungsfahrt gehen konnte. Ich mietete einen kleinen Bungalow in der Nähe des Universitätsgeländes, was gar nicht so unpassend war, da ich ja studierte, zwar nicht im Hörsaal, sondern auf dem Rennrad.

Radrennenfahren ist ein kniffeliger, hoch »politisierter« Sport und, wie ich entdeckte, in weit höherem Maß ein Mannschaftssport, als der Zuschauer merkt. Er hat eine eigene Sprache, ein Sammelsurium von europäischen Wörtern und Ausdrücken, und auch eine eigene Ethik. Jeder Fahrer hat in seinem Team eine besondere Aufgabe und ist für einen Abschnitt des ganzen Rennens verantwortlich. Die langsameren Fahrer nennt man »Domestiken«, weil sie die wenig spektakuläre Knochenarbeit leisten, den Führer der Mannschaft die Berge hinauf zu »ziehen« - ziehen bedeutet unter Rennfahrern, einen anderen in seinem Windschatten fahren zu lassen - und ihn während der vielen gefährlichen Phasen eines Etappenrennens abzuschirmen. Der Mannschaftsführer ist der wichtigste Fahrer, der Fahrer, der 250 Kilometer in den Beinen hat und kurz vor dem Ziel am besten von allen noch einen Endspurt hinlegen kann. Ich fing als Domestik an und wurde nach und nach zum Mannschaftsführer aufgebaut.

Ich lernte, was ein Peloton ist - das dichte Knäuel von Fahrern, aus dem das Hauptfeld eines Rennens besteht. Für den Zuschauer ist es nur ein bunt glitzernder Schwarm, der surrend an ihm vorbeirauscht, aber in diesem bunten Schwarm schwirren die Kontakte, knallen Lenker, Ellbogen und Knie gegeneinander und blühen internationale Intrigen und Abmachungen. Das Tempo des Peloton wechselt. Manchmal bewegt es sich gemächlich mit 30 Kilometern in der Stunde, während die Fahrer locker in die Pedale treten und miteinander quatschen. Dann wieder fegt das Feld weit auseinandergezogen mit 70 Sachen über die Straße. Im Peloton verhandeln die konkurrierenden Fahrer unentwegt miteinander: Wenn du mich heute ziehst, zieh ich dich morgen. Mach ein paar Zentimeter Platz, dann hast du einen neuen Freund. Auf Absprachen, die einen selbst oder das Team kompromittieren könnten, läßt sich keiner ein, aber man hilft sich gegenseitig, so gut man kann, denn man wird den anderen Fahrer gelegentlich selber einmal brauchen.

Einem jungen Fahrer konnte dieses diplomatische Spiel schon sehr widerspruchsvoll und verwirrend vorkommen, und manchmal war es sogar sehr ärgerlich. Ich bekam meine

Lektion Anfang 1991. Ich hatte vor, noch als Amateur an der Olympiade 1992 in Barcelona teilzunehmen, und unmittelbar anschließend ins Profilager zu wechseln. In der Zwischenzeit fuhr ich auf heimischem Boden für Subaru-Montgomery. Technisch gesehen, gehörte ich also zwei verschiedenen Mannschaften an: International fuhr ich für die amerikanische Nationalmannschaft unter Chris Carmichael, aber zu Hause ging ich für Subaru-Montgomery auf die Piste.

Während ich mit der Nationalmannschaft in Europa war, traten wir bei einem prestigeträchtigen Rennen in Italien an, der »Settima Bergamasca«. Es war eine Veranstaltung für Amateure und Profis, ein zehntägiges Etappenrennen durch Norditalien, an dem einige der besten Fahrer der Welt teilnahmen. Es war noch nie von einem Amerikaner gewonnen worden – aber die Moral und die Zusammenarbeit in unserer US-Mannschaft unter Chris Carmichael waren phantastisch, und wir hatten das Gefühl, mit ein bißchen Glück könnten wir es schaffen.

Es gab aber ein kleines Problem. Die Mannschaft von Subaru-Montgomery war ebenfalls am Start, und ich würde deshalb gegen mein anderes Team antreten müssen. Ich würde in meinem Stars-and-Stripes-Trikot fahren und sie in dem von Subaru-Montgomery. Bei der überwiegenden Zahl der Veranstaltungen waren wir Mannschaftskameraden, aber bei diesem Rennen würden wir Gegner sein.

In einem frühen Stadium des Rennens übernahm der Subaru-Montgomery-Fahrer Nate Reese, ein Freund von mir, die Führung. Doch auch ich lag gut im Rennen. Ich arbeitete mich auf den 2. Platz vor. Ich glühte vor Begeisterung und dachte, etwas Besseres als wir beide in Führungsposition könnte gar nicht passieren. Aber der Leiter des Subaru-Montgomery-Teams sah die Sache anders. Er war nicht davon angetan, daß ich an der Spitze mitmischte, und gab es mir auch zu verstehen. Zwischen zwei Etappen rief er mich zu sich. »Du wirst für Nate arbeiten«, sagte er zu mir. Ich schaute ihn groß an und konnte es nicht begreifen. Meinte er etwa, ich sollte mich zurückfallen lassen und für Nate den Domestiken spielen?

Aber genau das wollte er. »Du wirst nicht angreifen«, verlangte er. Dann sagte er rundheraus, es sei meine Pflicht, Nate gewinnen zu lassen.

An meiner Loyalität zur amerikanischen Mannschaft war nicht zu rütteln. Verglichen mit dem Rest des Aufgebots waren wir arme Teufel, ein zerlumpter Haufen, der mit drei Mann auf einem Zimmer in winzigen Hotels hauste und keinen Pfennig Geld hatte. Unser Budget war so knapp, daß Chris abends unsere Wasserflaschen auswusch und wieder neu befüllte, während die Profi-Teams wie Subaru-Montgomery ihre Flaschen nach dem ersten Gebrauch einfach ins Gelände schmissen. Wenn ich die »Settima Bergamasca« gewann, wäre das ein riesiger Sieg für das US-Programm und für den amerikanischen Radsport überhaupt. Aber der Manager meines Markenteams verlangte von mir, das Rennen absichtlich zu verlieren.

Ich ging zu Chris und berichtete ihm, der Chef von Subaru-Montgomery habe von mir verlangt, das Rennen gebremst weiterzufahren. »Lance, das ist *dein* Rennen«, sagte Chris. »Du darfst einfach nicht *nicht* angreifen. Es ist dein Rennen.«

Am folgenden Tag fuhr ich auf Teufel-komm-raus. Man muß sich vorstellen, man fährt in einem Peloton von 100 Mann bergauf. Nach und nach können 50 Fahrer nicht mehr mithalten, dann scheiden 20 aus und dann noch einmal zehn. Jetzt sind nur noch 15 bis 20 Fahrer übrig. Es ist ein reines Verschleißrennen. Um den Gegnern das Leben noch saurer zu machen, legt man zu, steigert das Tempo. Die übriggebliebenen Fahrer, die jetzt nicht mehr mithalten können, fallen ebenfalls zurück. Das ist die Quintessenz eines Straßenrennens.

Aber ich sollte auf Nate warten. Je mehr ich darüber nachdachte, desto weniger Lust hatte ich dazu. »Wenn er stark genug ist mitzuhalten«, dachte ich mir, »soll's mir recht sein. Aber wenn er zurückfällt, werde ich nicht auf ihn warten.« Er fiel zurück, und ich wartete nicht auf ihn.

Ich hielt mich in der Spitzengruppe und am Ende des Tages trug ich das Gelbe Trikot, während Nate etwa 20 Minuten verloren hatte. Der Chef von Subaru-Montgomery kochte und stellte

Chris und mich anschließend wütend zur Rede. »Was denkst du dir eigentlich?« warf er mir vor. Chris stellte sich vor mich.

»Also hören Sie mal«, sagte Chris, »das ist ein Radrennen. Da fährt man, um zu gewinnen.«

Das war alles gewesen, aber die Sache ging mir gewaltig an die Nieren. Auf der einen Seite kam ich mir von meinem Subaru-Montgomery-Chef verraten und verkauft vor, auf der anderen Seite machten mir Schuldgefühle und der Loyalitätskonflikt zu schaffen. An diesem Abend setzte ich mich mit Chris zusammen, um mal wieder zu reden. »Sieh mal«, sagte er, »wenn jemand von dir verlangt, daß du nicht angreifst, dann hat er nicht dein Bestes im Sinn. Wir fahren hier ein traditionsreiches Rennen, das noch nie ein Amerikaner gewonnen hat, und du fährst gegen die besten Profis von ganz Italien. Wenn du gewinnst, wird das deiner Karriere gewaltig nützen. Und außerdem fährst du für die US-amerikanische Nationalmannschaft. Was denkst du wohl, welchen Eindruck das macht, wenn du hier nicht dein Bestes gibst?«

»Tut mir leid, Leute, ich liege zwar in Führung – aber ich muß einen anderen gewinnen lassen, der ist nämlich Profi.« Das wäre meiner Meinung nach die denkbar schlechteste Botschaft gewesen, und das konnte ich einfach nicht über mich bringen. Aber ich befürchtete auch, daß der Teamchef meiner Zukunft schaden und mich überall anschwärzen könnte.

Chris sagte: »Mach dir deshalb keine Sorgen, tu einfach, was du für richtig hältst. Wenn du dieses Rennen gewinnst, hast du's sowieso geschafft.«

Ich mußte mit meiner Mutter reden. Ich wußte noch nicht einmal, wie die italienischen Münzfernsprecher funktionierten und wie man von hier aus in die Vereinigten Staaten telefonierte, aber endlich hatte ich meine Mutter am Draht.

»Junge, was ist los?« fragte sie.

Ich erklärte ihr die Situation. Ich war so bedrückt, daß ich praktisch nur stottern konnte.

»Mom, ich weiß nicht mehr, was ich machen soll«, sagte ich. »Ich liege in einer der aussichtsreichsten Positionen, aber der

Subaru-Chef verlangt von mir, daß ich Nate Reese den Sieg schenken und ihn gewinnen lassen soll.«

Meine Mutter hörte sich die Sache an. Dann sagte sie: »Lance, wenn du denkst, daß du das Rennen gewinnen kannst, dann tu's.«

»Ich denke, das kann ich.«

»Dann zur Hölle mit diesen Leuten«, sagte sie. »Du wirst das Rennen gewinnen. Laß dir von niemand auf der Nase herumtanzen - beiß die Zähne zusammen und leg los!«

Ich biß die Zähne zusammen und legte los. Ich war ein unpopulärer Fahrer an der Spitze, nicht nur bei den Leuten von Subaru-Montgomery. Die italienischen Rennfans waren über die Führung eines Amerikaners so erbost, daß sie Glasscherben und Reißnägel auf die Piste streuten, in der Hoffnung, daß ich mir einen Platten fahren würde. Aber je länger das Rennen dauerte, desto freundlicher wurden die Italiener, und als ich über die Ziellinie fuhr, jubelten sie.

Ich war der Sieger. Ich hatte es geschafft, hatte für das US-amerikanische Team einen Sieg in Europa eingefahren. Unsere Mannschaft überschlug sich vor Freude, und Chris ebenso. Als ich vom Siegertreppchen herunterkam, sagte Chris etwas zu mir, das ich nie vergessen habe.

»Eines Tages wirst du die Tour de France gewinnen.«

Beim Radrennsport ist Jugendlichkeit eher ein Fluch als ein Segen. Unmittelbar nach den Spielen in Barcelona trat ich wie geplant ins Profilager über - und kam prompt bei meinem ersten Profirennen als Allerletzter ins Ziel.

Schon bei den Spielen in Barcelona hatte ich enttäuschende Leistungen gezeigt und im Straßenrennen der Einzelfahrer den 14. Platz belegt, aber irgendwie war es mir gelungen, den einflußreichsten Mann des amerikanischen Radsports auf mich aufmerksam zu machen, einen Mann namens Jim Ochowicz, der das Risiko einging, mit mir einen Profivertrag abzuschließen. »Och«, wie ihn alle nannten, war Direktor einer Mannschaft, die von der Firma Motorola gesponsert wurde und vorwiegend aus amerikanischen Fahrern bestand. Och war ein Pionier des Radrennsports: Im Jahr 1958 hatte er das erste fast rein amerikanisch besetzte Rennteam organisiert, das in Europa antrat, und bewiesen, daß amerikanische Fahrer in einer traditionell europäischen Sportart mitreden konnten (Chris Carmichael war einer der Fahrer in Ochs damaliger, von einer Kaufhauskette gesponserten Mannschaft). Ein Jahr darauf gewann Greg LeMond die Tour de France des Jahres 1986 und machte in Amerika auf dieses Sportereignis aufmerksam.

Och hielt beständig Ausschau nach aufsteigenden jungen Amerikanern, und Chris brachte mich in seine Nähe. Mitten in der »Tour DuPont«, dem größten Etappenrennen auf amerikanischem Boden, machte er uns eines Abends miteinander bekannt. Ich traf mich mit Och in seinem Hotel, zu einem Anstellungsgespräch, wie sich hinterher herausstellen sollte. Ich hatte, ohne es zu merken, meinen Ersatzvater getroffen.

Mein erster Eindruck von ihm war der eines schlaksigen, umgänglichen Mannes Mitte 40, der gern lachte und beim Lächeln seine Zähne blitzen ließ. Wir saßen zwanglos zusammen, ich erzählte ihm, wo ich herkam, und er verriet mir, nach welchen Merkmalen er bei einem Fahrer Ausschau hielt. Er war auf der Suche nach einem jungen Amerikaner, der in Greg LeMonds Fußstapfen treten und die Tour de France gewinnen konnte. Fahrer aus den Mannschaften von Och hatten es ab und zu bis zum 4. Platz gebracht, aber keiner konnte je wieder das Rennen gewinnen.

Och erkundigte sich nach meinem ehrgeizigsten Ziel. »Ich will der beste Fahrer werden, den es gibt«, sagte ich. »Ich will nach Europa und Profi werden. Ich will mehr, als einfach nur gut sein, ich will der Beste sein.« Das schien Och zu überzeugen. Er drückte mir einen Vertrag in die Hand und verfrachtete mich nach Europa.

Mein erstes Rennen war das »Clásica San Sebastian«. Es mochte ja »klassisch« heißen, aber in Wirklichkeit war es ein unglaublich hartes Tagesrennen, bei dem die Fahrer gut 160 Kilometer herunterspulen müssen, oft über knochenschüttelnde

Holperstrecken und oft bei scheußlichem Wetter. Das Rennen ist atmosphäregeladen, traditionsreich und notorisch brutal. San Sebastian erwies sich später als eine wunderbare Stadt am Meer im Baskenland, aber am Tag meines Debüts als Profi war sie grau, und bei eisiger Kälte schüttete es in Strömen. Es gibt nichts Unangenehmeres, als im Regen fahren zu müssen. Man wird zu keiner Zeit warm. Das Lycratrikot ist bestenfalls eine zweite Haut. Es saugt sich voll mit dem kalten Regen und klebt einem am Körper, die Kälte vermischt sich mit dem kalten Schweiß und kriecht einem bis in die Knochen. Die kalten Muskeln werden steif und immer schwerfälliger. Unterkühlt und triefend ist man ruckzuck total erschöpft.

Am Tag meines Debütrennens peitschte der Regen geradezu schmerzhaft vom Himmel. Nicht lange, nachdem wir in den stechenden eisigen Regen hinein gestartet waren, fiel ich immer weiter zurück. Bald fuhr ich an letzter Stelle. Das Feld vor mir wurde laufend dünner, nacheinander gaben mehr und mehr Fahrer auf. Dauernd fuhr einer an den Rand und schied aus dem Rennen aus. Ich kämpfte mit der Versuchung, das gleiche zu tun, die Bremse zu ziehen, mich vom Lenker aufzurichten und an den Straßenrand zu schwenken. Es wäre so leicht gewesen, aber es ging einfach nicht. Nicht bei meinem ersten Start als Profi. Es wäre zu schändlich gewesen, und was würden meine Mannschaftskameraden denken? Ich war keiner, der aufgibt.

»Warum schmeißt du den Krempel nicht einfach hin?«

»Mein Sohn, man schmeißt niemals den Krempel hin.«

Fünfzig Fahrer gaben auf, aber ich quälte mich weiter. Von einem Feld von 111 Fahrern kam ich als allerletzter ins Ziel und überquerte die Ziellinie fast eine halbe Stunde nach dem Sieger. Während ich mich die letzte Steigung hinaufquälte, lachten die spanischen Zuschauer und zischten mich aus. »Seht euch die Flasche auf dem letzten Platz an!« rief einer.

Einige Stunden darauf saß ich zusammengesunken in einem Sessel auf dem Flughafen von Madrid. Ich hatte die größte Lust, den Radsport insgesamt aufzugeben. Es war das ernüchterndste Rennen meines Lebens gewesen. Auf dem Weg nach San Sebastian hatte ich mir tatsächlich Siegeschancen ausgerechnet, und jetzt fragte ich mich, ob ich dem Wettbewerb überhaupt gewachsen war. Man hatte mich ausgelacht.

Der professionelle Radsport war um ein Vielfaches härter, als ich geglaubt hatte. Das Tempo war schneller, die Strecken waren schwerer und die Konkurrenten fitter, als ich gedacht hatte. Ich zog ein Bündel unbenutzte Flugtickets aus der Tasche, darunter auch einen noch gültigen Rückflugschein in die Vereinigten Staaten. Ich überlegte, ob ich ihn nicht benutzen sollte. Vielleicht sollte ich einfach nach Hause fliegen, dachte ich, und mir einen anderen Job suchen, etwas, das ich konnte.

Ich ging zu einem Münzfernsprecher und rief Chris Carmichael an. Ich erzählte ihm, wie deprimiert ich war und daß ich mir überlegen würde, alles dranzugeben. Chris hörte mir ruhig zu. »Lance«, sagte er dann, »aus dieser Erfahrung wirst du mehr lernen, als aus jedem anderen Rennen, das du bisher in deinem ganzen Leben gefahren hast.« Es sei richtig gewesen, bis zum Ende im Rennen zu bleiben, das hätte meinen Mannschaftskameraden bewiesen, daß ich ein zäher Fahrer sei. Wenn sie mir Vertrauen schenken sollten, müßten sie sich darauf verlassen können, daß ich keiner sei, der aufgibt. Das sei jetzt geklärt.

»Okay«, sagte ich, »ich mach weiter.«

Ich legte auf und setzte mich ins Flugzeug zum nächsten Renntermin. Ich hatte nur zwei Tage frei und sollte dann bei den Radmeisterschaften von Zürich starten. Ich hatte viel zu beweisen - vor mir selbst und vor den anderen -, und solange mir nicht das Herz in der Brust explodierte, würde ich nicht wieder der Letzte sein.

In Zürich kam ich als Zweiter ins Ziel. Vom Start weg attackierte ich und fuhr praktisch das ganze Rennen auf Angriff. Ich hatte wenig oder überhaupt keine Vorstellung, wie dieses Rennen taktisch anzugehen war - ich zog es einfach mit zusammengebissenen Zähnen wie ein Ochse durch. Als ich zur Medaillenverleihung aufs Siegerpodium stieg, war ich eher erleichtert als hochgestimmt. »Okay«, sagte ich zu mir, »irgendwie kann ich es anscheinend doch.«

Ich rief Chris Carmichael an. »Na, also!« sagte er. Innerhalb von wenigen Tagen hatte ich alle Stadien vom deprimierten Anfänger bis zum ernstzunehmenden Kontrahenten durchlaufen. Die überraschende Wendung ließ die Sportkreise aufhorchen. Wer ist denn dieser Typ, und was hat es mit ihm auf sich? wollte plötzlich jeder wissen.

Es war eine Frage, deren Beantwortung auch für mich selbst noch ausstand.

Ein Amerikaner im Radsport war wie ein französisches Baseballteam in der amerikanischen »World Series«. Bei einem angesehenen, ehrwürdigen Sport kam ich sozusagen zur Tür hereingeplatzt, und ich hatte nur eine unklare oder gar keine Vorstellung von den geschriebenen und ungeschriebenen Regeln und den Benimmvorschriften. Ich will es so formulieren: Meine Cowboymanieren kamen auf dem europäischen Kontinent nicht besonders gut an.

Zwischen dem zurückhaltenden Fahrstil der europäischen Radsportler und der angeberischen und großsprecherischen amerikanischen Einstellung zum Wettkampf, mit der ich großgeworden war, bestand ein gewaltiger Unterschied. Wie die meisten Amerikaner wuchs ich ohne jede Kenntnis vom Radsport auf. Erst durch den Tour-Sieg von Greg LeMond 1986 wurde ich auf diesen Sport aufmerksam, bei dem es Verhaltensweisen und Einstellungen gab, die ich nicht begriff, und selbst wenn, hatte ich nicht das Gefühl, daß ich mich daran halten mußte. Ich ignorierte sie einfach.

Ich fuhr respektlos, absolut ohne jeden Respekt. Ich machte Mätzchen, riß das Maul auf, fuchtelte mit den Fäusten in der Luft herum. Einen Rückzieher machen kannte ich nicht. Die Journalisten waren von mir begeistert. Ich bot ihnen einmal etwas anderes, steigerte die Auflagen, war ein bunter Vogel. Aber ich machte mir auch Feinde.

Eine Straße ist nun mal nicht breiter, als sie ist. Die Fahrer sind in ständiger Bewegung, rangeln um Positionen, und oft ist es klüger und diplomatischer, einem anderen Fahrer Platz zu machen. Bei einem langen Etappenrennen gibt man oft ein bißchen nach und hat jemanden als Freund gewonnen, den man irgendwann vielleicht mal braucht. Ein paar Zentimeter verlieren, einen Freund gewinnen. Aber das war nichts für mich. Zum Teil entsprach es auch meinem damaligen Charakter: Ich war unsicher und abweisend, mir meiner Stärke noch nicht voll bewußt. Ich war immer noch der zornige Junge aus Plano, der sich kopfüber ins Getümmel stürzte und aus Wut in die Pedale trat. Ein paar Zentimeter nachzugeben, glaubte ich mir nicht leisten zu können.

Manchmal brüllte ich andere Fahrer im Peloton genervt an: »Mach voran oder mach Platz!« Ich hatte noch nicht verstanden, daß es viele Gründe geben konnte, warum ein Fahrer nicht voran machte, vielleicht war es so mit dem Mannschaftskapitän besprochen, oder er war müde oder hatte Schmerzen. Er war nicht dafür da, mir Platz zu machen oder sich stärker ins Zeug zu legen, damit ich schneller vorankam. (Ich nehme diese Dinge inzwischen viel gelassener, und oft genug bin ich derjenige, der langsamer macht und mit Schmerzen zu kämpfen hat.)

Ich lernte, daß die anderen Fahrer im Peloton einen vollkommen fertigmachen konnten, nur damit man keinen Sieg einfuhr. Radfahrer benutzen den Vulgärausdruck »ficken«. Einen Fahrer im Peloton zu »ficken« bedeutet, ihn in die Mangel zu nehmen und ihm das Leben schwer zu machen. In einem Peloton wird viel gefickt.

Manche Fahrer fickten mich aus reinem Selbstzweck. Es ging ihnen nur darum, mich am Sieg zu hindern, weil sie mich nun mal nicht leiden konnten. Sie konnten mir den Weg verbauen. Sie konnten mich isolieren und mir ein langsameres Tempo aufzwingen, aber sie konnten auch vorpreschen und das Tempo anziehen und mich zwingen, härter zu arbeiten und mehr Kraft zu vergeuden, als mir lieb war. Zum Glück war ich von ein paar Mannschaftskollegen umgeben, die mich schützen konnten,

Leute wie Sean Yates, Steve Bauer und Frankie Andreu. Sie versuchten mir schonend beizubringen, daß ich mir mit meinem Verhalten selbst keinen Gefallen tat, und ihnen auch nicht. »Lance, du mußt versuchen, dich zu beherrschen - du machst dir Feinde«, sagte Frankie oft. Die Kameraden hatten offenbar gemerkt, daß ich noch reifer werden mußte, und wenn sie über mich verzweifelt waren, behielten sie es für sich. Geduldig steuerten sie mich in die richtige Richtung.

Auf die Mannschaftskameraden kommt es im Radsport entscheidend an - im Motorola-Team hatte ich acht, und ich brauchte jeden einzelnen von ihnen. Auf einer schweren Steigung konnte ich bis zu 30 Prozent meiner Kraft sparen, wenn ich hinter einem Kollegen herfahren, mich von ihm ziehen lassen, »auf seinem Rad sitzen« konnte. An windigen Tagen hielten sich meine acht Kameraden vor mir, gaben mir ihren Windschatten und ersparten mir bis zu 50 Prozent der Arbeit, die ich sonst hätte leisten müssen. In jedem Team braucht man gute Sprinter, gute Kletterer und Leute fürs Grobe. Es ist sehr wichtig, den Einsatz jedes einzelnen anzuerkennen - und nicht zu vergeuden. »Wer legt sich schon für einen Kameraden ins Zeug, der am Ende nicht gewinnt?« sagte Och immer - eine gute Frage.

Ein Straßenrennen kann man nicht im Alleingang gewinnen, man braucht die Teamkameraden - und auch den guten Willen und die Kooperation der Konkurrenten. Die Leute müssen für einen und mit einem fahren *wollen*. Aber in diesen ersten Monaten hätten mir einige meiner Mitstreiter wohl am liebsten eine in die Fresse gehauen.

Ich beleidigte große europäische Champions, indem ich so tat, als wüßte ich nicht oder als ließe es mich kalt, was sie geleistet hatten. Bei einem meiner ersten Rennen als Profi, der »Tour Méditerranéen«, legte ich mich mit Moreno Argentin an, einem sehr ernstzunehmenden und angesehenen italienischen Fahrer. Er war einer der Dons, der großen Herren des Sports, ein ehemaliger Weltmeister, der in ganz Europa siegreiche Rennen gefahren hatte. Aber ich preschte schnurstracks nach vorn und forderte ihn heraus. 150 Mann drängelten sich in einem Pulk, rangelten um die Positionen, fickten sich gegenseitig, ein einziges Geschiebe und Gedränge.

Als ich mit Argentin gleichzog, schaute er mit einem Anflug von Überraschung im Blick zu mir herüber und sagte: »Bishop, was machst du denn hier?«

Irgendwie machte mich das wütend. Er kannte meinen Namen nicht. Er dachte, ich sei Andy Bishop, ein anderer Fahrer der amerikanischen Mannschaft. »Wie?« dachte ich, »der Kerl weiß nicht, wie ich heiße?«

»Leck mich, Chiappucci!« schrie ich zu ihm hinüber und verpaßte ihm den Namen eines seiner Teamkollegen.

Argentin stutzte leicht geschockt. Er war der »Capo«, der Boss, und ich als unbekanntes amerikanisches Würstchen, das noch keinen Sieg vorzuweisen hatte, wagte es, ihn zu beleidigen. Aber ich hatte schon ein paar vielversprechende Plazierungen erzielt, und so, wie ich die Sache sah, hätte er wissen müssen, wer ich war.

»Hey, Chiappucci«, rief ich unverdrossen, »ich heiße Lance Armstrong, und wenn das Rennen vorüber ist, wirst du das begriffen haben!«

Das ganze Rennen hatte ich nur das eine Ziel, Argentin kopfüber von seinem Sockel herunterzustoßen. Im weiteren Verlauf des Rennens merkte ich, wie wütend er war, aber am Ende ging mir die Puste aus. Es war ein Rennen über fünf Tagesetappen, und ich konnte nicht mehr mithalten – ich war noch zu unerfahren. Argentin kam anschließend in unser Fahrerlager und beschwerte sich mit erbostem Gebrüll bei meinen Mannschaftskameraden über mein Benehmen. Auch das gehörte zur Etikette: Wenn ein junger Fahrer Probleme machte, war es an seinen älteren Kollegen, in auf Vordermann zu bringen. Wohlwollend übersetzt, sagte Argentin: »Bringt ihm gefälligst bessere Manieren bei.«

Ein paar Tage später startete ich bei einem Rennen in Italien, der »Trofeo Laigueglia«, einer klassischen eintägigen Rennveranstaltung. Die »Trofeo« galt als automatische Beute Argentins, und das wußte ich auch. Bei Rennen in Italien sind die Italiener natürlich immer die Favoriten, und das galt ganz besonders für ihren Kapitän Argentin. Eines tut man auf gar keinen Fall: Einen Veteran im Sattel demontierte man nicht in seinem Heimatland und vor seinen Fans und Sponsoren. Aber ich forderte ihn erneut heraus. Ich bedrängte ihn, während alle anderen sich zurückhielten, und diesmal sah das Ergebnis anders aus. Bei der »Trofeo Laigueglia« gewann ich das Duell.

Am Ende des Rennens gab es einen Ausbruch von vier Fahrern. Die Spitze bestand aus Argentin, Chiappucci, einem Venezolaner namens Sierra - und mir. Ich konnte mich im Endspurt durchsetzen und ging als erster durchs Ziel. Argentin konnte nicht fassen, daß er gegen mich, das Großmaul aus Amerika, den Kürzeren gezogen hatte. Und dann tat er etwas, was ich nie vergessen werde. Fünf Meter vor der Ziellinie ging er in die Bremsen. Er blockierte seine Räder - mit voller Absicht. Er wurde Vierter, ohne Medaillenchance.

Das Siegertreppchen hat drei Plätze. Argentin lehnte es ab, neben mir zu stehen. Auf eine merkwürdige Weise hat mich das stärker beeindruckt, als wenn er mir Vorwürfe gemacht oder mich verprügelt hätte. Er hatte zum Ausdruck gebracht, daß jemand wie ich für ihn kein ernstzunehmender Gegner war. Es war eine bemerkenswert elegante Art der Beleidigung, und eine sehr wirksame dazu.

In den Jahren, die seitdem vergangen sind, bin ich erwachsen geworden und habe gelernt, die Italiener zu bewundern: Ihre ausgezeichneten Manieren, ihre Kunst, ihre Küche, ihre Beredsamkeit, ganz zu schweigen von ihrem großen Fahrer, Moreno Argentin. Argentin und ich sind trotz allem noch gute Freunde geworden. Ich mag ihn sehr, und wenn wir uns heute begegnen, umarmen wir uns nach italienischer Sitte und lachen.

Meine Wertungen schossen nach wie vor rauf und runter, genauso unkalkulierbar, wie ich durch das Peloton tobte. Ich fuhr pausenlos auf Angriff. Ich legte einfach los. Es brauchte bloß jemand das Tempo anziehen, schon konterte ich, nicht weil irgendeine Strategie es verlangt hätte, sondern um auszudrücken: »Soll das schon alles gewesen sein?«

Ich konnte durchaus einige gute Resultate einheimsen, weil ich ein starker Bursche war und mich an die Taktik und an den Rockzipfel anderer Fahrer hängte, aber meistens fuhr ich zu aggressiv und machte immer wieder den entscheidenden Fehler, den ich in Japan gemacht hatte, als ich für Chris Carmichael fuhr. Ich drängte mich an die Spitze und fuhr dort ganz allein, bis mir die Kräfte ausgingen. Manchmal kam ich noch nicht einmal unter die ersten 20. Anschließend mußte ich mich jedesmal von den Teamkameraden fragen lassen: »Was zum Teufel war eigentlich mit dir los?«

»Aber ich hatte doch so ein gutes Gefühl«, murmelte ich dann nur als lahme Entschuldigung vor mich hin.

Ich hatte aber das Glück, für zwei sehr kluge und einfühlsame Trainer zu fahren. Als Mitglied der Nationalmannschaft trainierte ich weiterhin mit Chris Carmichael, während sich Och und sein Teamchef Hennie Kuiper um das Tagesgeschäft meiner Renneinsätze für Motorola kümmerten. Sie telefonierten viel miteinander und verglichen meine Wertungen. Es gab einen wichtigen Punkt, den sie erkannt hatten und in dem sie sich einig waren: Meine physische Stärke war von einer Art, die man niemandem beibringen oder sich antrainieren konnte. Man kann jemandem beibringen, mit seiner Stärke vernünftig umzugehen, aber die Stärke selbst kann man nicht vermitteln.

Mit meiner Aggressivität machte ich mir zwar im Peloton keine Freunde, aber eines Tages könnte sie sich als wertvolle Eigenschaft erweisen, vermuteten Chris und Och. Sie waren der Ansicht, daß es bei Langstreckenwettbewerben nicht nur um die eigene Leidensfähigkeit ging, sondern auch darum, den Gegner leiden zu lassen, und sie spürten in meiner Aggressivität etwas Raubtierhaftes. »Hast du dir schon mal klargemacht, wie nah man einem Menschen kommen muß, um ihn mit dem Messer niederzustechen?« sagte Chris einmal zu mir.

»Bei einem Radrennen geht es genauso intim zu. Mach dir nichts vor, es ist ein Kampf mit dem Messer.«

Och und Carmichael hielten mich für einen Fahrer, mit dem zu rechnen war, sofern es mir gelang, mein Temperament in den Griff zu bekommen. Inzwischen behandelten sie mich wie ein rohes Ei und sagten sich, laute Töne würden bei mir höchstwahrscheinlich nur zum Weghören oder zur Auflehnung führen. Sie verließen sich darauf, daß ihre Lektionen mit der Zeit von selbst in mich einsickern würden.

Manches lernt man besser durch Erfahrung. Och und Chris gaben mir Gelegenheit, selbst auf bestimmte Dinge zu kommen. Anfangs machte ich mir nach einem Rennen nie Gedanken über mein Abschneiden. Ich dachte: »Der stärkste Fahrer war ich, die anderen konnten nicht mithalten.« Aber wenn ich ein paarmal hintereinander verloren hatte, war ich gezwungen, darüber nachzudenken, wie das passieren konnte. Eines Tages fiel mir auf: »Moment mal, ich bin doch der Stärkste – warum habe ich dann nicht gewonnen?«

Langsam und stetig vermittelten mir Och und Chris ihr Wissen über die Besonderheiten bestimmter Strecken und über die taktischen Entwicklungsphasen eines Rennens. »Es gibt Momente, in denen sich dein Energieeinsatz auszahlt, und ein andermal hast du überhaupt nichts davon. Dann ist es die reine Verschwendung«, sagte Och.

Nach und nach bekam ich auch ein offenes Ohr für die anderen Fahrer und ließ mich von ihnen an die Zügel nehmen. Mit altgedienten Fahrern wie Sean Yates und Steve Bauer, die eine Menge Einfluß auf mich hatten, teilte ich das Hotelzimmer. Von ihnen konnte ich viel lernen, allein schon dadurch, daß ich bloß zusammen mit ihnen am Tisch saß. Sie halfen mir, mit den Füßen am Boden zu bleiben. Ich war der Mister Energie, der nicht wußte, wohin mit seiner Kraft und der Dinge von sich gab wie: »Laßt uns auf die Piste gehen und die Sau rauslassen«, aber sie verdrehten nur die Augen.

Och zähmte mich nicht nur, viel wichtiger noch, er formte mich. Sieben Monate des Jahres in Europa zu verbringen, paßte mir nicht. Ich sehnte mich nach meinem Shiner Bockbier und meinen mexikanischen Spezialitäten, nach den heißen, trokkenen texanischen Feldern und nach meiner Wohnung in Austin, wo ich über meinem Kamin einen mit rotem, weißem und blauem Leder bezogenen Longhornschädel mit dem einsamen Texasstern auf der Stirn hängen hatte. Ich beklagte mich über die Autos, die Hotels, das Essen. »Warum müssen wir in so einer Bruchbude übernachten?« stöhnte ich. Ich machte meine Erfahrungen mit einer alten Radlerweisheit: Je härter der Sport, desto schäbiger das Quartier. Gegen manche der Hotels, in denen wir übernachteten, sah das Motel aus »Psycho« noch recht gut aus – mit Krümeln auf dem nackten Fußboden und Haaren im Bettzeug. Für mich waren die Fleischgerichte undefinierbar, die Nudeln eine Pampe und der Kaffee eine braune Brühe. Allmählich gewöhnte ich mich daran, und dank meiner Mannschaftskameraden wurde mein Unbehagen zur spaßigen Nummer. Jedesmal, wenn wir vor einem Hotel vorfuhren, warteten sie schon darauf, was ich wohl diesmal wieder zu meckern hatte.

Wenn ich mir rückblickend den ungeschliffenen Fahrer und Menschen ins Gedächtnis rufe, der ich damals war, empfinde ich Unwillen, aber auch ein bißchen Sympathie. Unter den harten Sprüchen und der Kampfeswut und der Besserwisserei lauerte meine Angst. Alles machte mir Angst, die Eisenbahnfahrpläne, die Flughäfen und die Straßen. Ich hatte Angst vor den Telefonen, weil ich nicht wußte, wie man sie bedient, und vor den Speisekarten, weil ich nicht lesen konnte, was draufstand.

Bei einem Dinner, das Och für ein paar japanische Geschäftsleute gab, tat ich mich wieder einmal unrühmlich hervor. Och bat alle Anwesenden, sich vorzustellen und Namen und Heimatland zu nennen. Ich stand auf und verkündete: »Hallo, ich bin der Lance aus Texas.« Die ganze Gesellschaft konnte sich nicht mehr halten. Man lachte über mich, wieder einmal.

Aber die europäische Lebensart färbte zwangsläufig auf mich ab. In Como am Comer See mietete ich mir ein Appartement. Der Zauber dieser in sanfte Nebelschleier und Dunst gehüllten Stadt in den oberitalienischen Alpen verfehlte nicht seine Wirkung auf mich. Och war Weinkenner, und ich profitierte von seinem Geschmack, lernte gutes Essen und gute Weine kennen und schätzen. Ich entdeckte mein Sprachtalent und konnte bald ein bißchen Spanisch, Italienisch und Französisch. Wenn es sein mußte, bekam ich sogar ein paar Brocken Niederländisch auf die Reihe. Beim Schaufensterbummel durch Mailand lernte ich, wie ein wirklich gutgeschneiderter Anzug auszusehen hat. Eines Nachmittags schlenderte ich in den Mailänder Dom, und von Stund an war es um meinen bisherigen Geschmack in Sachen Kunst geschehen. Ich war überwältigt von den Farben und den Proportionen, von der heiteren Ruhe der Bogengänge, dem pergamentenen warmen Schimmer der Kerzen, den hoch hinauf fliehenden Glasmalereien, der Beredsamkeit der Skulpturen.

Mit Anbruch des Sommers wurde ich allmählich erwachsen. Die Dinge gewannen nach und nach Hand und Fuß, und meine Leistungen stabilisierten sich. »Langsam passiert etwas«, meinte Och. Und er hatte recht. Ein amerikanischer Sponsor, die Firma Thrift Drugs, setzte eine Million Dollar für den Fahrer aus, der die »Triple Crown of Cycling« gewann, also für den Gesamtsieger von drei prestigeträchtigen amerikanischen Radrennveranstaltungen. Ich faßte die Sache ins Auge. Jedes Rennen war ein Fall für sich: Zur Qualifikation für den Preis mußte man ein hartes eintägiges Rennen in Pittsburgh gewinnen, dann ein sechstägiges Etappenrennen durch Virginia und außerdem noch ein eintägiges Straßenrennen über 250 Kilometer durch Philadelphia. Es war ein kühner Sprung über viele Hindernisse – was die Veranstalter sehr wohl wußten. Nur ein vollkommener Fahrer konnte diesen Preis gewinnen, man mußte Sprinter, Kletterer und Etappenrennfahrer in einem sein, und vor allem mußte man ein beständiges Leistungsniveau haben – wozu ich es bislang noch nicht gebracht hatte.

Jeder Fahrer sprach davon, daß er den Preis gern gewinnen würde, um noch im gleichen Atemzug hinzuzufügen, daß es praktisch unmöglich sei. Eines Abends, als ich mit meiner Mutter telefonierte, fragte sie mich auf einmal: »Wie stehen deine Chancen, den Preis zu gewinnen?«

Ich sagte: »Gut.«

Als es Juni wurde, hatte ich die beiden ersten Rennen gewonnen. Die Presse überschlug sich, und die Veranstalter waren im Taumel. Jetzt blieb nur noch die amerikanische Profimeisterschaft in Philadelphia - aber da würde ich auf 119 Fahrer stoßen, die alle entschlossen waren, mir einen Strich durch die Rechnung zu machen. Die Spannung war gewaltig, und schätzungsweise eine halbe Million Zuschauer würde die Strecke säumen.

Am Tag vor dem Rennen rief ich meine Mutter an und bat sie, nach Philadelphia zu kommen. Bei einer so kurzfristigen Buchung kostete der Hin- und Rückflug zwar fast 1000 Dollar, aber sie betrachtete die Investition in das Ticket als eine Art Lotteriespiel - wenn sie nicht kam, und ich sollte gewinnen, würde es ihr ewig leid tun, daß sie nicht dabeigewesen war.

Ich war entschlossen, ein kluges Rennen zu fahren, ohne mich kopfüber in unüberlegte Angriffsmanöver zu stürzen. »Du mußt das ganze Rennen vorher im Kopf durchgehen«, beschwor ich mich selbst.

Beim Rennen hielt ich mich fast den ganzen Tag an mein Drehbuch. Als noch gut 35 Kilometer zu fahren waren, riß ich aus. Auf dem anerkannt steilsten Streckenabschnitt - Manayunk - griff ich an, und während ich das tat, kochte in mir eine Art Wutanfall hoch. Ich weiß nicht genau, was passierte - ich weiß nur noch, daß es mich förmlich aus dem Sattel riß und ich wie ein Berserker auf die Pedale einhämmerte und dabei volle fünf Sekunden lang aus vollem Halse schrie. Im Nu hatte ich einen großen Vorsprung.

In der vorletzten Runde war mein Vorsprung schon so groß, daß ich meiner Mutter eine Kußhand zuwerfen konnte. Ich überquerte die Ziellinie mit dem größten Vorsprung der Renngeschichte. Als ich abstieg, wurde ich sofort von Reportern umringt, aber ich schob mich durch den Pulk und ging schnurstracks zu meiner Mutter. Wir umarmten uns und heulten.

Das war der Anfang einer traumhaften Sommersaison. Als nächstes wurde ich durch eine erst sehr spät vorgetragene Attacke Überraschungssieger bei einer Etappe der Tour de France: Am Ende der 183 Kilometer langen Etappe von Chalons-sur-Marne nach Verdun fegte ich fast in die Begrenzungsbarriere, als ich auf den letzten 50 Metern dem Feld davonsprintete. Schon ein Etappensieg in der Tour galt als Sieg von höchstem Wert, und ich mit meinen 21 Jahren war der Jüngste, der je einen solchen Sieg eingefahren hatte.

Damit Sie verstehen, wieviel Erfahrung die Tour einem Fahrer abverlangt, sei nicht verschwiegen, daß ich ein paar Tage später aus dem Rennen ausscheiden mußte, weil ich einfach nicht mehr konnte. Zitternd vor Kälte gab ich nach der 12. Etappe auf; ich lag auf dem 97. Platz. Die Alpen hatten mich geschafft. Sie waren »zu lang und zu kalt«, wie ich anschließend zu den Reportern sagte. Ich fiel soweit zurück, daß unser Mannschaftswagen schon zum Hotel abgefahren war, als ich endlich am Ziel ankam. Ich mußte zu Fuß zum Quartier laufen und mein Rad einen Schotterweg hinaufschieben. »Als ob die Etappe nicht hart genug gewesen wäre; jetzt müssen wir auch noch diesen Pfad hochklettern«, sagte ich zu den Presseleuten. Ich war körperlich noch nicht reif, um die kräftezehrenden Gebirgsetappen durchzustehen.

Manchmal machte mir meine Ungeduld immer noch zu schaffen. Oft fuhr ich lange Zeit sehr besonnen, bis ich wieder in meinen alten Fehler verfiel. Es schien mir einfach nicht in den Schädel zu wollen, daß ich es langsamer angehen lassen mußte, um zu gewinnen. Es dauerte eine Zeitlang, bis ich mich mit dem Gedanken angefreundet hatte, daß Geduld keine Schwäche war und daß strategisch zu fahren nicht bedeutete, daß ich nicht alles gab.

Nur eine Woche vor den Weltmeisterschaften machte ich bei den Radmeisterschaften in Zürich wieder einmal meinen typischen Fehler und verausgabte mich schon vor der entscheidenden Phase des Rennens. Wieder kam ich noch nicht einmal unter die ersten 20. Och hätte Grund genug gehabt, wütend auf mich zu sein und die Geduld mit mir zu verlieren, aber statt dessen blieb er die beiden folgenden Tage in Zürich und ging mit mir fahren. Bis zu den Weltmeisterschaften in Oslo war es noch eine Woche, und Och war überzeugt, daß ich sie gewinnen konnte – wenn ich ein intelligentes Rennen fuhr. Während wir miteinander trainierten, sprach er mit mir über Selbstkontrolle.

»Du brauchst nichts anderes tun, als zu warten«, sagte er. »Einfach *warten*. In der dritten oder zweiten Runde vor Schluß ist es noch früh genug. Alles, was früher ist, macht dir deine Chancen auf den Sieg kaputt. Da kannst du dann attackieren, soviel du willst.«

Bei den Weltmeisterschaften traten keine gewöhnlichen Fahrer an. Ich würde mich gegen große Fahrer auf dem Gipfel ihrer Leistungsfähigkeit behaupten müssen, und der Favorit war Miguel Induráin, der gerade seinen dritten Sieg bei der Tour de France gefeiert hatte. Außerdem stand meinem Sieg ein historisch bedingtes schlechtes Omen entgegen: Noch nie hatte ein Einundzwanzigjähriger im Radfahren einen Weltmeistertitel gewonnen.

In den letzten Tagen vor dem Rennen rief ich wieder meine Mutter an und bat sie, herüberzukommen und bei mir zu bleiben. Ich wollte das Rennen nicht allein durchstehen müssen, und außerdem hatte sie immer mein Selbstvertrauen gestärkt. Mir gefiel auch der Gedanke, daß sie mich mitten zwischen so berühmten Kollegen mein Rennen fahren sah. Sie nahm sich ein paar Tage Urlaub von der Firma, kam zu mir herübergeflogen und wohnte mit mir in meinem Hotelzimmer.

Sie kümmerte sich um mich, wie sie es immer getan hatte. Sie wusch meine Wäsche im Waschbecken, sorgte dafür, daß ich zu essen bekam, was ich mir wünschte, ging ans Telefon und achtete darauf, daß ich genug Ruhe hatte. Ich brauchte mit ihr nicht über das Rennen zu reden, oder ihr erklären, wie mir zumute war – sie wußte es sowieso. Je näher der Tag der Entscheidung rückte, desto schweigsamer wurde ich. Ich zog innerlich die Jalousien herunter und plante das Rennen in meinem Kopf. Sie saß neben einer kleinen Lampe und las, während ich an die Decke starrte oder schlief.

Dann war es soweit. Als ich morgens aufwachte, regnete es. Ich öffnete die Augen und sah, wie die Tropfen an den Fensterscheiben runterflossen. Wieder dieser verhaßte, gefürchtete Regen, wie damals in San Sebastian.

Es goß den ganzen Tag. Aber es gab jemanden, der unter dem Regen noch mehr litt als ich: meine Mutter. Sieben Stunden lang saß sie auf einer Tribüne im Regen, ohne ein einziges Mal aufzustehen. Vor der Tribüne hatte man einen großen Bildschirm aufgebaut, damit die Zuschauer die Fahrer auf dem gesamten 18,4 Kilometer langen Rundkurs beobachten konnten. Dort saß sie, völlig durchnäßt, und schaute zu, wie die Fahrer auf der ganzen Strecke einen Sturz nach dem anderen bauten.

Wenn es in Europa regnet, überziehen sich die Straßen mit einer Art schmierigem Gemisch aus Treibstoff und Staub. Rechts und links stürzten die Fahrer, die Räder glitten einfach unter ihnen weg. Auch ich hatte zwei Stürze, aber ich kam jedesmal wieder schnell auf die Beine, schwang mich aufs Rad und konnte das Rennen ohne entscheidenden Zeitverlust weiterfahren.

Die ganze Zeit wartete ich ab. Ich hielt mich zurück, wie Och mir gesagt hatte. Als noch 14 Runden zu fahren waren, fuhr ich in der Führungsgruppe – und da war auch Induráin, der bravouröse Fahrer aus Spanien. Bei der vorletzten Steigung zog ich meine Attacke durch. Ich jagte den Berg hoch und kam oben mit einer Radlänge vor dem ganzen Haufen an. Ich sauste auf der andern Seite runter und gleich wieder hinein in eine andere Steigung, einen steilen Anstieg auf den Ekeberg. Zwei Fahrer saßen mir im Nacken. Ich sagte mir: »Jetzt aber Vollgas wie noch nie.« Ich stellte mich in die Pedale und legte noch einmal zu. Diesmal bekam ich einen Vorsprung.

Auf der anderen Seite des Ekebergs geht es ein langes und gefährliches Gefälle hinunter, vier Kilometer lang, und bei diesem Regen konnte alles mögliche passieren, konnten die Räder unter einem wegdriften, nachdem die ganze Fahrbahn eine einzige Rutschbahn geworden war. Aber ich kam schnell und knapp um die Kurven. Unten angekommen blickte ich mich um.

Keiner da.

Ich bekam Panik. »Du hast wieder deinen alten, elenden Fehler gemacht«, dachte ich voll Verzweiflung, »du hast zu früh aufgedreht.« Ich hatte mich in der Zahl der Runden vertan. Bestimmt war noch eine Runde zu fahren. Ein solcher Vorsprung war zu schön, um wahr zu sein.

Ich schaute auf meinen Fahrradcomputer am Lenker. Es *war* die letzte Runde. Ich hatte mich nicht vertan, es stimmte.

Mein Sieg stand unmittelbar bevor.

Auf den letzten 700 Metern fing ich an zu feiern. Ich pumpte die Fäuste auf und ab, stieß die Arme in die Luft, warf Kußhände und verbeugte mich vor der Menge. Als ich über die Ziellinie fuhr, schmiß ich die Beine in die Luft wie ein Zirkusgaul. Schließlich zog ich die Bremsen und stieg ab, und mitten in dem ganzen Gewimmel suchte ich als erstes nach meiner Mutter. Ich fand sie, wir standen im Regen und umarmten uns. Ich rief: »Wir haben es geschafft! Wir haben es geschafft!« Wieder flossen die Tränen.

Irgendwann in dem Durcheinander und dem Jubel der Siegerehrung nach dem Rennen tauchte ein Abgesandter des Königs auf und teilte mir mit, König Harald von Norwegen wünsche mir zu gratulieren. Ich nickte und sagte: »Alsdann, Mom, laß uns dem König Guten Tag sagen.«

Sie sagte: »Okay, geh'n wir.«

Wir wurden durch die Kontrollen geführt. Vor der Tür, hinter der mich der König zu seiner Privataudienz erwartete, hielt uns ein Sicherheitsbeamter auf. »Die Dame muß hier warten«, sagte er zu mir. »Der König wird Sie ohne Begleitung begrüßen.«

»Ich geb meine Mutter doch nicht an der Garderobe ab«, sagte ich, nahm ihren Arm und wandte mich zum Gehen. »Mom, komm, laß uns verschwinden«, sagte ich. Ich war nicht bereit, ohne sie weiterzugehen.

Der Beamte lenkte ein. »Also gut. Nehmen Sie die Dame

mit.« Wir wurden dem König vorgestellt, einem sehr netten Herrn. Die Audienz verlief sehr kurz und sehr höflich, dann ging es wieder zurück zum Feiern.

Für meine Mutter und mich war dieses Ereignis ein Abschluß, eine Ziellinie. Der harte Kampf war vorbei. Vorbei mit den Quertreibern, die meinten, mit uns nach Belieben umspringen zu können, vorbei mit den Sorgen über unbezahlte Rechnungen, vorbei mit dem Hickhack über meine Ausrüstung und meine Flugtickets. Ich war am Ende einer langen, schweren Steigung angekommen – am Ende meiner Jugend.

Ich war zwar Weltmeister, aber ich mußte noch viel lernen. Die nächsten drei Jahre waren eine Zeit der Erprobung und der Verfeinerung. Ich hatte weiterhin Rennerfolge, aber von nun an war das Leben eine Frage minimaler Verbesserungen, eine Frage des Aufspürens des winzigen Vorsprungs, den ich vielleicht den anderen Elitefahrern voraus hatte.

Es gibt eine Wissenschaft vom Siegen. Der Zuschauer sieht die technische Seite des Radsports selten, aber hinter dem prächtigen Regenbogengeglitzer eines Pelotons verbirgt sich die nicht besonders spannende Realität, daß Straßenrennen oft nur durch einen winzigen Geschwindigkeitsvorsprung gewonnen werden, der lange, bevor das Rennen überhaupt gestartet wurde, in einem Leistungslaboratorium oder einem Windkanal oder einem Velodrom herausgetüftelt worden ist. Radrennfahrer sind Sklaven des Computers. Wir brüten über präzisen Berechnungen der Schlagzahl, des Wirkungsfaktors, der Leistung und der Wattzahl. Am ganzen Körper mit Elektroden bepflastert, saß ich pausenlos auf einem stationären Fahrrad, versuchte eine bessere Sitzposition zu bestimmen, die ein paar zusätzliche Sekunden abzuwerfen versprach, und probierte Zubehör aus, das vielleicht eine Kleinigkeit windschlüpfriger war.

Nur wenige Wochen nach meinem Sieg in der Weltmeisterschaft ging ich mit Chris Carmichael in ein Leistungslaboratorium des olympischen Trainingszentrums in Colorado Springs. Obwohl ich ein großes Jahr gehabt hatte, schlug ich mich immer noch mit einigen kritischen Schwachpunkten herum. Mit Elektroden bepflastert verbrachte ich einige Tage in diesem Laboratorium, während Ärzte für Blutuntersuchungen Nadeln in mich hineinstachen. Der Zweck der Veranstaltung war, meine verschiedenen Grenz- und Höchstwerte zu ermitteln und zu untersuchen, wie ich meine Leistungsfähigkeit auf dem Rennrad erhöhen konnte. Man maß meine Pulsfrequenz und die maximale Sauerstoffaufnahme, und ich mußte mich an einem einzigen Tag fünfzehnmal zur Blutentnahme in den Daumen pieksen lassen.

Wir wollten meine maximale Leistung messen und die Zeitdauer, über die ich sie erbringen konnte. Wir versuchten, meine günstigste Schlagkadenz zu ermitteln: Wie hoch war meine optimale Pedalfrequenz, wo gab es Schwachpunkte, an denen ich Energie verschwendete? Mein Schlag war ein glattes Auf und Ab der Beine, wie zwei symmetrische Vorschlaghämmer – nicht alles von der eingesetzten Arbeit setzte sich in Geschwindigkeit um. Wir gingen in ein Velodrom, um uns meine Sitzposition auf dem Fahrrad anzuschauen und festzustellen, ob ich Kraft verschwendete. Beim Radsport geht es darum, aus der geringstmöglichen Menge Arbeit die größtmögliche Geschwindigkeit herauszuholen. Die Wattzahl ist ein Maß für die Leistung, die man an die Pedale abgibt. Wir senkten meine Sitzposition etwas ab und erreichten damit augenblicklich eine Verbesserung.

Zur gleichen Zeit etwa machte ich die Bekanntschaft des legendären belgischen Radrennfahrers Eddy Merckx, des fünfmaligen Gewinners der Tour de France und einer der am wildesten attackierenden Fahrer, die je gelebt haben. Ich hatte die vielen Geschichten über Eddy Merckx gehört, was für ein tapferer und draufgängerischer Fahrer er war, und ich dachte, das ist ein Fahrer, wie ich einer werden will. Ich wollte nicht einfach nur gewinnen, ich wollte auf eine bestimmte Weise gewinnen. Wir freundeten uns an. Eddy sagte zu mir, ich könnte eines Tages die Tour de France gewinnen – aber ich müßte vorher abnehmen. Ich hatte eine bullige Figur wie ein Linienverteidiger im Football, mit einem Stiernacken und Muskelpaketen auf der Brust, Andenken an meine Karriere als Schwimmer und Triathlonkämpfer. Eddy machte mir begreiflich, daß es zu mühsam sei, dieses Gewicht drei Wochen lang die Berge rauf- und wieder runterzuschleppen. Ich fuhr zum Teil immer noch einen reinen Kraftstil. Wenn ich die Tour de France gewinnen wollte, mußte ich Gewicht abbauen, ohne Kraft einzubüßen. Ich hörte also mit dem Kuchenessen auf, machte um Tex-Mex einen Bogen und begriff, daß ich mir eine neue Kraftquelle erschließen mußte, jene innere Kraft, die Selbstdisziplin heißt.

Im Jahr 1995 hatte ich immer noch keine Tour de France bis zum Ende mitgefahren, immer nur Teile davon. Meine Trainer glaubten nicht, daß ich schon soweit war, und sie hatten recht. Ich hatte weder die körperliche noch die geistige Zähigkeit, um diese Strapaze zu bestehen. Ein junger Fahrer muß durch einen sorgfältigen Entwicklungsprozeß geführt und jahrelang aufgebaut werden, bis er reif genug ist, bei diesem Rennen am Ziel anzukommen, und gesund anzukommen. Ich verbesserte mich beständig: 1994 wurde ich Zweiter beim Rennen »Lüttich - Bastogne - Lüttich«, Zweiter in San Sebastian und Zweiter bei der »Tour DuPont«, und schon in der ersten Hälfte des nächsten Jahres konnte ich in San Sebastian und bei der »Tour DuPont« gewinnen - für Och Anlaß zu der Überzeugung, daß ich mich jetzt auf eine höhere Ebene begeben müsse. Es war notwendig geworden, daß ich die Tour de France bis *zum Ende* mitfuhr, nicht ein paar Etappen. Es war an der Zeit, daß ich lernte, was es heißt, das größte Etappenrennen der Welt gewinnen zu wollen.

Ich hatte den Ruf eines Fahrers von Tagesrennen: Zeig mir, wo der Start ist, und Adrenalin und Verbissenheit führten mich zum Sieg, indem ich meine Gegner einen nach dem anderen niederrang. Ich konnte meine Schmerzgrenze in Regionen verlegen, wo alle anderen paßten, und ich schreckte nicht davor zurück, jemandem den Kopf abzureißen, wenn der Sieg anders nicht zu gewinnen war.

Aber die Tour war ein anderes Kaliber. Wenn man die Tour

wie ein Tagesrennen fuhr, war man nach zwei Etappen erledigt. Hier brauchte man einen längeren Atem. Bei der Tour kam es darauf an, im richtigen Moment die entsprechenden Reserven aktivieren, die Energien geduldig und beständig auf dem angemessenen Niveau aufbringen zu können und jede Kraftvergeudung und falsche Bewegung zu vermeiden. Es kam darauf an, unbeirrt zu fahren und zu fahren, so stupide es auch sein mochte, zu fahren, auch wenn kein Adrenalinstoß mehr kam, der einen vorantrieb.

Falls es einen entscheidenden Unterschied zwischen einem Mann und einem Halbwüchsigen gibt, dann liegt er vielleicht in der Fähigkeit zur Geduld. Im Jahr 1995 begriff ich endlich den gnadenlosen Charakter dieses Rennens und seiner außerordentlichen Prüfungen und Gefahren. Ich brachte die Tour de France zu Ende, und ich brachte sie in starker Form zu Ende, indem ich in den letzten Tagen noch eine Etappe gewann. Aber der Preis für die neugewonnene Erkenntnis war zu hoch, und es wäre mir lieber gewesen, ich hätte sie nicht auf diese Weise gewinnen müssen.

In der Endphase des Rennens kam unser Motorola-Teamkamerad Fabio Casartelli, Olympiasieger von 1992, auf einer Hochgeschwindigkeitsabfahrt ums Leben. Bei einer Abfahrt fährt man dicht hintereinander in einer Reihe, und wenn nur ein Fahrer stürzt, kann es zu einer furchtbaren Kettenreaktion kommen. Fabio stürzte nicht als Einziger, es war ein Massensturz mit 20 Beteiligten. Aber er schlug mit dem Hinterkopf gegen einen Bordstein und brach sich Schädel und Genick.

Ich war viel zu schnell vorbei, um viel erkennen zu können. Eine ganze Reihe Fahrer war gestürzt, und viele beugten sich über jemanden, der auf dem Boden lag, aber so etwas bekommt man auf der Tour häufig zu sehen. Erst einige Zeit später erfuhren wir über unseren Mannschaftsfunk, was passiert war: Fabio war tot. Wenn man von einer solchen Nachricht überrascht wird, will man es einfach nicht glauben.

Es war einer der längsten Tage meines Lebens. Fabio war nicht nur der junge Hoffnungsträger des italienischen Radsports, er war jungverheiratet und frischgebackener Vater. Sein Kind war erst ein paar Monate alt.

Wir mußten die Etappe zu Ende fahren, auch wenn wir zu Tode betrübt und vom Schock wie gelähmt waren. Ich kannte Fabio seit meinen ersten internationalen Starts im Jahr 1991. Er wohnte in nächster Nähe von Como, wo ich mein Appartement hatte. Wir waren bei den Olympischen Spielen in Barcelona gegeneinander angetreten, und er hatte die Goldmedaille gewonnen. Er war ein sehr entspannter, zu Späßen aufgelegter junger Mann, ein bißchen flapsig vielleicht, ein Spaßmacher. Einige der italienischen Spitzenfahrer waren eher ernst oder machohaft, aber Fabio war anders. Er war die reine Liebenswürdigkeit.

An diesem Abend hielt unser Motorola-Team eine Mannschaftskonferenz ab. Wir überlegten, ob wir weiterfahren sollten oder nicht. Die Meinungen waren geteilt. Die eine Hälfte wollte aufhören, nach Hause fahren und mit ihren Familien und Freunden trauern, und die andere Hälfte wollte zu Ehren Fabios weiterfahren. Ich persönlich hätte lieber aufgehört. Ich traute mir einfach nicht mehr den Mumm zu, weiter auf dem Rad zu sitzen. Ich hatte zum erstenmal Bekanntschaft mit dem Tod und mit wirklicher Trauer gemacht und wußte nicht, wie ich damit umgehen sollte. Aber dann kam Fabios Frau zu uns und bat uns weiterzufahren, weil sie das Gefühl hatte, Fabio hatte das auch so gewollt. Da saßen wir nun hinter unserem Hotel im Gras, schickten ein paar Gebete zum Himmel und entschlossen uns weiterzumachen.

Am nächsten Tag fuhr das ganze Peloton eine Gedenketappe zu Fabios Ehren und schenkte unserem Team einen symbolischen Etappensieg. Es war wieder ein langer, fürchterlicher Tag, acht Stunden im Sattel und alle in Trauer. Das Peloton legte kein Renntempo vor. Wir fuhren vielmehr ruhig und in geordneten Reihen. Es war buchstäblich eine Beerdigungsprozession, und als unsere Mannschaft endlich über die Ziellinie fuhr, kam hinter uns Fabios Fahrrad mit einem schwarzen Trauerflor geschmückt auf dem Dach des Begleitfahrzeugs.

Am nächsten Morgen auf der Etappe nach Bordeaux fing wieder der Ernst des Rennens an. Die darauffolgende Etappe führte nach Limoges. Och besuchte uns am Abend vorher auf unseren Zimmern und erzählte allen, Fabio habe sich für diese Tour zwei Dinge vorgenommen: Er wollte das Rennen bis zum Ende durchstehen und insbesondere die Etappe nach Limoges gewinnen. Och hatte noch nicht aufgehört zur reden, da wußte ich, wenn Limoges der Etappensieg war, den Fabio sich vorgenommen hatte, dann würde ich diese Etappe für ihn gewinnen, und das Rennen würde ich ebenfalls zu Ende bringen.

Am nächsten Tag befand ich mich nach ungefähr der halben Etappe in einer Spitzengruppe von 25 Mann. Induráin trug das Gelbe Trikot und hielt sich im Hintergrund. Ich tat, was für mich das Natürlichste war: Ich griff an. Ich stieg stärker und schneller in die Pedale als je zuvor.

Das Problem war, daß ich wieder einmal zu früh aufgedreht hatte. Ich zog los, als noch 40 Kilometer vor mir lagen, und zudem auf einer Gefällstrecke. Es gibt zwei Dinge, die man nie tun sollte: zu früh ausreißen und erst recht nicht bergab. Aber ich raste diesen Berg so schnell herunter, daß ich im Handumdrehen mit 30 Sekunden in Führung lag. Die anderen Fahrer waren total überrascht. Ich konnte förmlich spüren, wie sie dachten: »Was hat der vor?«

Was hatte ich vor? Ich schaute zurück und sah alle ohne besonderen Ehrgeiz weiterradeln. Der Tag war heiß, und es gab keinen Anreiz, sich besonders ins Zeug zu legen, alle wollten nur dem Ziel näherkommen, wo man die Taktik ausspielen konnte. Ich drehte mich um. Einer trank einen Schluck Wasser. Ich schaute mich noch mal um. Ein anderer fummelte an seiner Mütze. Da setzte ich mich ab, wusch, und ich war fort.

Wenn 15 Mann aus 15 verschiedenen Teams eine Verfolgung organisieren sollen, wird nie was draus. Jeder schaut den anderen an und sagt: »Los, zieh!« – »Nein, du ziehst!« So ließ ich sie stehen und fuhr schneller, als ich je gefahren war. Taktisch gesehen war es ein Aberwitz, und es hatte mit Stärke oder Können nichts zu tun; alles war die Folge der anfänglichen Überraschung, als ich mich abgesetzt hatte. Es war verrückt, aber es funktionierte.

Zu keiner Zeit kam jemand näher als auf 30 Sekunden an mich heran. Unser Begleitfahrzeug schloß zu mir auf und gab mir Berichte. Unser Mannschaftschef Hennie Kuiper meldete zum Beispiel: »Du liegst mit 30 Sekunden vorne.« Nach ein paar Minuten kam er wieder längsseits und sagte: »Jetzt sind es 45 Sekunden.« Als er das dritte- oder viertemal auftauchte, sagte ich: »Hennie, du brauchst nicht mehr hochzukommen. Die kriegen mich nicht.«

»Okay, okay, okay«, sagte er und verschwand hinter mein Hinterrad.

Sie kriegten mich nicht.

Ich gewann mit einer Minute Vorsprung und hatte keinen Augenblick lang leiden müssen. Ich spürte vielmehr etwas Spirituelles. Ich wußte, daß ich an diesem Tag für einen höheren Zweck im Sattel saß. Obwohl ich viel zu früh ausgerissen war, kam es mich in keiner Weise hart an. Mir gefiel der Gedanke, daß es Fabio genauso gegangen war: Er war einfach ausgerissen und hatte die Welt hinter sich gelassen. Für mich gab es keinen Zweifel, daß auf meinem Rad zwei Fahrer saßen. Fabio war bei mir.

An der Ziellinie überkam mich ein Gefühl wie seither nie wieder. Ich spürte, daß ich für Fabio und seine Familie und sein Baby gesiegt hatte und für das ganze trauernde Italien. Während ich die Linie überfuhr, hob ich den Blick zum Himmel und zeigte hinauf zu Fabio.

Nach der Tour ließ Och für Fabio ein Denkmal errichten. Er gab bei einem Bildhauer aus Como ein Werk aus weißem Carraramarmor in Auftrag. Die Mannschaft kam aus der ganzen Welt herbeigeflogen, und wir versammelten uns auf der fatalen Berghöhe in einer Feierstunde zur Enthüllung des Denkmals. Auf dem Denkmal war eine Sonnenuhr angebracht, die drei Tage und Stunden markierte: Fabios Geburtstag, den Tag seines Sieges bei den Olympischen Spielen und den Tag, an dem er starb.

Ich hatte gelernt, was es bedeutete, die Tour de France zu fahren. Sie ist mehr als ein Radrennen. Sie ist ein Abbild des Lebens, nicht nur das längste, sondern auch das erhabenste, das erschütterndste und manchmal tragischste Radrennen der Welt. Sie stellt einen Fahrer vor alle erdenklichen Probleme und Situationen: Kälte, Hitze, Berge, Ebenen, Holperstrecken, plattgefahrene Reifen, Gegenwind, unfaßbares Pech, unglaubliche Schönheit, gähnende Langeweile. Vor allem aber zwingt die Tour de France jeden Fahrer zum umfassenden, tiefen Nachdenken über sich selbst. In unserem Leben stehen wir immer wieder vor elementaren Fragen, erleiden wir Rückschläge, hadern mit dem Schicksal und fallen manchmal im Regen auf die Nase, versuchen auf den Beinen zu bleiben und die Hoffnung nicht aufzugeben. Die Tour ist nicht nur ein großes Rennen, keineswegs. Sie ist eine Prüfung. Sie ist eine Feuerprobe für Körper und Geist und auch für die Moral.

Das hatte ich jetzt verstanden. Billiger war es nicht zu bekommen, begriff ich. Es dauert Jahre, bis ein Fahrer geistig, körperlich und charakterlich weit genug war, und dafür mußte er mindestens 120 Rennen und 40 000 Kilometer auf der Straße hinter sich gebracht haben. Ich würde die Tour de France erst dann gewinnen können, wenn ich genügend Stahl in meinen Beinen, meinen Lungen, meinem Hirn und in meinem Herzen hatte – wenn ich ein Mann geworden war. Fabio war ein Mann gewesen. Soweit mußte ich erst noch kommen.

4 Schock

Ich dachte, ich wüßte, was Angst ist – bis ich den Satz hörte: »Sie haben Krebs.« Die wirkliche Angst war begleitet von einem bestimmten Gefühl: Es war, als ob mein ganzes Blut auf einmal in die falsche Richtung fließen würde. Meine früheren Ängste, die Befürchtung, nicht gemocht oder ausgelacht zu werden, die Angst, mein Geld zu verlieren, all das kam mir auf einmal vor wie läppische Feigheit. Die Dinge hatten sich nun neu sortiert, die alltäglichen Ängste – ein Platten, meine Karriere zu verbauen, ein Verkehrsstau – ordnete sich unter den Aspekten lebensentscheidend oder nur lästig, wirkliche Probleme im Gegensatz zu Unannehmlichkeiten. Ein holpriger Flug war ein holpriger Flug, aber nicht mehr.

Für das Wort »menschlich« fand ich folgende Definition: »charakteristisch für Menschen im Gegensatz zu Gott, Tieren oder Maschinen, insbesondere die Anfälligkeit für Schwäche, und daher ein Merkmal des Menschen«. Hochleistungssportler neigen nicht dazu, sich unter einem Blickwinkel wie diesem zu betrachten. Sie sind viel zu sehr damit beschäftigt, eine Aura der Unbesiegbarkeit um sich herum aufzubauen, als daß sie sich eingestehen könnten, daß sie ängstlich, schwach, schutzlos und verletzlich sind oder Fehler machen. Aus eben diesem Grund sind sie auch nicht besonders rücksichtsvoll, umgänglich, gnädig, gütig, nachsichtig und versöhnlich sich selbst gegenüber oder den Menschen in ihrer Umgebung. Aber als ich in jener ersten Nacht allein in meinem Haus saß, ließ mich die Angst demütig werden, mehr noch, sie machte mich zum Menschen.

Ich brachte nicht die Kraft auf, meiner Mutter zu sagen, daß ich krank war. Kurz nachdem ich aus der Praxis von Dr. Reeves nach Hause zurückgekehrt war, kam Rick Parker. Er meinte, ich sollte besser nicht allein sein. Ich gestand ihm, daß ich es einfach nicht fertigbrachte, meine Mutter anzurufen und es ihr zu sagen. Rick erbot sich, das für mich zu übernehmen, und ich nahm sein Angebot dankbar an.

Es gab keine Möglichkeit, die Nachricht schonend zu verpacken. Meine Mutter war gerade von der Arbeit heimgekommen, saß im Garten und las die Zeitung, als der Anruf sie erreichte. Rick sagte: »Linda, Lance wird gleich selber mit Ihnen darüber sprechen wollen, aber ich möchte Ihnen schon vorher sagen, was los ist. Bei Lance ist Hodenkrebs festgestellt worden, und morgen früh um sieben wird er operiert.«

»Nein«, rief meine Mutter, »das ist doch nicht möglich!«

Rick sagte: »Es tut mir leid, aber ich fürchte, Sie müssen noch heute Nacht herkommen.«

Sie fing an zu weinen. Rick versuchte sie zu trösten, aber er drängte sie auch, so schnell wie möglich mit einem Shuttleflug nach Austin zu kommen. Tapfer besann sich meine Mutter aufs Praktische. »Okay«, sagte sie, »ich bin schon so gut wie da.« Sie legte auf, ohne daß wir überhaupt miteinander geredet hätten, stopfte alles, was ihr einfiel, wahllos in eine Reisetasche und raste zum Flugplatz.

Nachdem Rick den Hörer aufgelegt hatte, brach ich wieder zusammen. Rick redete die ganze Zeit beruhigend auf mich ein. »Es ist doch ganz natürlich, daß du weinst«, sagte er. »Es ist sogar gut. Lance, Krebs kann man heute heilen. Das ist nur ein Schlagloch. Wir müssen nur am Ball bleiben und die Sache entschieden angehen.«

Innerlich ein wenig aufgerichtet, ging ich in mein Arbeitszimmer. Es gab da ein paar Menschen, denen ich unbedingt alles sofort erzählen wollte. Zuerst rief ich Kevin Livingston an, meinen Freund und Motorola-Mannschaftskameraden, der gerade in Europa Rennen fuhr. Kevin war für mich wie ein jüngerer Bruder. Wir verstanden uns so gut, daß wir vorhatten, in der nächsten Saison in Europa eine Wohngemeinschaft zu machen. Ich hatte ihn überredet, seinen Hauptwohnsitz nach Austin zu verlegen, damit wir zusammen trainieren konnten. Als ich ihn in Italien an der Strippe hatte, war ich immer noch ziemlich durcheinander. »Ich muß dir etwas sagen. Es ist was Schlimmes passiert.«

»Was denn? Ist bei einem Rennen was schiefgegangen?«

»Ich habe Krebs.«

Ich hätte Kevin gern gesagt, wie mir zumute war und wie gern ich ihn gesehen hätte, aber er hielt sich gemeinsam mit drei oder vier anderen Mitgliedern der amerikanischen Nationalmannschaft irgendwo in einer Wohnung auf, und ich wollte nicht, daß die anderen den Inhalt des Gesprächs mitbekamen. Wir mußten deshalb in Kürzeln reden.

»Weißt du's sicher?« fragte Kevin.

»Ja«, gab ich zurück, »ganz sicher.«

Und das war's. Wir hängten ein. Am folgenden Tag saß er im Flugzeug – auf dem Weg nach Hause.

Als nächsten erreichte ich Bart Knaggs, der vielleicht mein ältester und bester Freund in Austin ist. Er war früher Radrennfahrer und arbeitet für eine Computerfirma. Ich erreichte ihn in seinem Büro, wo er wieder einmal Nachtschicht schob, wie immer. »Bart, ich habe Hodenkrebs«, sagte ich. Bart fing an zu stottern und wußte nicht, was er sagen sollte. Dann meinte er: »Lance, bei Krebs vollbringen sie heutzutage Wunder, und ich glaube, wenn du schon einen Krebs hast, dann hast du dir den besten ausgesucht.«

»Ich weiß nicht«, sagte ich. »Mensch, ich sitz hier allein zu Hause, und die Angst macht mich total fertig.«

Bart, und das ist typisch für ihn, tippte ein paar Suchworte in seinen Computer und rief alles auf, was das Internet an Informationen über diese Krankheit hergab. Bis tief in die Nacht lud er klinische Testverfahren, Studien und Behandlungsverfahren zum Thema Hodenkrebs herunter und druckte alles aus, bis er einen 30 Zentimeter hohen Stapel vor sich liegen hatte. Dann schnappte er sich den ganzen Packen und brachte ihn mir. Er wollte früh am nächsten Morgen mit seiner Verlobten Barbara nach Orlando fliegen, aber trotzdem nahm er sich die Zeit, bei mir vorbeizukommen, um mir zu sagen, wie gern er mich hatte und mir den Packen mit dem ganzen Material über Krebs zu geben.

Nach und nach trafen meine Freunde und meine Angehörigen ein. Lisa kam, nachdem ich sie hatte ausrufen lassen. Sie hatte in der Bibliothek gesessen und gearbeitet. Sie hatte Tränen in den Augen, so geschockt war sie. Dann kamen Bill Stapleton und seine Frau Laura. Bill war ein junger Anwalt von einer Kanzlei in Austin. Ich hatte ihn mir als meinen Agenten ausgesucht, weil er unerschütterliche Loyalität ausstrahlte. Nach außen hin wirkte er eher ruhig, aber auch er war einmal Wettkämpfer gewesen, ein olympischer Schwimmer von der University of Texas, und er sah auch immer noch wie ein Sportler aus. Kaum hatte er den Raum betreten, fing ich sofort an, auf dem meiner Meinung nach sicheren Ende meiner Karriere herumzureiten.

»Mit der Rennfahrerei ist es aus«, sagte ich. »Ich brauche keinen Agenten mehr.«

»Lance, nun mal langsam und eins nach dem anderen«, sagte Bill. »Du weißt doch noch gar nicht, was Sache ist und was jetzt passiert.«

»Bill, du hast es nicht kapiert. Ich werde keinen Agenten mehr brauchen. Es gibt keine Verträge mehr abzuschließen!«

»Gut, aber ich bin nicht als dein Agent hier, sondern als dein Freund. Kann ich etwas tun?«

Es war einer jener Momente, wo man plötzlich innehält. Ich hatte nur noch daran gedacht, daß meine Karriere im Eimer war, während es doch wichtige Dinge gab, die sofort erledigt werden mußten.

»Du kannst meine Mutter abholen«, sagte ich.

Bill und Laura sprangen vom Sofa auf und fuhren zum Flughafen, um meine Mutter in Empfang zu nehmen. Ich war nicht besonders unglücklich darüber, daß ich nicht mitfahren konnte, denn in dem Moment, als sie Bill sah, löste sie sich in Tränen auf. »Er ist doch mein Baby«, sagte sie zu Bill und Laura. »Wie konnte das nur passieren? Was sollen wir denn jetzt tun?« Aber auf der Fahrt zu meinem Haus faßte sie sich wieder. Selbstmitleid paßt nicht zu ihrem Wesen, und als das Auto in meine Auffahrt einbog, war sie wieder stark wie eh und je. Sie eilte sofort ins Haus, und mitten im Wohnzimmer riß ich sie zur Begrüßung in meine Arme.

»Das kriegen wir wieder hin«, flüsterte sie mir ins Ohr. »Davon lassen wir uns nicht unterkriegen. Wir haben schon soviel gemeinsam durchgestanden. Aufgeben kommt überhaupt nicht in Frage. Nicht mit mir!«

Wir mußten beide ein bißchen weinen, aber das war bald vorbei. Es gab noch viel zu besprechen. Ich setzte mich mit meiner Mutter und meinen Freunden zusammen, und wir sprachen über die Diagnose von Dr. Reeves. Es gab ein paar Punkte zu klären und einige Entscheidungen zu treffen – viel Zeit hatten wir nicht, denn meine Operation war ja für sieben Uhr früh angesetzt. Ich holte die Röntgenaufnahmen heraus, die mir Dr. Reeves mitgegeben hatte, und zeigte sie allen. Man konnte die Tumore gut sehen, die wie weiße Golfbälle in meiner Lunge schwammen.

Mir war daran gelegen, daß meine Krankheit nicht an die Öffentlichkeit drang, bevor ich die Zeit gefunden hatte, meine Sponsoren und meine Teamkameraden zu benachrichtigen. Während ich mich noch mit meiner Mutter besprach, rief Bill im Krankenhaus an und veranlaßte, daß meine Diagnose vertraulich behandelt und ich unter einem anderen Namen aufgenommen wurde. Wir mußten auch meine Sponsoren Nike, Giro, Oakley und Milton-Bradley informieren, und die Cofidis-Organisation. Es würde notwendig sein, eine Pressekonferenz abzuhalten, aber zunächst und zuerst mußte ich die Leute aus meinem engsten Freundeskreis wie Och, Chris und meine Teamkameraden anrufen, von denen die meisten irgendwo in Europa herumschwirrten und schwer zu erreichen waren.

Jeder reagierte anders auf die Nachricht. Manche fingen an zu stottern, manche versuchten, mir Mut zu machen, aber eines war allen meinen Freunden gemeinsam – jeder hatte den Drang, so schnell wie möglich nach Austin zu kommen. Als ich Och erreichte, saß er zu Hause in Wisconsin beim Abendessen, und seine Reaktion war, wenn ich zurückschaue, reinster Och wie er leibt und lebt.

»Sitzt du gerade?« fragte ich.

»Was ist los?«

»Ich hab Krebs.«

»Okay, was heißt das genau?«

»Es heißt, daß ich Hodenkrebs habe und morgen früh um sieben unters Messer komme.«

»Na gut, laß mich darüber nachdenken«, meinte Och gelassen. »Ich seh dich morgen.«

Irgendwann war es Zeit, ins Bett zu gehen. Das Eigenartige war, daß ich in jener Nacht tief und fest schlief. Ich versank in einen Zustand vollkommener Ruhe, als hätte ich mich auf einen wichtigen Wettkampf vorzubereiten – wie vor einem harten Rennen. Ich hatte immer darauf geachtet, die optimale Menge an Schlaf zu bekommen, und jetzt war es vermutlich nicht anders. Auf einer unbewußten Ebene wollte ich für das, was mir in den nächsten Tagen bevorstand, in absoluter Topform sein.

Am nächsten Morgen meldete ich mich um fünf Uhr früh im Krankenhaus. Ich fuhr im eigenen Wagen hin, mit meiner Mutter auf dem Beifahrersitz. In einem schlabberigen Trainingsanzug schritt ich durch den Eingang der Klinik, um das Dasein eines Krebspatienten anzutreten. Als erstes kamen eine Reihe von Voruntersuchungen, MTIs, Magnetresonanztomogrammen und ein ausgiebiges Blutabzapfen. Ich hatte immer noch die schwache Hoffnung, daß mir die Ärzte nach Abschluß ihrer Tests eröffnen würden, sie hätten sich getäuscht, und ganz so schlimm sei es doch nicht. Aber dieser Satz kam nicht.

Ich war noch nie über Nacht in einem Krankenhaus gewesen. Ich hatte noch nicht einmal die Brieftasche dabei, denn ich wußte nicht, daß es eine Aufnahmeprozedur gab. Es muß wohl daran gelegen haben, daß ich immer so eifrig die Krücken weggeschmissen und mir selbst die Fäden gezogen hatte. Ich schaute meine Mutter an – und sie erbot sich augenblicklich, den Papierkram zu erledigen. Während man mir Blut abzapfte, füllte sie stapelweise Formulare aus, die das Krankenhaus von mir haben wollte.

Ungefähr drei Stunden war ich im OP und im Aufwachraum. Meiner Mutter, die mit Bill Stapleton in meinem Zimmer saß und darauf wartete, daß ich zurückgebracht wurde, kam es wie eine Ewigkeit vor. Irgendwann erschien Dr. Reeves und sagte ihr, daß alles gut gegangen war und daß der Tumor problemlos entfernt werden konnte. Dann tauchte Och auf. Er war wie angekündigt mit einer Frühmaschine nach Austin gekommen. Während ich noch im Operationssaal war, informierte ihn meine Mutter über den neuesten Stand der Dinge. Sie sagte beschwörend, sie sei entschlossen, mich wieder auf die Beine zu bringen – als könnte sie mich allein mit ihrer Willenskraft wieder gesund machen.

Dann wurde ich in mein Zimmer zurückgerollt. Ich war zwar von der Narkose noch benommen, aber doch schon so klar, daß ich Och ansprechen konnte, als er sich über mein Bett beugte. »Ich werde das packen«, sagte ich, »egal, was es ist.«

Man behielt mich über Nacht in der Klinik. Meine Mutter blieb bei mir und legte sich auf ein kleines Sofa. Wir schliefen beide nicht besonders gut. Die Schmerzen infolge der Operation waren sehr heftig. Der Schnitt war lang und tief und saß an einer nicht gerade unempfindlichen Stelle. Jedesmal, wenn meine Mutter mein Bettzeug rascheln hörte, sprang sie auf und kam zu mir ans Bett, um nach dem Rechten zu sehen. Ich hing an einer Infusion. Wenn ich aufs Klo mußte, half sie mir aus dem Bett und schob meinen Infusionsständer neben mir her, während ich durchs Zimmer humpelte, und anschließend half sie mir wieder zurück. Das Krankenhausbett hatte einen Matratzenschoner aus Plastik, der mich zum Schwitzen brachte. Immer wieder wurde ich mit einem klatschnassen Laken unter dem Rücken wach, und meine Mutter rieb mich wieder trocken.

Am nächsten Morgen erschien Dr. Youman und unterrichtete mich über die ersten Ergebnisse der pathologischen Tests und der Blutuntersuchung. Ich klammerte mich immer noch an die Hoffnung, daß der Krebs vielleicht doch weniger weit fortgeschritten war als befürchtet, doch dann rasselte Dr. Youman die Zahlenwerte der Befunde herunter. Er sagte, nach der Biopsie und den Blutwerten scheine sich der Krebs rapide auszubreiten. Bei Hodenkrebs sei die Ausbreitung über die Blutbahn nach oben in die Lymphdrüsen typisch, und man habe im Bauchbereich Krebszellen entdeckt.

In den 24 Stunden, die seit meiner ersten Diagnose vergangen waren, hatte ich in meiner Krebsliteratur soviel Hausaufgaben gemacht wie nur möglich. Ich hatte inzwischen gelernt, daß die Onkologen den Hodenkrebs in drei Stadien einteilen. Im ersten Stadium beschränkte sich der Krebs auf den oder die Hoden, und die Prognose für den Patienten war ausgezeichnet. Im zweiten Stadium hatte sich der Krebs in die Lymphknoten im Unterleib ausgebreitet, und im dritten Stadium waren auch lebenswichtige Organe befallen, wie zum Beispiel die Lunge. Die Ergebnisse zeigten, daß der Krebs bei mir im dritten Stadium war, wobei ich drei verschiedene Krebsarten im Körper hatte, darunter das besonders bösartige Chorionkarzinom, eine sehr aggressive Spielart, die sich über die Blutbahn ausbreitet und schwer einzudämmen war.

Meine Chemotherapie sollte in einer Woche anfangen und drei Monate dauern. Ich würde die Infusionen durch einen fest in meine Brust eingepflanzten Venenkatheter bekommen, einen sogenannten Port, weil eine Behandlung mit normalen Injektionsnadeln bei so vielen Blutentnahmen und Infusionen praktisch unmöglich war. Das Ding sah furchterregend aus und zeichnete sich als Beule unter meiner Haut ab, mit drei unnatürlichen Öffnungen auf meiner Brust, die irgendwie wie Kiemen aussahen.

Ein weiterer Punkt mußte besprochen werden: Ich würde zeitweilig unfruchtbar werden. Der erste Abschnitt der Chemotherapie war für die kommende Woche angesetzt, und Dr. Youman gab mir den Rat, vorher noch soviel Sperma wie möglich in einer Samenbank zu deponieren. Zum erstenmal war das Thema Sterilität angesprochen worden, und es machte mir schwer zu schaffen. Youman sagte, daß viele Patienten nach einer Chemotherapie ihre Zeugungsfähigkeit wiedererlangen, manche aber nicht. Untersuchungen hatten ergeben, daß bei 50 Prozent der normale Zustand innerhalb eines Jahres wieder eintrat. In San Antonio, zwei Stunden mit dem Auto entfernt, befand sich eine Samenbank. Dr. Youman empfahl mir, dorthin zu fahren.

Bevor wir am Abend dieses Tages aus der Klinik nach Hause fuhren, ging meine Mutter zur Krebsstation und ließ sich sämtliche Utensilien für meinen Katheter, die Rezepte für die Medikamente gegen Übelkeit und weitere Literatur über Hodenkrebs geben. Für alle, die noch nie auf einer Krebsstation gewesen sind, sei gesagt, daß einem die Umgebung dort schon an die Substanz gehen kann. Meine Mutter sah in Decken gewickelte Leute ohne Haare, die totenbleich und todkrank an einem Gewirr von Infusionsschläuchen hingen. Während sie auf das Material und die Utensilien wartete, schaute sie sich ein bißchen um. Als die Sachen kamen, packte sie alles in eine große Segeltuchtasche, die unser mobiles Krebszentrum werden sollte, und kehrte damit in mein Zimmer zurück. Sie sagte: »Lance, eins muß ich dir vorab sagen: Das wird kein schöner Anblick werden, wenn du dort drüben deine Therapie machen gehst. Aber denk immer dran, die sitzen dort alle aus dem gleichen Grund wie du: Sie wollen gesund werden.«

Dann brachte sie mich nach Hause.

Am Samstag stand ich früh auf. Ich ging ins Bad und schaute in den Spiegel – und unterdrückte einen Aufschrei. In den Öffnungen meines Ports klebten dicke Blutklumpen, und meine Brust war geschwollen und blutverschmiert. Ich ging ins Schlafzimmer zurück und zeigte es Lisa. Stumm vor Entsetzen starrte sie auf die Bescherung. Ich schrie nach meiner Mutter. »Mom, könntest du bitte mal herkommen?« rief ich. Augenblicklich stand sie im Zimmer. Ohne jede Panik nahm sie einen Waschlappen, machte ruhig den Port sauber und rief das Krankenhaus an. Eine Schwester sagte ihr, daß ein verstopfter Port nichts Ungewöhnliches sei und erklärte ihr eine Prozedur, mit der man verhindern konnte, daß sich an dieser Stelle eine Infektion entwickelte. Aber es sah immer noch schlimm aus.

Als meine Mutter aufgelegt hatte, lief sie schnell in ein Geschäft und besorgte eine Schachtel fluoreszierendes Heftpflaster und verpflasterte damit den Port. Lisa und ich mußten lachen. Dann rief sie Dr. Youman an. »Der Port sieht nicht gut aus«, sagte sie. »Ich habe versucht, ihn, so gut es ging, saubERzumachen, aber vielleicht sollte man ihn wieder rausnehmen.«

Dr. Youman sagte: »Unternehmen Sie erst mal noch nichts, ich bin nämlich inzwischen der Meinung, daß Lance mit der Chemotherapie schon früher anfangen sollte. Montag morgen um neun ist sein erster Termin.«

»Warum?« wollte meine Mutter wissen.

Ich übernahm den Hörer. Dr. Youman erklärte, er sei beunruhigt wegen der weiteren Berichte, die inzwischen von der Pathologie und der Blutuntersuchung eingetroffen seien. In den 24 Stunden, die zwischen der ersten Blutuntersuchung bei Dr. Reeves und der zweiten Testrunde am nächsten Morgen in der Klinik vergangen waren, hatte sich der Krebs neuerlich ausgebreitet. Die Onkologen messen das Fortschreiten der Krankheit anhand von sogenannten Tumormarkern. Der Spiegel von verschiedenen Eiweißstoffen im Blut wie HCG und AFP (Alphafetoprotein) zeigt die Menge der Krebszellen im Blut an. Die Zahl meiner weißen Blutkörperchen war an einem einzigen Tag hochgeschnellt. Der Krebs breitete sich nicht einfach nur aus, er galoppierte voran. Dr. Youman hielt es nicht mehr für vertretbar, bis zum Beginn der Chemotherapie eine Woche verstreichen zu lassen. Ich sollte sofort anfangen, denn der Krebs breitete sich so rapide aus, daß jeder Tag zählte.

Bedrückt legte ich auf. Aber ich hatte keine Zeit zum Brüten. Jetzt war die Gelegenheit, und ich hatte nur diese einzige, nach San Antonio zu der Samenbank zu fahren – an diesem Nachmittag. »Es ist zum Kotzen«, sagte ich zu meiner Mutter.

Die Fahrt nach San Antonio war hart. Der einzige Lichtblick war, daß Kevin Livingston zu meiner moralischen Unterstützung mitgefahren war. Ich freute mich, ihn zu sehen, mit seinem offenen Gesicht und den lebendigen blauen Augen unter seinem kurzgeschnittenen schwarzen Haar. Er sieht immer so aus, als würde er gleich anfangen zu lachen. In seiner Gegenwart konnte man eigentlich gar keine schlechte Laune haben. Wir bekamen sogar noch zusätzliche Unterstützung. Cord Shiflet, der Sohn meines Architekten und Freundes David Shiflet, bot an, uns zu fahren.

Während ich schweigsam auf dem Rücksitz saß und ein Kilometer nach dem anderen vorbeiflog, schossen mir lauter beunruhigende Gedanken durch den Kopf. Ich hatte nur diese eine Chance, mein Sperma in der Samenbank zu deponieren. Vielleicht würde ich nie mehr Kinder zeugen können. Meine erste Chemotherapie stand unmittelbar bevor. War ich geistig überhaupt schon darauf vorbereitet? Wie übel würde mir davon werden?

Endlich waren wir im Büro der medizinischen Einrichtung in San Antonio. Cord und Kevin ließen sich mit meiner Mutter im Wartebereich nieder, und als mich eine Mitarbeiterin des Hauses zu einem ruhigen Raum brachte, ließ Kevin zur Aufheiterung der düsteren Stimmung hinter mir einen blöden Witz los. »Hey Lance, wie wär's mit einem Heftchen?« fragte er mit einem schwachen Grinsen.

Ich wurde in ein Zimmer gebracht, mit einem bequemen Sessel, eine Art Liegesessel, und gedämpfter Beleuchtung – ein bemühter Versuch, Atmosphäre herzustellen, dachte ich. Auf einem Tischchen lag, aha, ein Stapel Magazine. Pornohefte natürlich. Ich humpelte zu dem Stuhl, seufzte abgrundtief und fing fast an zu heulen. Ich hatte grimmige Schmerzen; der tiefe Schnitt von der Operation lief von meiner Leiste bis zum Bauch. Ich war deprimiert, die Diagnose hatte mich an den Rand meines seelischen Fassungsvermögens gebracht – und jetzt sollte ich eine Erektion zustande bringen? Völlig ausgeschlossen. Die Zeugung eines Kindes sollte etwas Hoffnungsfrohes sein, nicht diese trübselige, einsame, verzweiflungsvolle Prozedur. Ich lag in dem Sessel und dachte: »So war das bestimmt nicht gedacht.«

Ich wollte gern Vater werden – unbedingt sogar –, aber ich

hatte immer gedacht, daß es geschehen würde, wenn ich verliebt war. Anfang 20 hatte ich eine Phase, in der ich von einer romantischen Beziehung in die andere segelte. Ich hatte jeweils eine Zeitlang eine feste Freundin, und nach ein paar Monaten war wieder alles vorbei. Dann ging ich fremd und machte Schluß. Ich hatte eine Freundin, die ich von der Highschool kannte, und später hatte ich eine Beziehung mit einem Mannequin aus Holland, aber es dauerte nie länger als ein Jahr. Wegen des Tempos, mit dem ich meine Freundinnen wechselte, wurde ich von meinen Teamkameraden spöttisch FedEx genannt, nach dem bekannten Zustelldienst. Der Slogan dieser Firma lautete: »Wenn Sie es unbedingt brauchen – wir besorgen es Ihnen über Nacht.« Ich war nicht verheiratet, ich war ungebunden, und es war keine besonders ernsthafte Periode meines Lebens. Mit Lisa Sheils war es allerdings etwas anderes. Zu dem Zeitpunkt, als ich meine Diagnose bekam, waren wir uns sehr nahegekommen. Sie war eine intelligente und ernsthafte junge Frau, die sehr eifrig an der Universität von Texas studierte, und ich hatte schon darüber nachgedacht, ob wir heiraten und Kinder kriegen sollten. Ich war mir nicht sicher, ob wir auf lange Sicht zusammenpassen würden, aber ich wußte, daß ich heiraten wollte, und ich wußte auch, daß ich ein besserer Vater sein wollte als die Männer, mit denen ich es selbst zu tun gehabt hatte.

Ich hatte keine Wahl. Ich machte die Augen zu und tat, was getan werden mußte.

Draußen im Warteraum saßen stumm meine Mutter und meine beiden Freunde. Später erfuhr ich, daß meine Mutter mitten in der Warterei plötzlich Cord und Kevin angeschaut und fast schon zornig zu ihnen gesagt hatte: »Nun hört mir mal gut zu, ihr beiden: Wenn er jetzt wieder herauskommt, will ich kein Wort von euch hören, kein einziges Wort!« Sie ahnte es. Irgendwie ahnte sie, daß es einer der niederschmetterndsten und trostlosesten Momente meines Lebens war.

Als alles vorbei war, kam ich heraus und übergab den Glasbehälter einem Arzt. Cord und Kevin sagten keinen Ton. Ich füllte ein paar Formulare aus, ziemlich hastig, und sagte den Schwestern, den Rest der Informationen würde ich später nachreichen. Ich wollte bloß noch fort. Aber als wir gehen wollten, erschien wieder der Arzt.

»Die Zahl der Spermien ist sehr niedrig«, sagte er.

Er erklärte uns, daß meine Spermienzahl nur ein Drittel des Sollwerts betrug; der Krebs hatte offenbar schon meine Zeugungsfähigkeit in Mitleidenschaft gezogen. Und die Chemo würde ihren zusätzlichen Tribut fordern.

Die Rückfahrt war noch trübseliger als die Hinfahrt. Ich weiß nicht mehr, ob wir irgendwo etwas gegessen haben. Mit Kevin und Cord redete ich über die Magazine. »Ihr könnt euch gar nicht vorstellen, was die einem für Heftchen hinlegen, damit man sich das anschaut!« Kevin und Cord waren großartig. Sie gaben mir das Gefühl, daß es nichts Weltbewegendes gewesen war, nichts, was mir peinlich sein müßte, ein unangenehmer Job vielleicht, etwas, das eben erledigt werden mußte. Ich nahm es gern an und betrachtete es als ein Signal. Es war das letzte Mal, daß ich mich wegen meiner Krankheit schämte.

Den Rest des Wochenendes verbrachte ich auf dem Sofa und versuchte, mit den Folgen der Operation fertigzuwerden. Ich fühlte mich noch benommen von der Narkose, und die Operationswunde war eine Qual. Ich ruhte viel, schaute mir im Fernsehen ein bißchen Football an, meine Mutter kochte für mich. Wir vertieften uns ausgiebig in alles, was es über Krebs zu lesen gab. »Wir müssen jeden Stein einzeln umdrehen!« sagte meine Mutter. Zwischen den Lesestunden besprachen wir, was jetzt zu tun sei. »Wie werden wir diesen Krebs jetzt wieder los?« fragte ich sie. Wir verhielten uns, als könnten wir den Krebs durch gute Planung in den Griff bekommen, wie damals, als wir mein Training organisiert hatten.

In jener ersten Woche besorgte meine Mutter für mich meine Medikamente, stellte alle Untersuchungsberichte zusammen, durchkämmte die Buchläden nach Veröffentlichungen über Krebs und strukturierte meinen Tagesablauf. Sie kaufte mir ein Merkheft für Notizen und ein Gästebuch, mit dem ich verfolgen konnte, wer mich alles besuchen kam. Sie achtete darauf, daß die Besuche meiner Freunde schön gleichmäßig verteilt waren, damit ich mir nie verlassen vorkam. Wir nannten das Buch den »Gesellschaftskalender«, die Besucher kamen umschichtig, nie zu viele auf einmal, aber auch nicht in so weiten Abständen, daß ich zwischendurch absackte. Sie legte einen Dreimonatskalender an, aus dem die Behandlungstermine meiner Chemotherapie hervorgingen und stellte eine Liste meiner Medikamente auf, samt der Zeiten, zu denen ich sie einzunehmen hatte. Sie verwaltete meine Krankheit wie eine Projektleiterin ihr Projekt. Sie hatte Stifte in allen Farben, entwarf Ablaufpläne, markierte Fristen. Organisation und Informiertheit konnten ihrer Meinung nach dem Behandlungserfolg nur förderlich sein.

Sie vereinbarte einen Termin mit einer Ernährungsberaterin. Ich quälte mich vom Sofa hoch, und wir fuhren hin. Die Beraterin gab uns Richtlinien für den Kampf gegen den Krebs und eine Liste von Nahrungsmitteln, die bei einer Chemotherapie gut verträglich waren: Viel Fleisch von freilaufenden Hühnern, Brokkoli, kein Käse und andere fetthaltige Sachen, viel Vitamin C, um die Gifte der Chemo besser abzufangen. Postwendend fing meine Mutter an, in riesigen Kasserollen Brokkoli für mich zu dünsten.

Es blieb mir aber nicht verborgen, daß sie unter der Oberfläche ihrer besessenen Aktivität schwer zu kämpfen hatte. Wenn sie mit Leuten aus unserer Familie telefonierte, konnte ich ihre Stimme zittern hören, und bald unterhielt sie sich in meiner Gegenwart mit unseren Angehörigen überhaupt nicht mehr. Sie tat ihr möglichstes, um vor mir zu verbergen, wie ihr zumute war, aber ich wußte, daß sie abends in ihr Zimmer ging und weinte.

Am Montag vormittag war der Zeitpunkt für den Gang vor die Öffentlichkeit gekommen. Ich gab eine Pressekonferenz, um zu erklären, daß ich erkrankt war und zu keinen weiteren Rennen starten würde. Alle waren gekommen, Bill, Lisa, meine

Mutter, einige Sponsoren, und über eine Konferenzschaltung waren auch Reporter aus Europa zugeschaltet. Außerdem war eine Standleitung zu den Repräsentanten von Cofidis geschaltet, dem französischen Team, für das ich in der kommenden Saison fahren sollte. Der Raum war voll mit Kameras. Ich verlas eine vorbereitete Erklärung. Als ich das Wort »Krebs« aussprach, gab es hörbares Gemurmel. Ich konnte das Erschrekken und die Fassungslosigkeit auf den Gesichtern der Reporter und der Kameraleute sehen. Ein Repräsentant von Cofidis meldete sich per Telefon zu Wort: Seine Organisation sichere mir ihre rückhaltlose Unterstützung zu bei der Überwindung der Krankheit und bei meinem Bemühen, wieder in den Rennsattel zu kommen.

»Ich befinde mich in einem Kampf auf Leben und Tod«, schloß ich, »aber ich habe vor, den Kampf zu gewinnen.«

An diesem Nachmittag betrat ich wieder einmal ein unauffälliges braunes Klinkergebäude und ging zu meiner ersten chemotherapeutischen Behandlungssitzung. Ich war völlig überrascht über den zwanglosen Betrieb: ein schlichter Aufenthaltsraum, ein paar Sessel mit verstellbarer Rückenlehne, ein paar Liegebetten und verschiedene Sitzgelegenheiten, ein Couchtisch und ein Fernseher. Es sah aus wie ein Wohnzimmer voller Gäste, wo vielleicht gerade eine Party im Gange war – bis auf ein verräterisches Detail: Jeder der Anwesenden hing an einem Infusionstropf.

Dr. Youman erklärte, daß die Standardbehandlung bei Hodenkrebs mit BEP erfolgte, einem Cocktail aus drei verschiedenen Substanzen – Bleomycin, Etoposid und Cisplatin –, die so hochgiftig waren, daß die Schwestern Schutzkleidung wie gegen radioaktive Verseuchung trugen, wenn sie mit dem Zeug hantierten. Der wichtigste Bestandteil war das Cisplatin, nichts anderes als Platin, dessen Einsatz gegen Hodenkrebs von dem Krebspionier Dr. Lawrence Einhorn erforscht worden war, der am Medical Center der Universität von Indiana praktizierte. Vor Einhorns Entdeckungen verlief Hodenkrebs beinahe immer tödlich – noch vor 25 Jahren war Brian Piccolo, ein Footballstar der Chicago Bears, daran gestorben. Aber der erste Patient, den Dr. Einhorn mit Platin behandelt hatte, ein Lehrer aus Indianapolis, lebte immer noch.

Dr. Youman sagte, vor 20 Jahren noch wäre ich innerhalb von sechs Monaten tot gewesen. Bei Brian Piccolo wurde zwar allgemein angenommen, daß er an Lungenkrebs gestorben sei, aber sein Krebsleiden fing als Hodenkrebs an, und man konnte ihn nicht mehr retten. Er starb im Jahr 1970 im Alter von 26 Jahren. Inzwischen ist Platin die Wunderwaffe gegen Hodenkrebs geworden. Einhorns erster Patient, der besagte Lehrer aus Indianapolis, ist seit über zwei Jahrzehnten krebsfrei. An den Jahrestagen der Heilung veranstaltet er eine große Party in seinem Haus, und Dr. Einhorn und seine damaligen Krankenschwestern kommen ihn jedesmal besuchen.

»Na, dann los«, dachte ich, »her mit dem Platin.« Dr. Youman machte mich darauf aufmerksam, daß die Behandlung große Übelkeit hervorrufen könnte. Die drei krebshemmenden Toxine (Giftstoffe) würden mir jeweils fünf Tage hintereinander auf täglich fünf Stunden verteilt per Infusionstropf verabreicht. Sie hätten eine kumulative Wirkung, das heißt, sie wirkten durch kleine, aber fortgesetzt verabreichte Dosen. Gleichzeitig würde ich Antiemetika gegen die Übelkeit bekommen, aber vollkommen unterdrückt werden könnte das Unwohlsein nicht.

Die Chemotherapie belastet so sehr, daß man sie nicht jeden Tag verkraften kann. Sie wird deshalb in zweiwöchigen Abständen verabreicht. Ich würde eine Woche lang behandelt werden, dann kam eine Pause von zwei Wochen, damit sich mein Körper erholen und neue rote Blutkörperchen bilden konnte. Nach jeder Behandlungsrunde würde mein Körper mehr geschwächt sein, und ich würde möglicherweise Injektionen brauchen, die das Blutbild verbessern.

Dr. Youman erklärte uns alles sehr ausführlich, damit klar war, worauf wir uns einließen. Als er geendet hatte, interessierte mich noch eine Frage – eine Frage, die ich in den folgenden

Wochen immer wieder stellen würde: »Wie hoch ist die Erfolgsrate?« wollte ich wissen. »Wie groß sind meine Chancen?«

»60 bis 65 Prozent«, sagte Dr. Youman.

Ich bekam meine erste Behandlung in einem großen allgemein zugänglichen Raum, und sie verlief bemerkenswert undramatisch. Vorab sei gesagt, daß mir nicht übel wurde. Als ich in den Raum kam, steuerte ich auf einen Platz in der Ecke an der Wand zu, den letzten neben einer Reihe von sechs oder sieben Leuten. Meine Mutter gab mir ein Küßchen und ging ein paar Besorgungen machen. Ich war mit meinen Mitpatienten allein und setzte mich zu ihnen.

Meine Mutter hatte mich vorsorglich gewarnt, daß meine erste Begegnung mit anderen Krebspatienten schwer zu verkraften sein könnte, aber es war genau umgekehrt. Ich hatte nun das Gefühl, daß ich irgendwie dazugehörte. Ich plauderte munter mit meinem Nachbarn. Er war ungefähr so alt wie mein Großvater, und wir kamen prima miteinander zurecht und schwatzten, was das Zeug hielt. Als meine Mutter wiederkam, verkündete ich aufgeräumt: »Hey, Mom, das ist Paul. Er hat Prostatakrebs.«

»Du mußt dich bewegen«, sagte ich mir. In der ersten Woche der Chemo stand ich jeden Morgen sehr früh auf, zog einen Trainingsanzug an, klemmte mir den Kopfhörer meines Walkmans auf die Ohren und marschierte los. Eine Stunde oder länger schritt ich die Straße hinauf kräftig aus, atmete tief durch und sah zu, daß ich ins Schwitzen kam. Abends fuhr ich eine Runde mit dem Rad.

Bart Knaggs kehrte aus Orlando in Florida zurück. Er brachte eine Mickymaus-Mütze mit, die er dort in Disneyland erstanden hatte. Er schenkte sie mir mit den Worten, er hätte gedacht, wenn mir die Haare ausfielen, müßte ich doch was auf dem Kopf haben.

Wir gingen zusammen radfahren, oft kam auch Kevin Livingston mit. Bart bastelte für uns riesige Landkarten, manchmal bis zu 1,80 Meter breit. Er besorgte sich bei der Straßenbehörde, dem Department of Highways, die Karten der Verwaltungsbezirke, schnitt sie auseinander und klebte sie neu zusammen. Wir stellten uns davor und suchten uns unbekannte Routen heraus, lange, gewundene Strecken ins Nirgendwo. Wir hatten uns vorgenommen, immer wieder eine neue Straße auszuprobieren, irgendwohin, wo wir noch nie gewesen waren, anstatt immer nur den gleichen Weg einmal hin und dann wieder zurück zu fahren. Das Training kann so eintönig sein, daß man den Reiz des Neuen braucht, selbst wenn man in der Hälfte der Fälle auf eine miserable Straße gerät oder sich verirrt. Es ist ganz gut, sich manchmal zu verirren.

Warum habe ich nicht aufgehört, Fahrrad zu fahren, als ich Krebs bekam? Rennfahren ist so hart, die Anstrengung so groß, daß es eine durch und durch reinigende Wirkung entfaltet. Man kann sich, vom Leid der ganzen Welt bedrückt, aufmachen, und nach einer fünfstündigen Fahrt unter schwerer körperlicher Belastung ist man mit sich selbst im Reinen. Die Tortur ist so abgrundtief und stark, daß sich ein Vorhang über das Gehirn senkt, sonst könnte man es gar nicht schaffen. Dann hat man zumindest für eine Weile Ruhe und muß sich nicht mit der eigenen Misere auseinandersetzen. Man kann sich damit alles vom Leib halten, weil die Qual und die anschließende Erschöpfung einfach zu groß sind.

Anstrengungen von diesem Ausmaß sind geistig völlig unbelastend, und deshalb ist die Meinung, daß alle Hochleistungssportler in Wirklichkeit vor irgend etwas davonlaufen, wahrscheinlich gar nicht so abwegig. Ich wurde einmal gefragt, was mir eigentlich an diesen endlos langen Rennen so viel Vergnügen machen würde. »Vergnügen?« sagte ich, »ich verstehe Ihre Frage nicht.« Ich tat es nicht aus Spaß, sondern gerade wegen der Tortur.

Vor dem Krebs hatte ich nie darüber nachgedacht, was es psychologisch bedeutet, auf ein Fahrrad zu springen und sechs Stunden wie ein Irrer in die Pedale zu treten. Ich war mir der Gründe dafür nicht klar bewußt. Der Sinn dessen, was wir tun, erschließt sich uns oft nicht, während wir es tun. Ich scheute mich, das Problem zu sezieren, denn wie leicht konnte dabei der Geist aus der Flasche schlüpfen!

Jetzt aber wußte ich haargenau, weshalb ich auf dem Rad saß: Solange ich noch in die Pedale treten konnte, war ich noch nicht allzu krank.

Die körperlichen Krebsschmerzen machten mir nicht besonders viel aus, denn Schmerzen war ich gewohnt. Wenn es nicht weh tat, fühlte ich mich sogar um etwas betrogen. Je länger ich darüber nachdachte, desto mehr kam mir der Krebs wie ein Rennen vor. Lediglich das Ziel war ein anderes. Krebs und Radrennen hatten erschreckende Gemeinsamkeiten: die gleiche Abhängigkeit von der Zeit, die gleiche dauernde Ansage von Zwischenergebnissen an Kontrollpunkten, eine sklavische Abhängigkeit von Zahlen und Blutuntersuchungen. Der einzige Unterschied lag darin, daß ich jetzt besser und schärfer aufpassen mußte, als ich es auf dem Rennrad je getan hatte. Bei dieser Krankheit konnte ich mir keine Ungeduld und keine Konzentrationsschwäche erlauben. Ich mußte mich in jedem einzelnen Augenblick auf das Leben, auf das schlichte Weiterleben konzentrieren. In diesem Gedanken lag etwas seltsam Tröstliches: Mein Leben zurückzugewinnen war der größte Sieg überhaupt.

Ich war so sehr darauf fixiert, eine Besserung festzustellen, daß ich in der ersten Runde der Chemotherapie von den Medikamenten nichts spürte. Überhaupt nichts. Ich sagte sogar zu Dr. Youman: »Vielleicht sollten Sie mir mehr von dem Zeug geben.« Ich merkte gar nicht, welch riesiges Glück ich hatte, daß mein Körper die Chemo so gut vertrug. Bevor meine Chemotherapie vorüber war, begegnete ich anderen Patienten, die schon nach der ersten Runde unkontrollierbare Brechkrämpfe hatten, und gegen Ende meiner eigenen Chemo packte mich eine Übelkeit, gegen die kein Medikament mehr half.

Allerdings wurde mein Appetit von Anfang an in Mitleidenschaft gezogen. Wenn man eine Chemotherapie macht, schmeckt durch die Chemikalien im Körper auf einmal alles anders. Meine Mutter machte mir einen Teller Essen zurecht und sagte: »Junge, ich bin nicht beleidigt, wenn du nicht hungrig bist und das nicht essen willst.« Aber ich versuchte zu essen. Wenn ich nach einem Schläfchen aufwachte, stellte sie mir einen Teller aufgeschnittenes Obst und eine große Flasche Wasser hin. Ich mußte essen, um bewegungsfähig zu bleiben.

»Beweg dich«, redete ich mir selbst ins Gewissen. Ich stand auf, schmiß mich in meinen Jogginganzug, klemmte mir den Walkman aufs Ohr und marschierte los. Ich kann nicht einmal sagen, wie weit ich ging. Ich marschierte den steilen Hügel hinauf, hinaus aus den Gefilden meiner unmittelbaren Nachbarschaft und immer weiter die Straße entlang.

Solange noch Bewegung in mir war, war ich gesund.

Ein paar Tage darauf kam ein Brief mit einer Benachrichtigung vom Krankenhaus: »Aus unseren Unterlagen geht hervor, daß Sie nicht krankenversichert sind.«

Ich starrte den Brief an und traute meinen Augen nicht. Das war doch nicht möglich. Ich war über Motorola in einer Krankenversicherung, die alles abdeckte. Irritiert griff ich zum Telefon und las Bill Stapleton den Brief vor. Bill beruhigte mich. Er würde der Sache nachgehen.

Einige Stunden später rief er zurück. Es sei ein ganz vertracktes Timing, sagte er. Ich sei mitten in einem Wechsel meiner Arbeitgeber. Mein Vertrag mit Cofidis sei zwar schon rechtswirksam, aber der Krebs sei eine Vorerkrankung, bei der die neue Krankenversicherung über Cofidis nicht leistungspflichtig sei. Meine Versicherung bei Motorola hingegen war beendet. Demnach müsse ich für meine Krankenhaus- und Behandlungskosten selbst aufkommen. Er wolle allerdings versuchen, sich eine Lösung auszudenken.

Ich hatte Krebs und keine Krankenversicherung mehr.

In diesen ersten paar Tagen wurde ich von einer furchtbaren Erkenntnis nach der anderen gebeutelt, wobei es hier nur um ein materielles Problem ging. Dennoch konnte es meinen Ruin bedeuten. Ich sah mich in meinem Haus um und fing an zu überlegen, was ich alles verkaufen könnte. Ich mußte annehmen, daß ich finanziell am Ende war. Gerade hatte ich noch ein Jahreseinkommen von zwei Millionen Dollar, und jetzt stand ich vor dem Nichts. Ich hatte eine kleine Invalidenversicherung, aber das war schon alles. Ich würde kein Einkommen mehr haben, denn die Firmen, die meine Sponsoren waren oder mich sonstwie bezahlten, würden mir zweifellos den Stuhl vor die Tür setzen, da ich ja keine Rennen mehr fahren konnte. Der Porsche, der mir soviel bedeutet hatte, kam mir jetzt vor wie ein Gegenstand dekadenter, schamloser Eitelkeit. Zur Bezahlung der Arztrechnungen würde ich jeden Penny brauchen. Ich fing an, meinen Ausverkauf zu planen. Den Porsche, einige Kunstgegenstände und noch ein paar andere Spielsachen würde ich zuerst zu Geld machen.

Der Porsche war innerhalb von ein paar Tagen weg. Ich tat es in erster Linie und vor allem, weil ich dachte, daß ich jeden roten Heller für meine Behandlung brauchen würde, und daß ich von dem, was allenfalls übrigblieb, für den Rest meines Lebens mein Auskommen würde bestreiten müssen. Heute glaube ich allerdings, daß bei mir allmählich ein Bedürfnis nach größerer Einfachheit aufkam.

Ich wurde ein Student in Sachen Krebs. Ich ging in die größte Buchhandlung von Austin und kaufte alles auf, was zu diesem Thema zu bekommen war. Ich kam mit zehn dicken Wälzern nach Hause: Diätbücher, Bücher über den emotionalen Umgang mit der Krankheit, Ratgeber über Medikamente. Ich war bereit, mich mit jedem Behandlungskonzept zu beschäftigen, egal wie abgehoben es war. Ich las Bücher über Flachssamenöl, angeblich das »wahre Mittel« gegen Arthritis, Herzinfarkt, Krebs und andere Krankheiten. Ich las Bücher über Sojapulver, ein »erprobtes Mittel zur Krebsbekämpfung«. Ich las das »Yoga Journal« und interessierte mich brennend, wenn auch nur vorübergehend, für etwas mit der Bezeichnung »Das Raj, die Einladung zur vollkommenen Gesundheit«. Ich trennte Seiten aus der Zeitschrift »Discover« und sammelte Zeitungsausschnitte über entlegene Kliniken und abwegige Kuren. Ich führte mir ein Pamphlet über die »Clinic of the Americas« in der Dominikanischen Republik zu Gemüte, das über eine »todsichere Kur für Krebskranke« zu berichten wußte.

Ich verschlang die Computerausdrucke, die Bart mir besorgt hatte. Jedesmal, wenn er anrief, fragte ich: »Hast du sonst noch was Neues?« Ich, der nie ein eifriger Leser gewesen war, fing nun an, alles förmlich zu verschlingen. Bart klickte Amazon.com an und fragte das ganze Thema ab. »Soll ich für dich alles runterladen, was ich finde?« wollte er wissen.

»Ja, alles. Ich will alles. Einfach alles.«

Da saß ich nun mit meinem Highschool-Abschluß und dem bißchen in Europa aufgeschnapptem Wissen und ackerte mich durch medizinische Zeitschriften. In Finanzmagazine und Zeitschriften über Architektur und Design hatte ich mich immer schon gern vertieft, aber aus Büchern hatte ich mir wenig gemacht. Meine Konzentrationsspanne war unglaublich kurz, und ich konnte nicht lange stillsitzen. Und nun mußte ich mich in Blutbilder und die Grundzüge der Onkologie einlesen. Es war wie eine zweite Ausbildung. An manchen Tagen dachte ich: »Ich könnte eigentlich noch einmal die Schulbank drücken und versuchen, Arzt zu werden, wo ich mich doch schon so gut auskenne.«

Ich saß auf dem Sofa und blätterte in Büchern, telefonierte, studierte Zahlenkolonnen. Ich wollte meine Chancen genau kennen, um sie verbessern zu können. Je mehr Kenntnisse ich mir anlas, um so günstiger wären meine Aussichten, dachte ich – auch wenn das, was ich in den Büchern las, eher daraufhin deutete, daß meine Chancen nicht besonders gut waren. Aber Wissen war beruhigender als Nichtwissen, dann wußte ich wenigstens, wie es um mich stand – oder glaubte jedenfalls, es zu wissen.

Zwischen der Sprache des Krebses und der des Radsports gibt es seltsame Gemeinsamkeiten. Sie betreffen das Blut. Im Radsport kann man mogeln, indem man Epo (Epogen) nimmt, ein Mittel, das die Zahl der roten Blutkörperchen in die Höhe treibt. Das gleiche Medikament bekam ich von meinen Ärzten, wenn mein Hämoglobinspiegel beim Kampf gegen meinen Krebs unter einen gewissen Wert fiel. Es gab bestimmte Grenzwerte, die ich bei den Bluntuntersuchungen erreichen mußte, und die Ärzte machten ihre Messungen aus dem gleichen Grund wie beim Radfahren: zur Ermittlung meiner physiologischen Belastbarkeit.

Ich meisterte den Umgang mit einem völlig neuen Vokabular und lernte Begriffe wie Ifosfamid (ein chemotherapeutischer Wirkstoff), LDH (Laktatdehydrogenase, ein Enzym und Tumormarker). Ich fing an, mit Worten wie »Behandlungsprotokoll« um mich zu werfen. Ich wollte mich nicht ohne eine zweite, dritte, ja, vierte Meinung zufriedengeben.

Ich bekam Berge von Briefen und Postkarten mit Genesungswünschen und mit hanebüchenen Therapievorschlägen. Ich las alles. Die Post zu lesen war ein gutes Mittel, um nicht ins Grübeln zu verfallen, weshalb Lisa, meine Mutter und ich am Abend regelmäßig die Zuschriften durchgingen und so viele wie möglich beantworteten.

An einem dieser Abende öffnete ich einen Brief mit geprägtem Briefkopf vom Medical Center der Vanderbilt University. Der Schreiber war ein gewisser Dr. Steven Wolff, Chef der Abteilung für Knochenmarktransplantation. Dr. Wolff erklärte in seinem Schreiben, er sei Professor der Medizin und Krebsspezialist, und außerdem ein glühender Radsportfan. Er würde mir gern auf jede mögliche Weise helfen. Er riet mir dringend, jede erdenkliche Behandlungsalternative abzuklären und bot an, jederzeit mit Rat und Tat zur Verfügung zu stehen. Zwei Dinge in diesem Brief erregten meine Aufmerksamkeit. Erstens schien sich Dr. Wolff im Radsport offensichtlich gut auszukennen, und das andere war ein Absatz, in dem er mich sehr dringend aufforderte, eine zweite Meinung unmittelbar bei Dr. Larry Einhorn von der Universität von Indiana einzuholen, der bedeutendsten Kapazität für meine Krankheit. Dr. Wolff fügte hinzu: »Sie sollten wissen, daß es unterschiedliche chemotherapeutische Behandlungsformen von gleicher Wirksamkeit gibt, mit denen mögliche Nebenwirkungen auf ein Minimum reduziert werden können, um Ihrer Fähigkeit, wieder Rennen zu fahren, keinen Abbruch zu tun.«

Ich griff zum Telefon und rief Dr. Wolff an. »Hallo, hier spricht Lance Armstrong«, sagte ich. Dr. Wolff wirkte sehr überrascht, war aber schnell bei der Sache. Wir tauschten ein paar höfliche Worte aus, dann erkundigte er sich nach Einzelheiten meiner Behandlung. Er meinte, er wolle keineswegs die Kompetenz meiner Ärzte in Austin in Frage stellen, ihm sei nur daran gelegen, seine Hilfe anzubieten. Ich teilte ihm mit, daß ich die bei Hodenkrebs mit Metastasen in der Lunge übliche Standardtherapie mit BEP machte. »Meine Prognose ist nicht besonders gut«, erklärte ich.

Von diesem Moment an wurde meine Behandlung zu einem medizinischen Gemeinschaftsprojekt. Bislang hatte ich die Medizin als eine Veranstaltung des jeweiligen Arztes mit dem jeweiligen Patienten angesehen. Der Arzt war allwissend und allmächtig, der Patient war hilflos. Doch jetzt dämmerte es mir, daß der Patient nicht weniger wichtig war als der Arzt, und daß nichts daran auszusetzen war, wenn man zu seiner Heilung eine Kombination verschiedener Quellen und Personen heranzieht. Dr. Reeves war mein Urologe, Dr. Youmans mein Onkologe, und Dr. Wolff wurde jetzt der Advokat meiner Behandlung und mein Freund, ein drittes medizinisches Auge, jemand, den ich fragen konnte: »Was heißt dies, und was bedeutet das?« Jeder der beteiligten Ärzte spielte eine entscheidende Rolle. Keiner konnte für sich allein die Verantwortung für meinen Gesundheitszustand übernehmen, und was noch wichtiger war, ich fing an, diese Verantwortung mit ihnen zu teilen.

»Wie hoch ist Ihr HCG-Wert?« wollte Dr. Wolff wissen. HCG ist ein Hormon, das, wie ich gelernt hatte, bei Frauen die Eierstöcke anregt und es war ein aussagekräftiger Tumormarker im Blut, weil es beim gesunden Mann nicht vorkommt. Ich kramte in meinen Papieren und ließ die Augen über die entsprechenden Zahlenkolonnen gleiten. »Hier steht: 109«, sagte ich.

»Oh, das ist hoch«, meinte Dr. Wolff, »aber nicht außergewöhnlich.«

Ich betrachtete das Blatt. Hinter der Zahl stand noch etwas. »Was bedeutet dieses K hinter der Zahl?«

»Das bedeutet, es sind 109 000«, sagte Dr. Wolff.

Er verstummte einen Augenblick, und ich ebenfalls. Wenn ein Wert von 109 hoch war, was war dann ein Wert von 109 000? Nach einer Weile erkundigte sich Dr. Wolff nach den Werten der anderen Marker AFB und LDH. »Was bedeutet das denn jetzt für mich?« fragte ich ihn rundheraus.

Er erklärte mir, daß zuviel HCG in meinem Körper war, selbst in Anbetracht der Lungentumore. Woher konnte es stammen? Er ließ vorsichtig anklingen, daß ich vielleicht andere und aggressivere Therapien in Betracht ziehen sollte. Dann legte er die Karten auf den Tisch: Bei diesem HCG-Wert rutschte ich automatisch in die Kategorie mit der schlechtesten Prognose.

Noch etwas anderes beunruhigte ihn. Bleomycin wirkt auf Leber und Lunge extrem toxisch, sagte er. Er war der Ansicht, daß eine Therapie genau auf den jeweiligen Patienten zugeschnitten sein sollte. Was für den einen Menschen gut war, mußte für einen anderen nicht unbedingt ebenfalls geeignet sein, und in meinem Fall war Bleomycin vielleicht das Falsche. Für einen Radsportler war eine gute Lungenkapazität nicht weniger wichtig als die Beine, und eine längere Behandlung mit Bleomycin würde fast automatisch das Ende meiner Karriere bedeuten. Es seien auch andere Medikamente denkbar, meinte Dr. Wolff. Es gebe Alternativen.

»Es gibt ein paar Leute, die sind die absoluten Weltmeister dieser Therapie«, sagte er. Er ließ mich wissen, daß er mit Dr. Einhorn und anderen Onkologen des Medizinischen Zentrums der University of Indiana in Indianapolis befreundet sei. Außerdem empfahl er mir zwei weitere Krebszentren – eines in Houston und eines in New York. Zu allem Überfluß erbot er sich, Konsultationstermine für mich zu vereinbaren. Unendlich erleichtert ging ich auf sein Angebot ein.

Wieder einmal trat meine Mutter in Aktion. Am nächsten Morgen hatte sie bereits meine gesamten medizinischen Befunde zusammengestellt und per Fax an die zu konsultierenden Ärzte an den Einrichtungen in Houston und Indianapolis geschickt. Als vormittags um zehn aus dem Krebszentrum in Houston ein Anruf kam, war ich noch mit dem Fahrrad unterwegs. Zwei Ärzte, beide waren Onkologen, riefen in einer Konferenzschaltung an. Meine Mutter hörte zwei körperlosen Stimmen zu, die meinen Fall mit ihr besprachen.

»Wir haben Ihre Informationen durchgesehen«, sagte eine der Stimmen. »Warum ist noch keine MTI des Gehirns gemacht worden?«

»Wieso? Ist das denn nötig?« wunderte sich meine Mutter.

»Die Werte sind so hoch, daß wir annehmen müssen, Ihr Sohn hat den Krebs auch im Gehirn«, sagte der Arzt.

»Das ist doch nicht Ihr Ernst!« rief meine Mutter aus.

»Die Werte sind zu stark erhöht«, sagte der andere Arzt. »Wir sehen solche Werte normalerweise nur, wenn der Krebs auf das Gehirn übergegriffen hat. Wir glauben, daß Ihr Sohn eine aggressivere Therapie braucht.«

Wie gelähmt sagte meine Mutter: »Aber er hat doch gerade erst mit der Chemotherapie begonnen!«

»Sehen sie«, sagte einer der Ärzte, »wir glauben nicht, daß ihr Sohn es bei diesen Werten schaffen wird.«

»Bitte, erzählen Sie mir nicht so was!« sagte meine Mutter. »Ich habe für dieses Kind mein Leben lang gekämpft.«

»Wir sind der Meinung, Sie sollten mit Ihrem Sohn unverzüglich herkommen und bei uns eine Therapie anfangen.«

»Lance wird bald zurück sein«, sagte meine Mutter mit zitternden Knien. »Ich werde mit ihm reden. Wir rufen Sie zurück.«

Kurz darauf kam ich zur Tür herein. Meine Mutter sagte: »Lance, ich muß dir was sagen.« Ich konnte sehen, daß sie total erledigt war, und in meinem Magen stellte sich das vertraute, flaue Gefühl ein. Ich sagte gar nichts, während meine Mutter mit bebender Stimme zusammenfaßte, was die Ärzte gesagt hatten. Ich saß nur stumm da. Je ernster die Situation wurde, desto stiller wurde ich. Nach einer Minute sagte ich ganz ruhig, ich würde gern selbst mit den Ärzten reden und hören, was sie zu sagen hatten.

Ich rief die Ärzte zurück und hörte mir an, was sie zuvor schon meiner Mutter gesagt hatten. Ziemlich matt sagte ich zu ihnen, ich würde nach Houston kommen, um so bald wie möglich persönlich mit ihnen zu reden. Als ich aufgelegt hatte, ließ ich Dr. Youman ans Telefon holen. Ich gab ihm eine knappe Zusammenfassung meines Gesprächs mit den Ärzten von Houston. »Dr. Youman, diese Ärzte meinen, ich hätte den Krebs schon im Gehirn. Sie sagen, es muß eine MTI des Gehirns gemacht werden.«

»Nun, das wollte ich morgen ohnehin«, sagte Dr. Youman. »Sie sind für Mittag vorgesehen.« Er sagte, daß er etwas Ähnliches vermute – daß der Krebs möglicherweise schon bis in mein Gehirn vorgedrungen war.

Ich rief Steve Wolff an und berichtete ihm von dem Gespräch mit den Ärzten in Houston. Ich sagte, ich hätte vor, am nächsten Tag dorthin zu fahren. Steve war ebenfalls der Meinung, daß ich hinfahren sollte, aber er wiederholte seine Empfehlung, auch mit den Leuten von der University of Indiana zu reden, denn das war der Ausgangspunkt jeglicher Hodenkrebstherapie. Jeder richtete sein therapeutisches Vorgehen nach den von Dr. Einhorn entwickelten Protokollen, warum also sollte ich mich nicht selbst an die Quelle begeben? Steve sagte, Dr. Einhorn wäre zwar zur Zeit in Australien unterwegs, doch er erbot sich, mich bei Dr. Einhorns ranghöchstem Mitarbeiter, Dr. Craig Nichols, anzumelden. Ich war einverstanden, und Steve rief Dr. Nichols an, um an meiner Stelle eine Konsultation zu vereinbaren.

Am nächsten Morgen meldete ich mich in der Klinik zur Magnetresonanztomographie. Lisa, meine Mutter und Bill Stapleton waren zur moralischen Unterstützung mitgekommen, und meine Großmutter kam aus Dallas angeflogen.

»Ich habe mich damit abgefunden, daß mein Gehirn schon befallen ist«, sagte ich fatalistisch zu Dr. Youman, kaum daß ich vor ihm saß. »Ich weiß jetzt schon, was Sie mir gleich sagen werden.«

Eine MTI des Gehirns ist nichts für Leute mit Platzangst. Man wird mit Stirn und Nase durch einen Tunnel gequetscht, der so eng ist, daß man das Gefühl bekommt, man müßte gleich ersticken. Ich haßte diese Prozedur.

Das Ergebnis der Tomographie lag fast augenblicklich vor. Meine Mutter, meine Großmutter und Bill warteten im Vorraum, aber Lisa wollte ich in Dr. Youmans Zimmer bei mir haben. Nach einem Blick auf die Darstellung sagte Dr. Youman zögernd: »Auf Ihrem Gehirn zeichnen sich zwei Schatten ab.«

Lisa schlug die Hände vors Gesicht. Ich war darauf gefaßt gewesen, sie aber nicht, und auch meine Mutter nicht, die draußen auf mich wartete. Ich ging hinaus und sagte nur: »Wir müssen nach Houston.« Mehr brauchte ich nicht zu sagen, den Rest konnte sie sich denken.

Dr. Youman meinte: »Reden Sie mit den Leuten in Houston. Ich halte das für eine ausgezeichnete Idee.« Ich kannte ihn bereits als einen ausgezeichneten Arzt, doch jetzt lernte ich seinen völligen Mangel an Eitelkeit schätzen. Er war nach wie vor mein Onkologe vor Ort, den ich für zahllose weitere Blut- und sonstige Untersuchungen aufsuchte, doch durch sein großzügiges Wesen und seine Bereitschaft, mit anderen bei meiner Behandlung zusammenzuarbeiten, wurde er mir zum Freund.

Lisa und meine Mutter konnten die Tränen nicht zurückhalten. Sie saßen mit tränenüberströmtem Gesicht im Vorraum. Ich jedoch war seltsam unbewegt. »In dieser Woche ist eine Menge passiert«, dachte ich bei mir. Meine Diagnose kam am Mittwoch, am Donnerstag war ich operiert worden, am Freitagabend wurde ich entlassen, am Samstag der Gang zur Samenbank, am Montag morgen war die Pressekonferenz, auf der ich vor aller Welt bekanntgab, daß ich Hodenkrebs hatte, und am Nachmittag hatte ich mit der Chemotherapie angefangen. Jetzt war Dienstag, und der Krebs saß in meinem Hirn. Er erwies sich als ein wesentlich härterer Gegner, als ich gedacht hatte. Ich hatte das Gefühl, daß *gute* Nachrichten für mich gestrichen waren: »Der Krebs ist in deiner Lunge, du bist im dritten Stadium, du bist nicht krankenversichert, der Krebs sitzt schon in deinem Gehirn.«

Aber ob man es mir glaubt oder nicht, es war für mich sogar eine gewisse Erleichterung, diese schlechteste aller bisherigen Neuigkeiten zu hören. Ich dachte: »Schlimmer kann es nun nicht mehr werden.« Jetzt, wo ich das Schlimmste schon wußte, konnte mir auch kein Arzt mehr mit noch Schlimmerem kommen.

Wir fuhren nach Hause. Meine Mutter faßte sich wieder, setzte sich ans Faxgerät und fütterte es mit weiteren Unterlagen für die Ärzte in Houston. Lisa saß verloren im Wohnzimmer. Ich rief Bart an und erzählte ihm, was ich vorhatte. Er fragte, ob es mir recht wäre, wenn er uns morgen auf der Fahrt begleiten würde. Ich sagte, ja, gern, wir würden früh um sechs losfahren.

Jedesmal, wenn meine Diagnose wieder umfangreicher geworden war, bedrängte ich meine Ärzte mit Fragen. »Wie groß sind meine Chancen?« Ich wollte eine Zahl hören. Der Prozentsatz schrumpfte mit jedem Tag. Dr. Reeves hatte 50 Prozent genannt, »... aber in Wirklichkeit dachte ich, vielleicht 20«, gestand er mir später. Um ganz ehrlich zu sein, meinte er, müsse er zugeben, daß ihm damals, als er mich untersuchte, fast die Tränen gekommen seien, weil er dachte, er hätte einen unrettbar kranken Fünfundzwanzigjährigen vor sich, und er hätte unwillkürlich an seinen eigenen Sohn denken müssen, der auch in meinem Alter war. Und wenn Bart Knaggs kein Blatt vor den Mund genommen hätte, würde er mir verraten haben, daß sein zukünftiger Schwiegervater, ein Arzt, auf die Nachricht, daß der Krebs in meine Lunge gelangt war, zu ihm sagte: »Bart, dein Freund ist schon so gut wie tot.«

»Wie groß sind meine Chancen?« Unaufhörlich stellte ich diese Frage. Aber sie war ohne Bedeutung, oder nicht? Sie war gegenstandslos, weil die medizinische Statistik das Unauslotbare nicht berücksichtigt. Es gibt keine verläßliche Methode, die Heilungschancen eines bestimmten Menschen abzuschätzen, und man sollte es auch nicht versuchen, denn es stimmt doch nie, und es raubt den Leuten die Hoffnung. Und die Hoffnung ist das einzige Gegenmittel gegen die Angst.

Diese Fragen, dieses »Warum gerade ich?« dieses »Wie groß sind meine Chancen?« sind nicht zu beantworten, und eines Tages kamen sie mir sogar allzu selbstbezogen vor. Die längste Zeit meines Lebens hatte ich mein Verhalten nach dem einfachen Schema Gewinnen oder Verlieren ausgerichtet, aber der Krebs lehrte mich, offene Situationen zu ertragen. Ich begriff allmählich, daß die Krankheit keine Unterschiede kennt und sich nicht um Chancenberechnungen kümmert - einen starken Menschen, der sich ihr heroisch stellt, macht sie nieder, und einen schwächlichen Pechvogel läßt sie wunderbarerweise überleben.

Ich hatte immer geglaubt, aus Radrennen als Sieger hervorzugehen, würde aus mir einen stärkeren und wertvolleren Menschen machen. Aber das war nicht so.

Warum ich? Warum überhaupt jemand? Ich war genauso wertvoll oder wertlos wie der Bursche, der im Chemotherapiezentrum neben mir saß. Es war keine Frage der Würdigkeit.

Was ist stärker, die Angst oder die Hoffnung? Das ist eine interessante Frage, vielleicht sogar eine wichtige. Anfangs war ich voller Angst und hatte wenig Hoffnung, aber als ich dasaß und das ganze Ausmaß meiner Krankheit langsam in mein Blickfeld rückte, weigerte ich mich zuzulassen, daß die Angst meinen Optimismus niedermacht.

Natürlich wollte ich leben, aber ob es dazu kam oder nicht, war ein Geheimnis. Mitten in der Konfrontation mit dieser Tatsache, ausgerechnet da und in eben diesem Moment, beschlich mich eine Ahnung, daß der Blick in das Auge eines so angsterregenden Mysteriums vielleicht gar nicht das Allerschlechteste war. Angst zu haben ist eine unschätzbare Lehre. Wer je Angst in einem solchen Ausmaß erlebt hat, kennt seine Hinfälligkeit besser als die meisten Menschen, und ich glaube, daß man sich durch diese Erfahrung verändert. Ich mußte mich sehr tief beugen, und es blieb mir nur die Zuflucht ins Philosophische. Die Krankheit zwang mich, mir mehr abzuverlangen, als je zuvor und forderte von mir ein neues Wertesystem.

Ein paar Tage davor hatte ich eine E-Mail von einem Soldaten bekommen, der in Asien stationiert war. Er war ein Leidensgenosse, ebenfalls Krebspatient, und wollte mir etwas mitteilen. »Du weißt es noch nicht«, schrieb er, »aber *wir* sind die Glückspilze.«

»Der hat ja nicht mehr alle Tassen im Schrank«, sagte ich laut.

Was konnte er bloß damit meinen?

5 Gespräche mit dem Krebs

Die Vorstellung, daß in meinem Kopf etwas Unwillkommenes lebte, hatte etwas beunruhigend Intimes. Wenn einem irgendwas schnurstracks bis ins Hirn klettert, kann es persönlicher wohl kaum noch werden. Also reagierte ich genauso persönlich darauf und fing an, mit diesem Etwas zu reden. Ich verwickelte den Krebs in einen inneren Dialog. In diesen Gesprächen versuchte ich, fest und entschlossen zu klingen. »Hör zu, du hast den Falschen erwischt«, sagte ich zu ihm. »Daß du dir ausgerechnet meinen Körper ausgesucht hast, um dich darin breitzumachen, war ein großer Fehler.«

Aber während ich das sagte, wurde mir sofort klar, daß das nur großmäulige Einschüchterungsversuche waren. Das Gesicht, das mir an diesem Morgen aus dem Spiegel entgegenstarrte, sah blaß und trübsinnig aus. Mein Mund war nur noch eine schmale, scharfe Linie. Und meine innere Stimme hatte einen fremden Unterton: Verzweiflung.

Ich verlegte mich aufs Feilschen: »Wenn ich als Preis dafür, daß ich leben darf, nie mehr auf dem Rennrad sitze, auch gut«, dachte ich. »Zeig mir die gepunktete Linie, wo ich unterschreiben soll, ich mach meine drei Kreuzchen. Ich mach was anderes, geh wieder zur Schule oder werde Müllmann, ich tu alles, aber laß mich leben.«

Noch vor Sonnenaufgang machten wir uns auf die Fahrt nach Houston. Meine Mutter steuerte den gemieteten Volvo, und ich saß mit Lisa auf dem Rücksitz, was gar nicht meine Art war. Ich, der sonst keinen anderen ans Steuer ließ, auf dem Rücksitz – allein das zeigt schon, wie es um mich stand. Während der dreistündigen Fahrt sagte keiner ein Wort. Erschöpft hingen wir unseren Gedanken nach. Keiner von uns hatte in der vergangenen Nacht gut geschlafen. Meine Mutter trat aufs Gas, als wollte sie die Sache möglichst schnell zu Ende bringen. Sie war so tief in ihre düsteren Gedanken versunken, daß sie fast einen Hund überfahren hätte.

Houston ist eine riesige Metropole, und die Stadtautobahnen sind ein einziger Stau. Da durchzukommen ist schon eine Nervenprobe an sich. Um neun hatten wir endlich die Klinik gefunden und trotteten in den Wartebereich der Lobby. Da waren wir genau richtig - wir warteten volle zwei Stunden. Wir waren zu früh gekommen. Das Herumsitzen in der Lobby kam mir vor, als steckten wir schon wieder im Stau.

Es war eine weitläufige Universitätsklinik mit endlosen Fluren und hallenden Aufgängen, und es wimmelte von Menschen - Kranke, schreiende Babys, besorgte Angehörige, unwirsches Verwaltungspersonal, gehetzte Krankenschwestern, Ärzte, Assistenten. Die Neonröhren an der Decke sorgten für die typische kalte Krankenhausbeleuchtung, dieses gnadenlose Einheitslicht, in dem auch gesunde Leute bleich und fertig aussehen. Die Warterei schien ewig zu dauern, und das Herumsitzen machte mich immer nervöser. Ich blätterte in Zeitschriften, trommelte mit einem Bleistift auf der Armlehne rum und telefonierte mit meinem Handy durch die Gegend.

Endlich erschien der Arzt, mit dem ich gesprochen hatte, und wir standen uns persönlich gegenüber. Er war das Musterbild eines smarten, jungen Mediziners, ein gepflegter Typ mit zackigen Manieren und dem drahtigen Körper eines Leichtathleten unter seinem Arztkittel.

»Sie sind mir kein Unbekannter«, sagte er. »Ich freue mich, daß Sie gekommen sind.«

Doch nach dem Austausch der Höflichkeiten legte er ein kaltes und geschäftsmäßiges ärztliches Verhalten an den Tag. Wir saßen noch nicht richtig, als er schon seinen Behandlungsplan erklärte. Er werde mich weiterhin mit Bleomycin behandeln, sagte er, aber seine Kur würde wesentlich radikaler sein als die von Dr. Youman.

»Wenn Sie hier wieder rauskommen, werden sie nur noch kriechen können«, sagte er.

Ich riß die Augen auf, und meine Mutter auch. Ich war sprachlos.

»Ich werde Sie umbringen«, fuhr er fort, »und das jeden Tag, und dann werde ich Sie wieder zum Leben erwecken. Wir werden sie mit der Chemo prügeln, prügeln und wieder prügeln. Sie werden anschließend nicht mehr gehen können. Wenn wir fertig sind, werden wir Ihnen praktisch wieder das Laufen beibringen müssen«, sagte er knallhart.

Er meinte, die Behandlung würde mich zeugungsunfähig machen, und ich würde wahrscheinlich nie Kinder haben können. Das Bleomycin würde meine Lunge ruinieren, und ich könnte nie wieder Radrennen fahren. Ich würde furchtbare Schmerzen haben. Je länger er sprach, desto mehr verlor ich durch seine drastische Schilderung meines körperlichen Verfalls den Mut. Ich fragte, ob die Therapie wirklich so hart angegangen werden müßte.

»Ihr Fall gehört zu den extrem schlimmen«, sagte er, »und ich glaube, sie haben nur diese eine Chance, hier in unserer Klinik. Aber ich denke, es ist machbar.«

Meine Mutter zitterte während seiner Schilderung am ganzen Körper, und Lisa saß da wie erstarrt. Bart war wütend geworden. Er hatte immer wieder Zwischenfragen nach alternativen Behandlungsmöglichkeiten gestellt. Bart ist ein sehr sorgfältiger Fragesteller, der sich nebenher Notizen macht, ein ganz gewissenhafter Typ. Er war sehr besorgt und beschützerisch. Doch der Arzt hatte ihm jedesmal das Wort abgeschnitten.

»Sehen Sie«, sagte er zu mir, »Ihre Chancen stehen nicht besonders gut. Aber wenn Sie zu uns kommen, stehen sie immer noch erheblich besser als irgendwo anders.«

Ich fragte ihn, was er von der Behandlungsmethode von Dr. Einhorn in Indianapolis hielt.

»Sie können gerne nach Indiana gehen«, sagte er herablassend, »aber sie dürften bald wieder hier bei uns auf der Matte stehen. Wenn der Krebs so weit fortgeschritten ist wie bei Ihnen, nützt deren Therapie nichts mehr.«

Dann kam er zum Ende seiner Ausführungen. Er wollte, daß ich mich auf der Stelle zu ihm in die Chemotherapie begab.

»Sie bekommen diese Behandlung nirgendwo anders als bei uns«, sagte er. »Wenn Sie sich nicht dazu entschließen, kann ich für nichts garantieren.«

Ich sagte ihm, daß ich mir die Sache über Mittag überlegen wolle und mich am Nachmittag mit der Antwort bei ihm melden würde.

Wir waren alle wie vor den Kopf geschlagen. Ziellos fuhren wir in Houston herum und setzten uns schließlich in einen Schnellimbiß, aber mit dieser niederschmetternden Zusammenfassung meines Falles im Ohr hatte keiner von uns große Lust, was zu essen. Ich mußte eine Entscheidung treffen: Heute war Freitag, und der Arzt wollte am Montag mit der Behandlung anfangen.

Ich war kurz davor, völlig den Mut zu verlieren. Ich konnte mich damit abfinden, daß ich todkrank war, aber die Vorstellung, mich zum Invaliden machen lassen zu müssen, war deprimierender als alles andere. Widerstrebend ging ich das Für und Wider durch und bat meine Mutter, Lisa und Bart um ihren Kommentar. Wie diskutiert man so ein Problem? Ich versuchte dem Beratungsgespräch vom Vormittag etwas Positives abzugewinnen und meinte, vielleicht wären das Selbstvertrauen und das Draufgängertum dieses Arztes ja auch ganz gut. Aber ich konnte sehen, daß dieser Mann für meine Mutter der reine Horror gewesen war.

Sein Behandlungskonzept kam mir unglaublich viel radikaler vor, als alles, was man anderswo mit mir anstellen wollte. »Nicht mehr laufen können, keine Kinder haben, keine Rennen mehr fahren«, dachte ich. Normalerweise war ich jemand, dem nichts hart genug war, kein Training zu eisern, kein Rennen zu scharf. Aber auf einmal dachte ich: »Vielleicht ist das doch zu massiv? Vielleicht tut's ja auch eine Nummer kleiner?«

Ich beschloß, Dr. Wolff anzurufen und um seine Meinung

zu bitten. Je länger das Gespräch mit ihm dauerte, desto besser gefiel er mir. Er reagierte mit klarem Kopf und Besonnenheit auf der ganzen Linie, ohne sich irgendwie in den Vordergrund zu spielen. Ich schilderte in Umrissen das Behandlungskonzept und die Nebenwirkungen. »Der Arzt will sofort damit anfangen. Er möchte schon heute Nachmittag meine Antwort.«

Wolff verstummte am anderen Ende der Leitung. Ich konnte förmlich hören, wie er nachdachte. »Eine zweite Meinung einzuholen kann nichts schaden«, meinte er schließlich. Wolff hielt meinen Zustand nicht für so kritisch, daß die Entscheidung unbedingt am heutigen Tag fallen müßte und schlug mir vor, mich wenigstens noch an das Medical Center in Indianapolis zu wenden. Sein Rat kam mir immer vernünftiger vor, je länger ich darüber nachdachte. Warum sollte ich nicht nach Indiana gehen, zu den Leuten, die das maßgebliche Buch über Hodenkrebs geschrieben und das Behandlungskonzept entwickelt hatten, auf das sich alle anderen Ärzte stützten?

Vom Autotelefon aus rief ich Dr. Craig Nichols an, den Mitarbeiter von Dr. Einhorn. Ich erklärte ihm, ich hätte ein Problem, ich bräuchte eine zweite Meinung, und zwar so schnell wie möglich. »Kann ich zu Ihnen kommen?« fragte ich.

Nichols antwortete, er hätte meinen Anruf schon erwartet. »Sie können sofort herkommen«, sagte er. Ob ich schnell genug dort sein könnte, um gleich am nächsten Morgen in der Früh zu ihm zu kommen? Das wäre zwar am Samstag, und da hätten sie eigentlich geschlossen, aber er würde eine Ausnahme machen. Später habe ich erfahren, daß sie nicht nur mit mir eine Ausnahme machten. Die Mediziner von der University of Indiana weisen keinen ab und kümmern sich um jeden Fall, egal, wie schwer. Täglich telefonieren sie mit Patienten und Ärzten auf der ganzen Welt.

Es war inzwischen drei Uhr nachmittags. Ich drängte darauf, zum Krankenhaus in Houston zurückzufahren und meine Unterlagen zurückzuverlangen. Der Arzt dort war offensichtlich sehr darauf erpicht, mich zu behandeln, aber er hatte mich verschreckt. Als ich ihm sagte, ich wolle noch einen Tag oder zwei warten, bis ich mich entscheiden würde, war er nicht unfreundlich und wünschte mir viel Glück.

»Aber warten Sie nicht zu lang«, meinte er.

Von dem Entschluß, nach Indiana zu fahren, wieder etwas belebt, legte meine Mutter los. Sie zog ihr Handy heraus und rief das Büro von Bill Stapleton an, wo sie seine Assistentin Stacy Pounds erreichte. »Stacy, wir brauchen einen Flug nach Indianapolis«, sagte sie. Dann quetschten wir uns in den Volvo und rasten zum Flughafen. Das Auto ließen wir auf dem Langzeit-Parkplatz stehen. Keiner von uns hatte irgendwas an Garderobe dabei, noch nicht mal eine Zahnbürste, denn wir hatten uns ja nur auf eine Tagesreise nach Houston eingerichtet. Am Flugschalter konnten wir erfreut feststellen, daß Stacy für uns tatsächlich vier Tickets ergattert hatte, und wir bekamen außerdem noch Plätze in einer besseren Klasse.

Als wir in Indianapolis landeten, machte meine Mutter wieder den Leithammel und mietete für uns einen Wagen. In Indianapolis war es kalt, aber sie entdeckte ein Hotel, von dem aus man durch eine überdachte Passage in die angrenzende Klinik gelangen konnte. Sie erledigte unsere Hotelanmeldung, wir krochen auf unsere Zimmer und fielen ins Bett. Es würde wieder eine kurze Nacht werden: Wir waren in aller Frühe bei Dr. Nichols angemeldet.

Wieder einmal war ich vor Tagesanbruch auf. Ich stand vor dem Spiegel und kämmte mich. Wegen der zu erwartenden Wirkung der Chemo hatte ich mir die Haare ziemlich kurz geschnitten. Beim Kämmen blieb auf einmal das meiste davon im Kamm hängen. Ich setzte eine Mütze auf und ging hinunter in die Lobby. Im Speiseraum gab es ein europäisches Frühstücksbuffet mit Getreideflocken und Obst, meine Mutter war schon da. Als ich mich zu ihr an den Tisch setzte, nahm ich die Mütze ab.

»Mir fallen die Haare aus«, sagte ich.

Meine Mutter versuchte zu lächeln. »Wir wußten ja, daß das passieren würde.«

Ich klemmte mir meine Röntgenaufnahmen und die anderen Unterlagen unter den Arm, und in der Kühle der Morgendämmerung gingen wir rüber zum Krankenhaus.

Das Medical Center der University of Indiana befindet sich in einem schlichten Gebäude und ist ein ganz normales Universitätskrankenhaus. Wir fuhren mit dem Aufzug in die onkologische Abteilung, wo man uns in einen großzügig verglasten Konferenzraum führte.

Als wir hineinkamen, ging gerade die Sonne auf und überzog den Raum mit ihren Farben. Während der nächsten Stunde stieg ihr Strahlenkranz vor dem Fenster langsam höher, was vielleicht zu dem Wohlgefühl beitrug, das mich überkam.

Ich begrüßte die Ärzte, mit denen ich mich beraten wollte. Dr. Craig Nichols war ein distinguiert aussehender Herr mit kurzgestutztem Bart und ruhigem Gebaren. Er hatte einen Styroporbecher mit Kaffee in der Hand. Auf Anraten der Ernährungsberaterin trank ich keinen Kaffee mehr und vermißte ihn sehr. Aber wenn der Verzicht auf Koffein mein Leben retten konnte, würde ich davon auch keinen Tropfen mehr trinken. Das fiel mir aber so schwer, daß ich die ganze Zeit auf Dr. Nichols' Becher starren mußte.

»Wie stehen Sie zu Kaffee?« erkundigte ich mich zögernd.

»Nun, das Beste ist er für Sie wahrscheinlich nicht, aber ab und zu eine Tasse wird Sie wohl nicht umbringen«, meinte er.

Nichols wurde von Scott Shapiro begleitet, einem Neurochirurgen. Shapiro war groß, mit hängenden Schultern, und sah mit seinen tiefliegenden Augen und buschigen Brauen dem Schauspieler Abe Vigoda verblüffend ähnlich. Dr. Nichols gab Shapiro eine Zusammenfassung meines Falles: Diagnose Hodenkrebs mit Metastasierungen. »Die Diagnoseverfahren haben Metastasen in der Lunge und zwei im Gehirn erbracht«, sagte Nichols zu Shapiro.

Wir setzten uns. Während wir miteinander sprachen, leuchtete die Sonne zum Fenster herein. Im Krankenhaus war es sehr ruhig, und die gelassene und offene Art von Dr. Nichols verstärkte die friedliche Stimmung, die mich überkommen hatte. Ich betrachtete ihn eingehend, während er sprach. Er war sehr ungezwungen, kippte oft bequemlichkeitshalber den Stuhl zurück, lehnte sich gegen die Wand und räusperte sich immer wieder. Wenn er sich zurücklehnte, sank er so weit wie möglich nach hinten und verschränkte die Hände hinter dem Kopf. In seiner unspektakulären Art strahlte er bei aller Umgänglichkeit aber auch unverkennbar Selbstvertrauen aus. Er wurde mir immer sympathischer.

»Wir, ahhem«, sagte er und räusperte sich, »wir meinen, Ihre Chancen, ahhem, sind nicht schlecht.«

Ich erzählte Nichols, daß wir gerade in Houston gewesen waren. Ich rechnete eigentlich damit, daß er ebenso herablassend reagieren würde, wie sein Kollege dort, aber er äußerte sich sehr anerkennend. »Es ist ein ausgezeichnetes Institut, wir halten sehr viel von ihrer Arbeit«, sagte er. Er griff nach meinen Unterlagen und sah sich die Befunde an. Er klemmte meine Röntgenbilder in einen Leuchtrahmen, und während er die Anomalitäten in meiner Brust nacheinander im einzelnen betrachtete und insgesamt zwölf Tumore zählte – »multiple Noduli beidseitig«, sagte er – schaute ich ihm über die Schulter. Einige Tumore waren nur winzige Knötchen, andere maßen bis zu 27 Millimeter im Durchmesser. Dann befaßte er sich mit meinem Gehirntomogramm und wies auf zwei taubeneigroße weiße Flecken, die beiden Regionen mit den Anomalien direkt unter dem Schädelknochen.

Ich war total konzentriert – beim Betrachten der Tumore im eigenen Gehirn dürfte wohl keiner so leicht an irgendwas anderes denken. Nichols äußerte sich fast wie nebenbei über meine Prognose und sein Behandlungskonzept. Er drückte sich sachlich und dabei verständlich aus.

»Sie befinden sich im fortgeschrittenen Stadium, und der Befund im Gehirn macht die Sache nicht einfacher«, sagte er. Er erklärte, daß Metastasen im Gehirn wegen der Blut-Hirn-Schranke chemotherapeutisch nicht behandelbar wären, das Gehirn sei nämlich durch so etwas wie einen physiologischen Schutzwall vor Giften geschützt, wodurch auch das Eindringen solcher Medikamente verhindert werde, wie sie in der Chemotherapie typischerweise zum Einsatz kommen. Alternative Behandlungsmöglichkeiten wären Bestrahlung oder Operation. Nichols war für eine Operation.

Wie immer wollte ich klare, präzise Informationen. »Wie stehen meine Chancen?«

»Nun, Sie haben eine ungünstige Ausgangslage«, sagte Dr. Nichols, womit er den späten Zeitpunkt der Diagnose meinte. »Die Prozentzahlen sind nicht berauschend, aber heilbar ist das durchaus. Ich denke, Ihre Chancen stehen fast fifty-fifty.«

Nichols war nüchtern und realistisch, aber er strahlte auch Optimismus aus. Durch den Einsatz von Platin bestehe heutzutage bei Hodenkrebs fast immer Aussicht auf Heilung, und er habe fortgeschrittenere Fälle als meinen gesehen, wo die Patienten überlebt hatten.

»Wir bekommen hier vor allem die besonders schlimmen Fälle«, sagte er. »Sie sind zwar in einer Kategorie mit schlechter Prognose, aber wir haben schon Patienten mit einer wesentlich schlechteren Prognose geheilt.«

Dann sagte Dr. Nichols etwas, das mich erstaunt aufhorchen ließ. Er meinte, er würde mir gern durch eine maßgeschneiderte Behandlung dazu verhelfen, wieder Radsport betreiben zu können. Außer Stephen Wolff hatte das noch kein Arzt zu mir gesagt – kein einziger. Ich war so überrascht, daß ich ihm das erst nicht abnehmen wollte. Das Gespräch mit dem Arzt in Houston hatte vollkommen die Luft aus mir rausgelassen, besonders, als er beschrieben hatte, wie hart die Behandlung sein würde und welche radikalen Maßnahmen zu meiner Rettung notwendig wären. Mir ging es eigentlich nur noch ums Überleben.

»Helfen Sie mir einfach zu leben«, sagte ich.

Aber Dr. Nichols war nicht nur zuversichtlich, daß ich überleben würde, er sah offenbar auch eine Chance, daß ich wieder Rennen fahren konnte. Er wollte keinesfalls meine Überlebenschancen gefährden, aber er würde gern das Behandlungsprotokoll so abändern, daß meine Lunge keinen Schaden nahm. Für die auf Platin basierende Chemotherapie gab es ein weiteres

Behandlungsprotokoll, VIP (Vinblastin, Etoposid, Ifosfamid, Cisplatin), das zwar kurzfristig erheblich aggressiver war, aber langfristig die Lungen bei weitem weniger schädigte als das Bleomycin der Standardbehandlung. Dr. Nichols meinte, Ifosfamid führe zu stärkerer Übelkeit, mehr Brechreiz und intensiverem kurzfristigem Unbehagen. Wenn ich zusätzlich zu dem bereits verabreichten BEP-Zyklus noch drei Zyklen VIP durchstehen könnte, wäre ich den Krebs vermutlich los und könnte wieder so gut zu Kräften kommen, daß ich in der Lage sei, Wettkämpfe zu fahren.

»Sie glauben, das geht? Ohne das, was alle anderen nehmen?« rief meine Mutter überrascht. »Kein Bleomycin?«

»Wir wollen eine Schädigung seiner Lunge vermeiden«, sagte Dr. Nichols.

Nichols meinte weiter, er sei für die operative Entfernung der Gehirntumore. Die Standardbehandlung für derartige Tumore war Bestrahlung, die aber Langzeit-Nebenwirkungen auf das zentrale Nervensystem haben konnte. Bei manchen Bestrahlungspatienten beobachtet man hinterher Störungen des Intellekts, der Wissensverarbeitung und der Koordination.

»Nach der Bestrahlung sind die Patienten manchmal etwas verändert«, sagte Nichols. In meinem Fall könnte eine mögliche Nebenwirkung die geringfügige Verschlechterung des Gleichgewichtssinns sein. Das ist normalerweise nicht besonders tragisch, konnte für mich aber eine Abfahrt von einem Alpenpaß auf dem Rennrad unmöglich machen – in einer solchen Situation ist man total auf seinen Gleichgewichtssinn angewiesen.

Jetzt war Shapiro an der Reihe. Ich schaute ihn mir an. Außer seiner Ähnlichkeit mit dem trübselig dreinblickenden Schauspieler Vigoda war da noch seine Aufmachung: Er trug einen Adidas-Trainingsanzug, auf dem sich das Firmenlogo die Hosenbeine entlang hinunterzog bis hinab zu den Reißverschlüssen am Beinabschluß. Darüber hatte er den üblichen Arztmantel an. Über dem Kragen wellten sich die Haare. »Dieser Typ soll Hirnchirurg sein?« fragte ich mich verwundert. Für einen Mediziner sah er mir entschieden zu locker aus.

»Dann wollen wir uns mal die Tomographien ansehen«, sagte er leichthin.

Nichols gab sie ihm. Shapiro steckte die Tomogramme in den Leuchtrahmen, und studierte sie, wobei er ab und zu bedächtig nickte. »Hmmmm, klar«, sagte er. »Ich denke, das kann ich machen. Kein Problem.«

»Kein Problem?« fragte ich verblüfft.

Während Shapiro auf die Tumore deutete, sagte er, sie würden offenbar nur oberflächlich auf dem Gehirn aufsitzen und deshalb komme man relativ leicht an sie ran. Durch eine stereotaktische Methode, eine ringlose Technologie, sei es möglich, den Sitz des Krebstumors millimetergenau zu lokalisieren und dadurch mit einem örtlich relativ begrenzten Eingriff auszukommen.

»Diese Methode ermöglicht uns, die Tumore zu isolieren, bevor wir operieren, und dadurch müssen wir nur ein Viertel der Zeit innerhalb des Schädels arbeiten, die früher erforderlich war«, sagte er.

»Was sind die Risiken?«

»Bei einem jungen Patienten wie Ihnen ist das Narkoserisiko minimal, das Risiko von Infektionen oder Blutungen ebenfalls, und auch das Risiko von Krampfanfällen ist gering. Das Hauptrisiko besteht darin, daß Sie aus der Operation mit einer kleinen linksseitigen Schwäche aufwachen. Es ist keine komplizierte Sache, und Sie scheinen ziemlich hart im Nehmen zu sein. Es müßte eigentlich alles glattgehen.«

Ich war müde und skeptisch. »Sie müssen mich erst noch davon überzeugen, daß Sie wissen, was sie tun«, sagte ich brüsk.

»Sehen Sie«, sagte Shapiro, »ich mache das nicht zum erstenmal. Mir ist noch nie ein Patient gestorben, und bis heute hat sich noch kein Fall durch mein Eingreifen verschlechtert.«

»Na gut, aber warum sollte ich ausgerechnet Sie in meinem Kopf herumoperieren lassen?«

»Weil ... Sie sind bestimmt ein guter Radrennfahrer«, er machte eine Pause, »aber als Gehirnchirurg bin ich besser.«

Ich mußte lachen, und auf einmal gefiel er mir. Inzwischen

war es später Vormittag. Ich stand auf und sagte, ich wollte mir die Sache beim Mittagessen überlegen und würde mich im weiteren Verlauf des Tages entscheiden.

Als erstes wollte ich mit meinen Freunden und meiner Mutter reden. Ich hatte eine schwerwiegende Entscheidung zu treffen. Es ging darum, wer meine Ärzte und wo der Ort meiner Behandlung sein sollten, und das war nicht mit der Wahl eines Investmentfonds zu vergleichen. Wenn ich Geld anlegen will, lautet die Frage: »Wie hoch ist die Verzinsung in den nächsten fünf Jahren?« Aber hier war die Verzinsung eine Frage von Leben und Tod.

Wir gingen auf die andere Seite der Straße in eine Fußgängerzone und fanden ein Bierlokal. Die Gäste saßen beim Mittagessen. Es war ruhig. Viel zu ruhig. Meine Mutter, Lisa und Bart wollten mich nicht beeinflussen. Sie sagten, daß ich selbst entscheiden sollte, wo ich mich behandeln lassen wollte. Ich hätte gern ihre Meinungen gehört, aber es gelang mir nicht, sie in meine Entscheidung hineinzuziehen.

Trotzdem versuchte ich es immer wieder. »Also, in Houston hieß es doch, daß sie mich aller Wahrscheinlichkeit nach heilen könnten, aber hier wollen sie den Behandlungsplan ändern, und das ist vielleicht auch nicht schlecht.«

Keiner stieg auf die offene Frage ein oder gab auch nur andeutungsweise eine Meinung zu erkennen. Sie verhielten sich völlig neutral. Alle sehnten sich nach einer Entscheidung, aber es sollte ganz und gar meine Entscheidung sein, nicht ihre.

Während ich aß, ließ ich mir die Sache durch den Kopf gehen. Ich wollte sicher sein, daß ich mit meiner Beurteilung der Ärzte und der Bewertung der verschiedenen Behandlungspläne richtig lag. Ich war am Nullpunkt angekommen, war bereit, meine Karriere abzuschreiben, aber Dr. Nichols und Dr. Shapiro gingen offenbar nicht davon aus, daß ein so weitreichender Schritt nötig war. Ich sagte mir, daß ich zu diesen Ärzten mit ihrer ausgesprochen ruhigen und schlichten Art und ihrer Weigerung, sich von mir aus der Reserve locken zu lassen, Vertrauen haben konnte. Sie entsprachen exakt dem Eindruck, den sie erweckten: zwei zerknautschte und von ihrer Arbeit völlig in Anspruch genommene außerordentlich kompetente Ärzte. Bessere würde ich wohl kaum finden können.

Ich hatte ein paar harte Fragen anzubringen versucht, aber Nichols war davon nicht beeindruckt gewesen und vollkommen offen und direkt geblieben. Er war keiner, der um meine Gunst buhlen oder versuchen würde, anderslautende Meinungen schlecht zu machen. Er war außerordentlich professionell und vertrauenswürdig.

»Die zwei scheinen wirklich zu wissen, wo's langgeht«, platzte es auf einmal aus mir heraus. »Ich finde die beiden gut, und hier gefällt's mir auch. Und wenn ich schon operiert werden muß, den Shapiro scheint das ja überhaupt nicht aufzuregen. Ich glaube, hier geh' ich hin.«

Es gab lauter erfreute Gesichter. »Ich bin ganz deiner Meinung«, freute sich Bart, nachdem er endlich Farbe bekennen durfte.

»Ich denke, du hast dich richtig entschieden«, meinte auch meine Mutter.

Wir gingen in die Klinik zurück, und ich traf mich erneut mit Dr. Nichols. »Ich möchte bei Ihnen behandelt werden«, sagte ich.

»Okay, gut«, meinte Dr. Nichols. »Kommen Sie am Montag zu uns. Wir werden einige Messungen machen, und am Dienstag werden wir Sie operieren.«

Nichols sagte mir, daß ich unmittelbar nach der Gehirnoperation bei ihm mit der neuen Chemotherapiebehandlung anfangen würde. Er stellte mich der Oberschwester der onkologischen Abteilung, LaTrice Haney, vor, mit der ich zusammenarbeiten würde. Wir setzten uns zusammen, um einen Ablaufplan der Behandlung auszuarbeiten.

»Mich kann nichts umbringen«, sagte ich. »Hauen Sie mit allem drauf, was Sie haben, schütten Sie das Zeug einfach in mich rein. Geben Sie mir doppelt so viel, wie den anderen Leuten, ich will sichergehen, daß wir restlos alles erwischen. Lassen Sie uns den verdammten Krebs fertigmachen.«

Nichols und LaTrice wollten mir diesen Zahn von Anfang an ziehen. »Täuschen Sie sich nicht, ich *kann* Sie umbringen«, sagte Dr. Nichols, »das geht durchaus.« Ich war der irrigen Meinung, teils auch wegen des Gesprächs in Houston, daß ich nur mit dem größten Kaliber geheilt werden könnte, aber eine Chemotherapie ist so giftig, daß ein Zuviel meinen Organismus ruinieren würde. Dr. Nichols wollte sogar bis zum Beginn der Chemo lieber noch eine Woche warten, weil, wie er inzwischen gesehen hatte, die Zahl meiner weißen Blutkörperchen von der ersten Runde her noch ziemlich niedrig war. Er würde mit dem ersten VIP-Zyklus erst eine Woche später als ursprünglich geplant anfangen, wenn ich der Behandlung körperlich gewachsen war.

LaTrice Haney führte das Gespräch weiter. Sie war eine sehr korrekte und kompetente Krankenschwester – ich sollte allerdings noch merken, daß ihr der Schalk im Nacken saß. Sie besprach mit mir sämtliche Einzelheiten des Behandlungsablaufs der Chemotherapie, und ihre Kenntnisse auf diesem Gebiet schienen denen von Dr. Nichols in nichts nachzustehen. Wie eine Dozentin erklärte sie nicht nur, *was* die einzelnen Komponenten bewirkten, sondern auch, *wie* sie das taten. Ich bemühte mich, alle Informationen in mich aufzunehmen – ich war fest entschlossen, meine Gesundung und die entsprechenden Entscheidungen zu meiner eigenen Sache zu machen. Meine Mutter war natürlich immer noch besorgt.

»Wird ihm sehr übel werden?« fragte sie.

»Er wird mit Übelkeitsphasen rechnen müssen, vielleicht auch mit Erbrechen«, sagte LaTrice. »Aber es sind neue Medikamente auf dem Markt, Neuentwicklungen, die den Brechreiz auf ein Minimum reduzieren, wenn nicht gar ausschalten können.«

LaTrice erklärte mir, jeder verabreichte Tropfen Chemo würde sorgfältig abgemessen und ebenso alles, was aus meinem Körper wieder herauskomme. Ihre Einführung war so ruhig und einprägsam gewesen, daß alle meine Fragen geklärt waren. Auch meine Mutter schien beruhigt. LaTrice hatte auf alles Antwort gegeben.

In der darauffolgenden Woche fanden wir uns wieder in Indianapolis ein. Meine Mutter hatte alle medizinischen Unterlagen in ihrer Reisetasche bei sich und außerdem einen großen Reißverschlußbeutel, voll mit meinen Vitaminpräparaten und Medikamenten. Seit drei Wochen lebte sie nun schon aus ihrer kleinen Reisetasche und hatte noch nicht einmal einen Pullover dabei. In Indianapolis war es kühl. Um nicht zu frieren, hatte sie sich im Flugzeug eine Decke genommen.

Im Klinikum der University of Indiana mußten wir erneut eine aufwendige Aufnahmeprozedur über uns ergehen lassen, bei der meine Mutter einen Bericht nach dem anderen aus ihrer Tasche ausgrub. Die Dame in der Aufnahme stellte uns ein paar Fragen.

»Was möchten Sie essen?« wollte sie wissen.

Ich sagte: »Ich vertrage keinen Zucker. Ich vertrage kein Rindfleisch. Ich vertrage keine Milchprodukte. Ich brauche Fleisch von freilaufenden Hühnern.«

Die Dame starrte mich an und fragte: »Und was *können* Sie essen?«

Wir waren in einer Universitätsklinik, und nicht bei einem Partyservice, aber meine Mutter wurde trotzdem wütend. Mit ihren ganzen 1,60 Metern baute sie sich auf und sagte: »Wir haben morgen eine Gehirnoperation vor uns, also bitte nicht diesen Ton! Wir haben von einer Ernährungsberaterin bestimmte Empfehlungen bekommen. Wenn Sie uns das nicht bieten können, in Ordnung, dann besorgen wir uns das Essen eben selber.« Von da ab ging meine Mutter vor jedem ihrer Besuche im Krankenhaus für mich einkaufen.

Anschließend wurde uns mein Zimmer gezeigt. Es lag direkt neben dem Schwesternzimmer. Meine Mutter fand, dort sei es zu laut, und es würde mich stören, wenn ich die Schwestern vor meiner Tür reden hörte. Sie bestand darauf, daß ich ein anderes Zimmer bekam, und ich wurde an das Ende des Flurs verlegt, wo es ruhiger war.

An diesem Nachmittag hatte ich für die Vorbereitung der Operation einen Termin bei Dr. Shapiro. Ein charmanter Aspekt der von Dr. Shapiro benutzten ringlosen, stereotaktischen Methode waren die bunten Punkte, mit denen auf meinem Kopf die Stellen markiert wurden, wo die Tumore saßen und wo Dr. Shapiro den Eingriff ansetzen wollte.

Diese Punkte machten die Operation irgendwie konkreter. Man hatte mir diese Flecken auf den Kopf gemalt, damit Dr. Shapiro wußte, wo er *in meinen Schädel eindringen* sollte. Kein Drumherumreden mehr, nur noch die nackte, harte Wahrheit: »Hier wird dir der Chirurg den Schädel aufsägen.«

»LaTrice«, sagte ich, »ich muß mir doch den Schädel aufmachen lassen – ich weiß einfach nicht, ob ich mit dieser Vorstellung fertigwerde.«

Ich stand vor einer Mauer. Ich hatte mir sehr fest vorgenommen, positiv und unerschrocken zu sein, aber eins wußte ich: Wer einen Gehirntumor bekommt, lebt nicht mehr lange. Alles andere, was ich hatte, mochte heilbar sein, meine anderen Organe und das ganze Zubehör waren mir nicht so wichtig. Aber beim Gehirn hörte der Spaß auf. Ein Spruch fiel mir ein, den ich irgendwann mal gehört hatte: »Gehirn operiert – Persönlichkeit zerstört.« Wenn einem der Schädel geöffnet wird, geht's ans Eingemachte.

Auch die Menschen meiner Umgebung hatten Angst, vielleicht noch mehr als ich. Jeder, den ich kannte, schien sich ins Flugzeug gesetzt zu haben, um in meiner Nähe zu sein: Och, Chris, Bill, Kevin. Ich war froh, daß sie hier waren, und ich wußte, daß es ihnen nicht anders ging, weil sie so das Gefühl haben konnten, sie könnten mir irgendwie helfen. Aber die Angst in ihren Gesichtern, die aufgerissenen Augen und die aufgesetzte Fröhlichkeit entgingen mir nicht. Ich versuchte, mich zusammenzureißen und meine eigene Unsicherheit zu verbergen.

»Jetzt geht's endlich zur Sache!« verkündete ich. »Diese Operation mache ich mit links. Glaubt bloß nicht, ich würde hier sitzen und vor Angst schlottern, daß sie mich abholen kommen.«

Wenn man krank ist, merkt man auf einmal, daß man nicht der einzige ist, der Trost braucht – manchmal muß man auch die anderen trösten. Meine Freunde konnten nicht immer diejenigen sein, die sagten: »Du wirst es schaffen.« Manchmal war es auch an mir, ihnen Mut zu machen und zu sagen: »Macht euch keine Sorgen, ich schaff das schon!«

Wir sahen uns im Fernsehen die Baseballmeisterschaften an und taten interessiert – so sehr man sich eben vor einer Gehirnoperation für Baseballergebnisse interessieren kann. Wir quatschten über die Börsenkurse und über Radrennsport. Postkarten und E-Mails von Leuten, die ich nicht mal kannte oder von denen ich jahrelang nichts mehr gehört hatte, kamen haufenweise an, und wir lasen sie uns gegenseitig vor.

Ich wollte plötzlich unbedingt wissen, wie es mit meiner finanziellen Lage aussah. Ich erklärte Och und Chris das Problem mit der Krankenversicherung, und mit Bleistift und Papier stellten wir eine Liste von meinem Vermögen auf.

»Ich möchte wissen, wie ich dastehe«, sagte ich. »Wir müssen alles ganz genau überlegen, einen Plan machen, damit ich das Gefühl haben kann, daß ich alles im Griff hab'.« Ich hatte genügend auf der hohen Kante, um auf ein College zu gehen, stellten wir fest – wenn ich mein Haus verkaufte. Das wollte ich eigentlich nicht, aber ich versuchte, die Sache philosophisch zu sehen: »Hey, ich habe eben ein schlechtes Blatt gezogen. Wenn ich das Geld unbedingt haben muß, bleibt nun mal keine andere Wahl.« Ich zählte alles zusammen, mein Bargeld, den Erlös meiner Autos und den Bestand meines Rentenkontos: »Grundstück: 220 000 Dollar, Swimmingpool und Gartenanlage: 60 000 Dollar, Möbel und Kunstgegenstände: 300 000 Dollar, Inventar: 50 000 Dollar.«

Später am Tag kam Dr. Shapiro ins Zimmer. »Ich möchte mit Ihnen über die Operation sprechen«, sagte er in ernstem Ton.

»Was heißt das?« sagte ich. »Es ist doch nur ein relativ kleiner Eingriff, oder?«

»Ein bißchen ernster ist es schon.«

Shapiro sagte, daß die Lokalisation der beiden Tumore nicht ganz unproblematisch sei. Der eine befinde sich über dem Zentrum, das für die Koordination verantwortlich ist, der andere über dem Sehzentrum. Das war also die Erklärung für mein verschwommenes Sehen. Er sagte, er werde die Operation auf höchste Präzision anlegen und mit möglichst geringfügigen Schnitten auszukommen versuchen, wobei er hoffe, die Tumore millimetergenau zu treffen. Große Schnitte wie in früheren Tagen seien heute nicht mehr nötig. Dennoch, die Beschreibung der Prozedur ließ es mir eiskalt den Rücken hinunterlaufen. Ich glaube, ich hatte mir die volle Schwere der Operation noch gar nicht bewußt gemacht. Es hatte sich eigentlich ganz simpel angehört - ich bekam kurz mal den Kopf aufgemacht und die Tumore abgeschabt. Aber jetzt, nachdem Shapiro in die Einzelheiten gegangen war, mußte ich mir klarmachen, daß er in einem Bereich operieren würde, wo mich der kleinste Fehler mein Augenlicht, meine Bewegungsfähigkeit und meine motorische Geschicklichkeit kosten konnte.

Shapiro sah sehr wohl, daß ich langsam wirklich Angst bekam. »Hören Sie«, sagte er, »wer läßt sich schon gern am Gehirn operieren? Wer davor keine Angst hat, der ist nicht normal.«

Er versicherte mir, daß ich mich sehr schnell von der Operation erholen würde: Ich käme nur für einen Tag auf die Intensivstation, und nach einem weiteren Tag der Erholung könnte es sofort mit meiner Chemotherapie weitergehen.

Am Abend nahmen mich meine Mutter, Bill, Och, Chris und die anderen mit zum Essen. Wir gingen hinunter über die Straße in ein nettes Restaurant mit europäischer Küche. Aber ich brachte nicht viel runter. Auf meinem Kopf waren die bunten Punkte von der Stereotaxie aufgemalt, und an meinem Handgelenk hing ein Patientenarmband, aber mein Aussehen war mir inzwischen egal. Mein Kopf war mit Punkten bemalt - na und? Ich war froh, dem Krankenhaus für eine Weile entronnen zu sein und mich frei bewegen zu können. Die Leute glotzten dumm, aber das störte mich nicht weiter. Morgen würde man mir den Schädel rasieren.

Wie soll man dem eigenen Tod ins Auge sehen? Manchmal denke ich, die Blut-Hirn-Schwelle ist nicht nur eine physiologische, sie ist auch eine emotionale Schwelle. Vielleicht haben wir einen Schutzmechanismus in unserer Psyche, der verhindert, daß wir uns mit unserer Sterblichkeit befassen, solange es nicht unbedingt sein muß.

In der Nacht vor der Gehirnoperation dachte ich über den Tod nach. Auch über meine wichtigsten Wertvorstellungen dachte ich nach und überlegte, wie ich mich im Fall meines Todes von hinnen machen wollte: Würde ich mich bis zum letzten Atemzug kämpfend an das Leben klammern, oder würde ich friedlich vor dem Tod kapitulieren? Was für einen Charakter hoffte ich in dieser Stunde an den Tag zu legen? War ich mit mir selbst und mit dem, was ich bislang aus meinem Leben gemacht hatte, zufrieden? Ich kam zu dem Schluß, daß ich ein so übler Kerl nicht war, obwohl ich manches besser gemacht haben könnte – aber gleichzeitig begriff ich auch, daß das den Krebs herzlich wenig interessierte.

Ich befragte mich nach meinem Glauben. Gebetet hatte ich nie viel. Ich hatte inbrünstig gehofft, hatte inbrünstig gewünscht, aber gebetet hatte ich nicht. In meiner Jugend hatte ich, wie schon gesagt, eine Abneigung vor jeder Art von organisierter Religiosität entwickelt, aber ich spürte auch, daß ich die Fähigkeit hatte, ein spiritueller Mensch zu sein, mit ein paar leidenschaftlichen Überzeugungen. Einfacher ausgedrückt, ich glaubte, ich hätte die Pflicht, ein guter Mensch zu sein, und das hieß: anständig, fleißig und ehrlich. Wenn ich mich daran hielt, wenn ich mich um meine Familie kümmerte, meinen Freunden die Stange hielt, wenn ich meiner Gemeinde oder einer guten Sache etwas zukommen ließ, wenn ich niemanden belog, betrog oder bestahl, dann mußte das nach meiner Überzeugung eigentlich reichen. Wenn am Ende der Tage tatsächlich irgendein Wesen oder eine Präsenz sich vor mir aufbauen würde, um über mich Gericht zu halten, dann hoffte ich, danach beurteilt zu werden, ob ich ein redliches Leben gelebt hatte, und nicht danach, ob ich an das richtige Buch geglaubt oder die Taufe empfangen hatte. Wenn es wirklich einen Gott geben sollte, dann würde er hoffentlich nicht sagen: »Aber du warst ja kein Christ, und du hast im Himmel nichts zu suchen!« Und falls doch, dann würde ich antworten: »Weißt du was? Das stimmt sogar. Prima!«

Ich glaubte auch an die Ärzte und die Medikamente und die Operationskunst - daran konnte ich glauben. Jemand wie Dr. Einhorn - das war ein Mensch, an den man glauben konnte, dachte ich, ein Mensch, der vor 20 Jahren die Geistesstärke aufgebracht hatte, experimentell eine Behandlung zu entwickeln, die jetzt mein Leben retten konnte. Ich glaubte an die harte Währung seiner Intelligenz und seines Forschergeistes.

Darüber hinaus hätte ich nicht beschreiben können, wo ich die Grenzlinie zwischen spirituellem Glauben und Naturwissenschaft ziehen sollte. Aber eins wußte ich: Ich glaubte an das Glauben - um seiner selbst und seines wunderbaren Selbstzwecks willen. Fest zu glauben angesichts völliger Hoffnungslosigkeit, wenn einfach alles dagegenspricht, und offensichtliche Katastrophen zu ignorieren - hatte man denn eine andere Wahl? Mir wurde klar, daß Menschen das jeden Tag tun. Wir sind soviel stärker als wir meinen, und die Fähigkeit zu glauben gehört zu den heldenhaftesten und altehrwürdigsten Merkmalen des Menschen. Zu glauben, obwohl wir alle miteinander wissen, daß es kein Mittel gegen die Kürze dieses Lebens gibt, daß nichts unsere grundsätzliche Sterblichkeit aufzuheben vermag - das ist eine Form des Heldentums.

Ich beschloß, an mich selbst zu glauben, an die Ärzte, an die Behandlung, überhaupt an alles, an das zu glauben ich mir vornehmen würde. Das war das Allerwichtigste. Es ging gar nicht anders.

Ohne Glauben wären wir einem überwältigenden Elend ausgeliefert, an jedem einzelnen Tag. Und das Elend würde uns unterkriegen. Bis ich den Krebs bekam, hatte ich noch nicht richtig begriffen, wie heftig wir uns täglich gegen das unbemerkt herankriechende Negative in der Welt wehren und gegen die allmähliche Erosion durch den Zynismus ankämpfen müssen. Mutlosigkeit und Verzweiflung waren die wirklichen Gefahren für unser Leben, nicht eine plötzliche Krankheit oder gar ein Weltuntergang zum Millenniumswechsel. Jetzt wußte ich, warum die Menschen Angst vor Krebs haben: Er steht für langsames und unausweichliches Sterben, er ist der Inbegriff von Zynismus und Mutlosigkeit.

Also glaubte ich.

Wenn man sich an irgendwas nicht erinnern kann, dann gibt es einen Grund dafür. Vieles, was ich an dem Morgen vor meiner Gehirnoperation gedacht und gefühlt habe, habe ich verdrängt, aber an das Datum – es war der 25. Oktober – erinnere ich mich noch genau, weil ich so unendlich erleichtert war, als ich es lebend überstanden hatte.

Um sechs Uhr morgens kamen meine Mutter, Och und Bill Stapleton in mein Zimmer, um mich zu wecken, und eine Reihe von Schwestern erschien, die mich auf die Operation vorbereiteten. Vor einer Gehirnoperation muß man einen Gedächtnistest machen. Die Ärzte sagen: »Wir sagen Ihnen jetzt drei einfache Wörter. Versuchen Sie, so lange wie Sie können, an diese Wörter zu denken.« Manche Hirntumorpatienten haben Gedächtnisausfälle und können sich nicht mehr an Dinge erinnern, die man ihnen zehn Minuten vorher gesagt hat. Wenn der Tumor Schaden angerichtet hat, sind vor allem die kleinen Dinge aus dem Gedächtnis verschwunden.

Eine Schwester sagte: »Ball, Nadel, Einfahrt. Wir werden Sie zu gegebener Zeit bitten, diese Worte zu wiederholen.«

Das konnte in 30 Minuten sein oder in drei Stunden, aber irgendwann würde man mich die drei Wörter abfragen, und falls ich sie vergessen hatte, bedeutete das große Probleme. Ich wollte aber nicht, daß jemand dachte, ich hätte Probleme – ich versuchte immer noch zu beweisen, daß ich nicht so krank war, wie die ärztlichen Spezialisten annahmen. Ich war eisern entschlossen, die drei Wörter im Gedächtnis zu behalten. Ein paar Minuten lang dachte ich an nichts anderes: »Ball, Nadel, Einfahrt. Ball, Nadel, Einfahrt.«

Eine halbe Stunde später kam ein Arzt und fragte mich nach den Wörtern.

»Ball, Nadel, Einfahrt«, sagte ich mit Nachdruck.

Die Stunde der Operation war gekommen. Ich wurde den Flur hinuntergerollt, meine Mutter ging ein Stückchen neben mir her, bis wir in den Operationssaal abbogen, wo ein Team von steril vermummten Schwestern und Ärzten mich schon erwartete. Ich wurde aufrecht auf den Operationstisch gesetzt, und der Anästhesist fing an, die Narkose vorzubereiten.

Aus irgendeinem Grund war mir nach Schwatzen zumute.

»Hat jemand von Ihnen den Film ›Malice – eine Intrige‹ gesehen?«

Eine der Schwestern schüttelte den Kopf.

Begeistert ließ ich eine Kurzfassung der Filmhandlung vom Stapel: Alec Baldwin spielt einen begabten, aber arroganten jungen Chirurgen, der wegen eines Kunstfehlers angeklagt ist und dem bei der Gerichtsverhandlung von einem gegnerischen Anwalt vorgeworfen wird, er leide an einem sogenannten »Gotteskomplex« – dem Glauben, unfehlbar zu sein.

Baldwin verteidigt sich mit einer großartigen Rede. Er beschreibt, welche Spannung und welcher Druck auf ihm lasten, wenn der Patient auf dem Operationstisch vor ihm liegt und in Sekundenschnelle Entscheidungen zu fällen sind, die über Leben oder Tod entscheiden.

»In diesem Augenblick, meine Herren«, erklärt er, »*glaube* ich nicht, Gott zu sein, in diesem Augenblick *bin* ich Gott.«

Ich beendete die Geschichte mit dem Versuch einer Stegreifimitation von Alec Baldwin.

Mein nächstes Wort war: »Hhnnnnngh.«

Ich war sofort weg.

Der Witz dieser Rede in jenem Film liegt darin, daß sie ein Körnchen Wahrheit enthält, ein Körnchen absoluter Wahrheit. Während ich ins Land der Träume entschwebte, hatten meine Ärzte mein Schicksal in der Hand. In ihrer Hand lag es, wie tief ich schlief und ob ich wieder aufwachte. Während dieser Zeit waren sie für mich die höchsten Wesen. Meine Ärzte waren meine Götter.

Die Narkose war wie ein Blackout: Eben noch war ich bei Bewußtsein gewesen, im nächsten Augenblick existierte ich nicht mehr. Um die Tiefe der Narkose festzustellen, machte mich der Anästhesist unmittelbar vor dem Beginn der Operation noch einmal kurz wach. Voller Zorn stellte ich fest, daß die Operation noch nicht vorbei war, ja, noch nicht mal angefangen hatte. »Verdammt noch mal, nun fangt schon an«, schimpfte ich benebelt.

Ich hörte Shapiros Stimme sagen: »Alles in Ordnung«, und sackte wieder weg.

Alles, was ich über die Operation weiß, hat mir natürlich Dr. Shapiro anschließend erzählt. Ich lag ungefähr sechs Stunden auf dem Operationstisch. Nach der Öffnung des Schädels entfernte Dr. Shapiro die Tumore. Er übergab das abgeschabte Gewebe sofort dem Pathologen, der es augenblicklich unter das Mikroskop legte.

Durch die unverzügliche Untersuchung kann man die Art des Krebses erkennen und das Metastasierungsrisiko abschätzen. Wenn es sich um eine vitale und aggressive Form handelt, ist die Wahrscheinlichkeit groß, daß noch mehr davon zu finden sein muß.

Aber der Pathologe schaute überrascht vom Mikroskop auf und sagte: »Es ist nekrotisches Gewebe.«

»Die Dinger sind tot?« sagte Dr. Shapiro.

»Jawohl, tot«, sagte der Pathologe.

Es ist natürlich nicht möglich, mit Bestimmtheit zu sagen, ob wirklich jede einzelne Zelle abgestorben ist. Aber die Tumore machten einen leblosen und nicht mehr bedrohlichen Eindruck. Eine bessere Nachricht konnte es nicht geben, denn das hieß, daß sie sich nicht mehr ausbreiteten. Was hatte sie gekillt? Ich weiß es nicht, und die Ärzte wußten es auch nicht. Nekrotisches Gewebe ist nichts Außergewöhnliches.

Shapiro ging sofort nach der Operation zu meiner Mutter und sagte: »Ihr Sohn ist im Aufwachraum. Es geht ihm gut.« Er sagte ihr, daß es nekrotisches Gewebe gewesen wäre, was bedeutete, daß kaum mit weiteren Tumoren zu rechnen war, und daß man vermutlich restlos alles erwischt hatte.

»Der Befund war wesentlich besser, als wir erwartet hatten«, meinte Shapiro.

Ich wachte auf ... langsam ... es war sehr hell ... und jemand sprach mit mir.

»Ich lebe noch!«

Ich öffnete die Augen. Ich befand mich im Aufwachraum. Scott Shapiro beugte sich über mich. Wenn ein Arzt jemandem den Schädel geöffnet, an dessen Gehirn herumoperiert und alles wieder schön zugemacht hat, kommt der Augenblick der Wahrheit. Auch der beste Chirurg ist gespannt darauf, ob der Patient seine Glieder wieder ordentlich bewegen kann und richtig auf sämtliche Reize reagiert.

»Wissen Sie noch, wer ich bin?« fragte er.

»Sie sind mein Arzt«, sagte ich.

»Wie heiße ich?«

»Sie sind Scott Shapiro.«

»Und wie heißen Sie?«

»Lance Armstrong«, sagte ich, »und auf dem Fahrrad mache ich jederzeit Hackfleisch aus Ihnen.«

Ich glitt langsam in den Schlaf zurück, doch als mir die Augen zufielen, sah ich schon wieder den Arzt, der vorhin mein Gedächtnis getestet hatte.

»Ball, Nadel, Einfahrt«, nuschelte ich.

Ich sackte wieder in einen dunklen, abgrundtiefen narkotischen Schlaf.

Als ich erwachte, befand ich mich in einem schummrigen, ruhigen Zimmer auf der Intensivstation. Einen Moment lang lag ich still und kämpfte mich durch die Narkoseschleier. Es war bedrückend schummrig und ruhig. Ich wollte raus: »Beweg dich.«

Ich rührte mich in den Laken.

»Er ist wach«, sagte eine Krankenschwesterstimme.

Ich warf ein Bein über die Bettkante.

»Bleiben Sie liegen«, sagte die Stimme. »Was haben Sie vor?«

»Aufstehen«, sagte ich und richtete mich auf. »Beweg dich. Solange du dich noch bewegen kannst, bist du nicht wirklich krank.«

»Sie können noch nicht aufstehen«, hieß es. »Legen Sie sich wieder hin.«

Ich legte mich wieder hin.

»Ich habe Hunger«, verkündete ich.

Als ich meine Sinne wieder einigermaßen beisammen hatte, merkte ich, daß mein Kopf vollkommen in Verbandmull und Bandagen eingewickelt war. Auch meine Sinne selbst kamen mir eingewickelt vor, was möglicherweise auf die Narkosenachwirkungen und die Infusionsschläuche zurückzuführen war, die wie Schlingpflanzen überall aus mir hochrankten. Ich hatte Schläuche in der Nase, und in meinem Penis verschwand ein Katheterschlauch, der an meinem Bein hochlief. Ich war erschöpft und ausgelaugt bis auf die Knochen.

Aber ich hatte einen Bärenhunger. Ich war, meiner Mutter sei Dank, drei reichliche Mahlzeiten pro Tag gewohnt. Teller, die mit dampfendem Essen vollgehäuft waren, schwebten mir vor, mit reichlich Soße. Ich hatte seit vielen Stunden nichts mehr gegessen, und die letzte Mahlzeit hatte aus irgendwelchem Getreideflockenzeug bestanden. Aber das war doch keine Mahlzeit – also, ich bitte Sie! Das war was für den hohlen Zahn.

Eine Schwester verfütterte einen Teller Rührei an mich.

»Kann ich meine Mutter sehen?« fragte ich.

Nach einer Weile trat meine Mutter leise ins Zimmer und hielt meine Hand. Ich verstand, wie ihr zumute war und wie schmerzlich es für ihr mütterliches Gefühl sein mußte, mich in diesem Zustand zu sehen. Schließlich hatte sie schon nachts meinen Atemzügen gelauscht, als ich noch ein Baby war. Sie hatte geglaubt, die harten Zeiten mit mir wären überstanden – und jetzt das.

»Ich liebe dich«, sagte ich. »Ich liebe das Leben, das du mir geschenkt hast, und dafür stehe ich tief in deiner Schuld.«

Ich wollte auch meine Freunde sehen. Die Schwestern ließen sie hereinkommen, aber höchstens zwei oder drei auf einmal. Vor der Operation hatte ich mich ganz bewußt zuversichtlich gegeben, aber jetzt, wo alles vorüber war, brauchte ich keine

Fassade mehr vor mir herzutragen und konnte zeigen, wie unendlich erleichtert ich war und wie hinfällig ich mir vorgekommen war. Och kam herein, dann Chris. Sie nahmen meine Hände, und es war eine Wohltat, die Maske fallenlassen zu können und sie merken zu lassen, welche Angst ich ausgestanden hatte.

»Ich bin noch nicht alle«, sagte ich. »Es gibt mich noch.«

Ich war zwar noch benommen, aber ich erkannte jeden, der ins Zimmer kam und spürte bei jedem, was er empfand. Kevins Stimme war belegt, und er rang schwer um seine Fassung. Ich wollte ihn ein bißchen beruhigen.

»Was bist du denn so ernst?« frozzelte ich.

Er drückte nur fest meine Hand.

»Ich weiß schon«, sagte ich, »es macht dich fertig, wenn du deinen großen Bruder so ramponiert hier rumliegen siehst.«

Während ich dalag und ringsum meine Freunde murmeln hörte, bauten sich zwei völlig gegensätzliche Gefühle in mir auf. Zuerst empfand ich eine überwältigende Woge der Dankbarkeit. Aber dann baute sich eine zweite Welle auf, eine Welle der Wut, und die zweite Gefühlswallung prallte mit der ersten zusammen wie zwei ineinanderstürzende Wogen. Ich war lebendig, und ich war voll Wut, und ich konnte das eine nicht ohne das andere empfinden. Ich war lebendig genug, *um* wütend zu sein. Ich wollte kämpfen vor Wut, leben vor Wut, überhaupt alles vor Wut, war wütend, weil ich im Bett liegen mußte, wütend auf die Verbände um meinen Kopf, wütend auf die Schläuche, die mich fesselten, so wütend, daß ich außer mir war, so wütend, daß ich fast anfing zu heulen.

Chris Carmichael griff nach meiner Hand. Chris und ich waren jetzt seit zehn Jahren Freunde, und es gab nichts, was wir einander nicht sagen konnten, kein Gefühl, das wir vor dem anderen verbergen mußten.

»Wie geht's ?« fragte er.

»Großartig.«

»Okay, aber wie geht's dir wirklich?«

»Chris, mir geht's gut.«

»Dir geht's gut?«

»Chris, versteh doch«, sagte ich und fing an zu weinen, »ich bin froh über das alles. Und weißt du, was? Ich finde es gut, so wie es ist. Ich finde es gut, wenn meine Aktien schlecht stehen, sie haben immer schlecht gestanden, ich kenne es überhaupt nicht anders. Es ist ja alles so *beschissen,* aber das ist nur wieder mal ein neuer Fall, mit dem ich fertigwerden muß. Und anders will ich es auch gar nicht haben.«

Ich blieb über Nacht auf der Intensivstation. Irgendwann kam eine Schwester, gab mir einen Schlauch und sagte, ich solle hineinblasen. Der Schlauch war an eine Meßapparatur mit einem kleinen roten Ball angeschlossen, und das Ganze diente der Messung meiner Lungenkapazität. Man wollte sichergehen, daß die Narkose meine Lunge nicht geschädigt hatte.

»Blasen Sie da hinein«, sagte die Schwester. »Sie brauchen nicht besorgt zu sein, wenn der Ball nur ein oder zwei Teilstriche nach oben steigt.«

»Junge Frau, wollen Sie mich veralbern?« brauste ich auf. »So was mache ich beruflich! Geben Sie das lächerliche Ding schon her.«

Ich packte den Schlauch und blies hinein. Der Ball schoß bis ans Ende der Skala. Wenn ein Glöckchen dran gewesen wäre, hätte es laut »ping« gemacht.

Ich drückte ihr den Schlauch wieder in die Hand.

»Bleiben Sie mir in Zukunft gefälligst mit dem Ding vom Leib«, blaffte ich sie an. »Meine Lunge ist in Ordnung!«

Die Schwester zog wortlos ab. Ich schaute zu meiner Mutter hinüber. Sie kannte meine Unart, mich nicht besonders fein auszudrücken, und ich rechnete damit, daß ich jetzt von ihr etwas zu hören bekam, weil ich die Schwester angeschnauzt hatte. Aber sie grinste, als hätte ich wieder die »Triple Crown« gewonnen. Sie wußte: So schlecht konnte es mir nicht mehr gehen. Ich war wieder ganz der alte.

»Das ist mein Sohn«, seufzte sie. »Junge, du kommst wieder auf die Beine.«

Am nächsten Vormittag kam ich in mein normales Zimmer zurück, um mit der Chemotherapie anzufangen. Ich sollte noch sechs Tage in der Klinik behandelt werden, und von dem Ergebnis hing alles ab.

Ich las nach wie vor viel Fachliteratur über Krebs, und ich wußte, wenn die Chemo den Krebs nicht zum Stillstand brachte, würde ich es nicht schaffen, so erfolgreich die Gehirnoperation auch gewesen war. In allen Büchern wurde mein Status kurz und bündig abgehandelt. »Patienten, bei denen die Erkrankung während einer auf Cisplatin basierenden Chemotherapie weiter fortschreitet, haben eine schlechte Prognose für jegliche andere Form der Behandlung«, stand in einem meiner Bücher.

Ich las mich quer durch einen wissenschaftlichen Untersuchungsbericht über Hodenkrebs mit Auflistungen verschiedener Behandlungsarten und den entsprechenden Überlebenschancen, und kritzelte meine eigenen Berechnungen und Bemerkungen dazu an den Rand. Aber es lief immer auf dasselbe raus: »Sofern bei erstmaligem Einsatz von Chemotherapie die Symptome nicht vollkommen abklingen, sind die Überlebenschancen gering anzusetzen«, so der Bericht. In Kurzform hieß das: Die Chemo funktionierte – oder sonst gar nichts.

Für mich gab es nichts zu tun, als im Bett zu sitzen, die Chemogifte in meinen Körper einsickern zu lassen – und mich der Mißhandlung durch die Schwestern mit ihren Nadeln auszusetzen. Man erfährt vorher ja nie, wie sie im Krankenhaus über einen herfallen. Es ist, als würde einem der eigene Körper nicht mehr gehören, als wäre er das Eigentum der Krankenschwestern und Ärzte, die einem nach Herzenslust alles mögliche in die Adern und in sämtliche Körperöffnungen hineinbohren dürfen. Der Katheter war schlimmer als alles andere. Er verlief an meinem Bein aufwärts bis in meinen Penis, und das Einsetzen und Herausnehmen war eine Tortur. Der schlimmste Teil der Krankheit waren eigentlich die kleinen und alltäglichen Prozeduren. Bei der Gehirnoperation war ich wenigstens bewußtlos gewesen, aber alles andere bekam ich ungefiltert mit. Ich war am ganzen Körper mit blauen Flecken und Narben und

Nadeleinstichen übersät, auf dem Handrücken, an meinen Armen, im Genitalbereich. Kaum war ich wach, wurde ich von den Krankenschwestern bei lebendigem Leib massakriert.

Dr. Shapiro kam vorbei und berichtete, die Operation sei ein voller Erfolg gewesen, die Tumore rückstandslos entfernt, und es gebe keinerlei Hinweise auf weitere. Ich hatte keine intellektuellen oder kognitiven Störungen, meine Koordination war bestens.

»Jetzt können wir nur noch hoffen, daß nichts wiederkommt«, meinte er.

Vierundzwanzig Stunden nach der Gehirnoperation ging ich in ein Restaurant essen.

Wie Shapiro versprochen hatte, erholte ich mich sehr schnell von der Operation. An diesem Abend halfen mir meine Mutter, Lisa, Och und Bill aus dem Bett und nahmen mich mit zum Rock Bottom Restaurant and Brewery auf der anderen Straßenseite. Shapiro hatte nichts davon gesagt, daß wir irgendwas tun oder unterlassen sollten – ich wollte mich allerdings an meinen Ernährungsplan halten. Um meine Verbände zu verstecken zog ich mir eine Art Pudelmütze über, dann verließen wir das Krankenhaus. Bill hatte sogar Eintrittskarten für das Ausscheidungsspiel der Indiana Pacers besorgt und wollte mich mitnehmen, aber das war mir dann doch ein bißchen zuviel. Ich fühlte mich nicht besonders gut, deshalb verzichteten wir auf das Spiel, und ich kroch wieder zurück in mein Krankenbett.

Tags darauf erschien Shapiro in meinem Zimmer, um den Verband von meiner Kopfwunde abzunehmen. Während er die Bandagen abwickelte, spürte ich, wie der Mull sich ruckweise von der Klammerung löste, als ob etwas heftig an mir zupfen würde. Ein letzter Ruck noch. Ich schaute in den Spiegel. Wie geschwungene Reißverschlüsse zogen sich Klammern in zwei engen Bögen über meine Kopfhaut.

»Mein Teil ist getan«, sagte Shapiro.

Ich unterzog die Klammern im Spiegel einer näheren Betrachtung. Ich wußte, daß Shapiro meinen Schädelknochen unter der Kopfhaut mit Titanschrauben wieder verschraubt hatte. Titanmetall wird auch bei einigen Rennrädern in Leichtbauweise verwendet. »Vielleicht kann ich jetzt besser die Berge hochklettern«, witzelte ich.

Shapiro wurde ein guter Freund. Auch während der nächsten Behandlungsmonate schaute er immer mal wieder vorbei und erkundigte sich, wie es mir ging. Ich freute mich jedesmal, wenn ich ihn sah, so kaputt oder benommen vor lauter Übelkeit ich auch oft war.

Larry Einhorn kam aus Australien zurück und besuchte mich ebenfalls. Er hatte enorm viel am Hals, nahm sich aber dennoch in regelmäßigen Abständen die Zeit, an meiner Behandlung mitzuwirken. Wie Dr. Nichols und Dr. Shapiro gehörte auch er zu den Ärzten, durch die man versteht, was mit der Bezeichnung »Heiler« gemeint ist. Ich dachte mir, daß sie mehr vom Leben und vom Sterben wußten, als die meisten Menschen, weil sie den Überblick über eine riesige emotionale Landschaft hatten. Sie sahen das Menschliche aus einer Warte, die anderen nicht zugänglich war. Sie sahen nicht nur, wie die Menschen lebten und starben, sie wurden auch täglich Zeugen, wie die Menschen mit diesen beiden Gegebenheiten fertigwurden, ohne Maske, mit all ihren irrationalen Hoffnungen und Befürchtungen und mit einer unglaublichen Kraft.

»Ich habe wunderbare, positive Menschen erlebt, die es am Ende doch nicht geschafft haben«, sagte Dr. Einhorn, »und ich habe gesehen, wie jämmerliche und abstoßende Gestalten überleben und ihr jämmerliches Leben weiterführen wie bisher.«

Erfreuliches war zu vermelden. Keiner meiner Sponsoren ließ mich fallen. Bill und ich hatten uns innerlich auf die entsprechenden Anrufe vorbereitet, aber sie kamen nicht. Die Tage vergingen, und wenn wir von den Firmen Nike, Giro, Oakley und Milton Bradley etwas hörten, waren es aufmunternde Worte.

Meine Beziehung zu Nike reichte zurück bis in meine Highschool-Zeit, als ich noch Langstreckenläufer und Triathlonkämpfer war. Damals hielt ich die progressiven Werbebotschaften von Nike für cool und die Nike-Athleten für angesagt, aber ich wäre nie darauf gekommen, einmal selbst zu ihnen zu gehören, denn ich spielte nicht im Dodger Stadium oder im Soldiers Field oder auf dem Roland Garros. Meine Spielstätte waren die Straßen von Frankreich, Belgien und Spanien. Trotzdem sagte ich Bill Stapleton, als meine Karriere langsam in die Gänge kam, er sollte versuchen, mir einen Vertrag mit Nike zu verschaffen, weil ich unbedingt zum Stall dieser Firma gehören wollte. Im Jahr 1996, unmittelbar vor meiner Krebsdiagnose, hatte Nike mir einen Werbevertrag für Schuhe und Handschuhe angeboten.

Mit Scott McEachern, dem Nike-Repräsentanten für den Radrennsport, ergab sich sofort eine Freundschaft, und es war deshalb kein Zufall, daß ich ihm als Erstem von meinem Krebs erzählte. Bei meinem Gespräch mit Scott in jener Nacht nach meiner Rückkehr aus der Praxis von Dr. Reeves brachen bei mir die bislang unterdrückten grauenhaften Gefühle durch, und ich fing an zu weinen, während ich Scott die Geschichte von meinen Schmerzen im Genitalbereich und dem Schock nach den Röntgenbildern von meiner Brust erzählte. Nach einer Weile faßte ich mich wieder. Am anderen Ende der Leitung gab es eine kleine Pause, dann vernahm ich Scotts ruhige, fast beiläufige Stimme.

»Mach dir über uns keine Sorgen«, sagte er. »Wir stehen zu dir.«

Es war ein winziges Fünkchen Hoffnung, vielleicht war ich doch nicht vollkommen ruiniert und allein. Scott hielt sein Wort: Nike ließ mich nicht fallen. Für mich, der ich noch kränker wurde, bedeutete das unendlich viel. Und mehr noch, meine anderen Sponsoren reagierten nicht anders. Giro, Oakley und Milton-Bradley äußerten sich nacheinander genauso.

Nicht nur, daß sie mich nicht fallenließen. Es passierte etwas noch viel Bemerkenswerteres. Bill legte sich verzweifelt ins Zeug, um für mich einen Anspruch auf Krankenversicherung zu konstruieren, aber die Sache sah hoffnungslos aus.

Er hängte sich ans Telefon und rief Mike Parnell an, den Hauptgeschäftsführer von Oakley. Bill erklärte meine Lage. Zögernd erkundigte er sich, ob Mike etwas für mich tun könnte.

Mike sagte, er werde dafür sorgen, daß ich einen Versicherungsschutz bekam.

Plötzlich hatte ich Grund zur Hoffnung. Aber der Krankenversicherer stellte sich quer. Es handele sich um eine Vorerkrankung, die vor Vertragsabschluß bereits bestanden habe, und deshalb bestünde seitens der Versicherung für meine Krebsbehandlung keine Leistungspflicht.

Mike Parnell schaltete sich ein und rief den Versicherer an. Er teilte der Gesellschaft mit, wenn meine Behandlungskosten nicht übernommen würden, werde seine Firma ihr gesamtes Versicherungsvolumen anderswo abwickeln. »Sie würden gut daran tun, die Kosten zu übernehmen«, sagte er.

Der Versicherer stellte sich immer noch quer.

»Ich glaube, wir haben uns nicht richtig verstanden«, beharrte Mike.

Die Kosten *wurden* übernommen.

Solange ich lebe, werde ich nicht in der Lage sein, angemessen zu beschreiben, was das für mich bedeutet hat. Ich werde immer für Oakley, Nike und Giro im Sattel sitzen. Sie zahlten meine Werbeverträge ohne jede Einschränkung voll aus, und keine einzige Firma – wobei alle das Recht gehabt hätten, aus dem Vertrag auszusteigen – fragte auch nur ein einziges Mal an, wann ich wieder auf dem Fahrrad sitzen würde. Und als ich zu ihnen ging und sagte: »Leute, ich habe eine Krebsstiftung ins Leben gerufen (mehr darüber weiter unten), und ich brauche ein bißchen Geld für ein Benefiz-Rennen«, griffen sie alle in die Tasche und halfen mir. Mit Sprüchen über die Kälte des Geschäftslebens braucht mir also keiner zu kommen. Der Krebs war täglich mein Lehrmeister, der mich daran erinnerte, bei meinen Mitmenschen genauer hinzusehen und meine Vorurteile und Allerweltsweisheiten über Bord zu werfen.

Die erfreulichen Neuigkeiten hielten während dieser ganzen Woche in der Klinik an. Nach ein paar Tagen Chemotherapie verbesserte sich der Blutbefund. Die Werte der Tumormarker fielen, was bedeutete, daß der Krebs auf die Medikamente ansprach. Aber mir stand noch ein langer und harter Weg bevor, und ich bekam einen Vorgeschmack auf die Nebenwirkungen, vor denen Dr. Nichols mich gewarnt hatte. Gegen Ende der Woche verflog allmählich die Euphorie über die überstandene Gehirnoperation, und die vom Ifosfamid ausgelöste Übelkeit drängte sich in den Vordergrund. Ich fühlte mich andauernd wie vergiftet und wurde so schwach, daß ich nur noch an die Decke starren oder schlafen wollte. Und das war erst der Anfang. Zwei weitere Runden Chemotherapie standen mir noch bevor.

Sieben Tage nach der Gehirnoperation flog ich nach Hause. Bald genug würde ich wieder herkommen müssen. Aber die Sache bekam wenigstens allmählich überschaubare Konturen.

6 Chemo

Die Frage war, wen würde die Chemo eher umbringen: den Krebs oder mich? Mein Leben hing buchstäblich an einem Tropf, es wurde zur quälenden Routine: Wenn ich keine Schmerzen hatte, war mir schlecht, und wenn mir nicht kotzübel war, mußte ich daran denken, was ich hatte. Und wenn ich nicht dran dachte, überlegte ich mir, wann es endgültig vorbei sein würde. So sieht das aus mit der Chemotherapie.

Das Übelkeitsgefühl hatte etwas mit den schlimmen Nebenwirkungen der Behandlung zu tun. Der Krebs gab einem nur ein unbestimmtes Gefühl des Unwohlseins, aber die Chemo war ein endloser Horror. Irgendwann war ich so weit, daß mir die Behandlung schlimmer vorkam als die eigentliche Krankheit. Ein unbedarfter Beobachter denkt bei Krebs an Haarausfall, krankhafte Blässe und ständige Gewichtsabnahme. Aber das sind im Grunde nur die Nebenwirkungen der Therapie. Die Chemo brannte förmlich in meinen Adern. Ich hatte das Gefühl, als würde ich langsam aber sicher von innen her von einem endlosen Strom von Giften aufgefressen, bis ich am Ende nicht eine einzige Wimper mehr hatte. Ich mußte ständig husten, wobei sich dunkle Brocken, eine undefinierbare, teerige Masse, aus der Tiefe meiner Brust lösten. Chemo bedeutete auch, sich ständig übergeben zu müssen.

Um das alles besser aushalten zu können, stellte ich mir vor, jeder teerähnliche Klumpen wäre ein Stück der verbrannten Tumore. Vor meinem inneren Auge sah ich, wie die Chemo sie bearbeitete, sie regelrecht versengte und dann aus meinem Körper herausschleuderte. Wenn ich aufs Klo ging, stellte ich mir vor, ich würde abgestorbene Krebszellen auspinkeln, das machte die Schmerzen, die durch den sauren Urin verursacht wurden, etwas erträglicher. Ich nehme an, das ist tatsächlich so. Irgendwo müssen sie ja schließlich hin. Ich hustete Krebs, ich pinkelte Krebs, ich wollte ihn auf jede Art und Weise loswerden.

Mein ganzes Leben bestand nur noch aus der Chemo. Meine alten Gewohnheiten wie Verabredungen einzuhalten und pünktlich zu sein, hatten sich erledigt. Für mich gab es nur noch den Behandlungsplan. In jenem Herbst und Winter verbrachte ich alle Feiertage damit, entweder einen Chemozyklus durchzustehen oder mich von einem zu erholen. An Halloween bekam ich über den Port Infusionen und beschenkte die Schwestern mit Süßigkeiten. An Thanksgiving ging ich nach Hause und erholte mich auf der Couch, während meine Mutter versuchte, mich zu überreden, ein paar Happen von ihrem Puter zu essen. Ich schlief nachts etwa zehn bis zwölf Stunden, und wenn ich wach war, fühlte ich mich wie jemand, der einen Jetlag und gleichzeitig auch noch einen Kater hat.

Eine Chemotherapie hat, wie schon gesagt, eine kumulative Wirkung, das heißt, sie arbeitet mit kleinen, aber fortgesetzt verabreichten Dosen. Innerhalb von drei Monaten mußte ich vier Chemozyklen über mich ergehen lassen. In jeder Phase bauten sich die Giftstoffe in meinem Körper auf. Zuerst war es gar nicht so schlimm. Am Ende des zweiten Behandlungszyklus' war mir nur immer ein bißchen schlecht und ich war ständig müde. Ich ging montags in die Klinik in Indianapolis und bekam bis Freitag täglich fünf Stunden lang eine Chemo. Wenn ich keine Chemo bekam, hing ich 24 Stunden lang an einem Tropf mit einer physiologischen Kochsalzlösung und einem chemischen Präparat, das mein Immunsystem vor den schlimmsten Wirkungen des Ifosfamids schützen sollte, das vor allem die Nieren und das Knochenmark angreift.

Nach dem dritten Zyklus war ich völlig am Ende und kämpfte mit letzter Kraft gegen die Übelkeit an. Sie überkam mich immer wie eine Welle, und ich hatte das Gefühl, als wären alle meine inneren Organe zerstört. Nach dem vierten Zyklus –

mehr gibt es nicht bei Krebspatienten, und so weit geht man auch nur bei den schlimmsten Fällen – lag ich zusammengekrümmt auf meinem Bett und übergab mich in einem fort.

Dr. Nichols bot mir an, die Chemo ambulant in Austin zu machen. »Sie können das auch zu Hause erledigen, und wir betreuen sie dort«, sagte er. Ich wollte aber lieber nach Indianapolis fahren, weil ich dort ständig unter Kontrolle war.

»Falls es mir schlechter geht, möchte ich, daß Sie dabei sind«, sagte ich ihm. »Und wenn es mir besser gehen sollte, möchte ich auch, daß Sie dabei sind.«

Auf den ersten Blick sieht eine Chemo nach nichts aus. Man kann es gar nicht glauben, daß ein solches Teufelszeug einen derart harmlosen Eindruck machen kann. Das Präparat war in drei durchsichtigen Plastikbeuteln von je 50 Milliliter verpackt. Darauf klebte ein Etikett mit meinem Namen, dem Datum, der Dosierung und der Flüssigkeitsmenge. Die silbrige, klare Flüssigkeit schwappte völlig unschuldig in den Plastikbehältern. Es hätte genausogut Zuckerwasser sein können. Verräterisch waren allerdings die dicken Gummihandschuhe, die die Schwester trug, wenn sie sich mit den Plastikbeuteln beschäftigte. Außerdem gab es noch einen Stempel »gefährliches Material«. Die Schwester steckte einen Schlauch in einen der Beutel und verband ihn mit einem anderen Schlauch, der in meinen Port, also in meine Blutbahn, führte. Ein Beutel brauchte eine Stunde, der andere 90 und der letzte 30 Minuten.

Aber diese Flüssigkeiten hatten eine so zerstörerische Wirkung, daß sie mein ganzes Blut zum Verdampfen brachten. Ich hatte das Gefühl, als würden meine Venen ausgescheuert. Die medizinische Erklärung für dieses Gefühl nannte sich Knochenmarkdepression; sie ist eine der häufigsten und schlimmsten Nebenwirkungen der Chemotherapie. Es kommt dabei zu einer Unterdrückung der Produktion und Reifung der roten Blutkörperchen. Die Chemo schwächt das Blut, bis man schließlich kurz davor ist, Anämie zu bekommen, und sie verringert außerdem die Zahl der Blutplättchen. Während des dritten Zyklus' fiel mein Hämatokritwert – das ist der Prozentsatz des Blutes, der aus reifen, gesunden roten Blutkörperchen besteht – auf unter 25, normal sind 46. Ironie des Schicksals: Ich bekam ein Mittel namens Epo (Epogen), durch das die Bildung der roten Blutkörperchen gefördert werden sollte. Unter normalen Umständen hätte ich mir damit Schwierigkeiten mit dem Internationalen Radsportverband und dem Internationalen Olympischen Komitee eingehandelt, denn es gilt als leistungssteigerndes Medikament. Es ist ein Dopingmittel. In meinem Fall konnte davon nun wirklich keine Rede sein. Das Epo hielt mich gerade mal am Leben.

Aber die Chemo tötet nicht nur den Krebs – sie tötet auch gesunde Zellen. Sie griff mein Knochenmark, meine Muskeln, meine Zähne und meinen Magen an und schwächte meine Widerstandskraft so sehr, daß ich anfällig für alle möglichen Infektionen wurde. Mein Zahnfleisch blutete, in meinem Mund bildeten sich Geschwüre. Und natürlich verlor ich den Appetit, und das war wirklich ein ernstes Problem. Denn ohne ausreichende Proteinzufuhr wäre mein Körper nicht in der Lage, neues Gewebe aufzubauen, nachdem die Chemo schon meine Haut, mein Haar und meine Fingernägel weggefressen hatte.

Morgens war es immer am schlimmsten. Kurz vor dem Mittagessen war ich mit der Behandlung fertig. Ich versuchte, irgendwas zu essen, und lag dann im Bett und sah fern oder besuchte Freunde. Das Medikament sickerte über Nacht in meinen Blutkreislauf. Und wenn ich morgens wach wurde, war mir kotzübel. Es gab nur eins, das ich vertragen konnte: Apfelkrapfen aus der Krankenhauskantine. Es war seltsam, aber der knusprige Teig, der Zuckerguß und die marmeladenähnliche Apfelfüllung taten meiner wunden Zunge und meinem Magen gut.

Jeden Morgen kam Jim Ochowicz vorbei und brachte mir eine ganze Schachtel davon mit. Er setzte sich auf mein Bett, und wir aßen sie gemeinsam. Och brachte mir diese Krapfen jeden Tag, auch noch, als ich längst nicht mehr in der Lage war, sie tatsächlich auch zu essen.

Die Chemotherapie war eine einsame Angelegenheit. Meine

Mutter fuhr nach der Gehirnoperation wieder nach Plano zurück; sie hatte ihre freien Tage aufgebraucht und konnte es sich nicht leisten, unbezahlten Urlaub zu nehmen. Sie fuhr nicht gern, weil sie das Gefühl hatte, sie könnte mir helfen, indem sie einfach nur da war.

Als ich noch zur Highschool ging, glaubte sie, daß mir nichts passieren könne, so lange sie auf mich aufpaßte. Wenn der kalte Nordwind über Plano hinwegpfiff und die Straßen vereist waren, ging ich mit meinen Freunden zu einem großen Parkplatz. Dort banden wir eine Schneedisk an ein Auto und zogen uns gegenseitig über das Eis. Meine Mutter kam vorbei, blieb im Auto sitzen und paßte auf. »Ich habe das Gefühl, wenn ich hier bin, passiert dir nichts«, sagte sie. Und genau so sah sie das mit der Chemo, aber es ging nicht anders.

Och übernahm ihre Rolle, er war mein Ersatzvater und mein treuester Besucher. Bei jeder Chemo nahm er die lange Reise von Wisconsin auf sich und saß tagtäglich an meinem Bett. Er wußte genau, welchen Effekt die Chemotherapie auf die Stimmung eines Patienten hat, denn sein eigener Vater war an Krebs gestorben. Er wußte, wie demoralisierend die Behandlung war, wie strapaziös, und er versuchte unermüdlich, mich irgendwie abzulenken. Er brachte mir »Herzblättchen« bei, saß neben mir und teilte stundenlang immer wieder die Karten aus. Mit Bill und Lisa waren wir zu viert. Er las mir die Zeitung und meine Post vor, wenn ich zu elend war, um selbst lesen zu können.

Er ging mit mir im Garten des Krankenhauses spazieren und schob meinen Infusionsständer, während wir uns über alles mögliche, vom Radfahren bis hin zu Internet-Aktien unterhielten. Einmal sprachen wir auch über den Tod. Wir saßen auf einer Bank vor der Klinik in der Sonne.

»Och, ich bin noch nicht bereit zu gehen, ich glaube, ich soll am Leben bleiben«, sagte ich. »Ich hab keine Angst vor dem Sterben, wenn es denn sein muß. Aber ich bin immer noch fest davon überzeugt, daß ich mit dieser ganzen Sache fertigwerden kann.«

Aber so eine Chemo gibt einem das Gefühl, ein lebendiger Toter zu sein. Oft dämmerte ich im Halbschlaf vor mich hin, verlor jegliches Zeitgefühl, wußte nicht mal mehr, ob es Tag oder Nacht war - und das gefiel mir überhaupt nicht. Es war verwirrend, so als ob alles aus den Fugen geraten würde, als ob sich alles von mir entfernte. Och führte eine Art Tagesplan ein, an dem ich mich orientieren konnte. Zum Frühstück brachte er mir meine geliebten Apfelkrapfen und unterhielt sich mit mir, bis ich mitten im Satz einschlief. Wenn mein Kinn dann auf die Brust fiel, schlich sich Och auf Zehenspitzen aus dem Zimmer. Ein paar Stunden später kam er dann mit einer Gemüseplatte, meinem Mittagessen, wieder. Manchmal brachte er mir auch ein Sandwich, das er außerhalb des Krankenhauses gekauft hatte. Nach dem Mittagessen spielten wir Karten, bis ich wieder einnickte. Dann nahm Och mir die Karten aus der Hand und ging ganz leise aus dem Zimmer.

Bill und Lisa waren bei jedem Zyklus bei mir. Auch andere Leute besuchten mich. Treue Sponsoren und alte Freunde wechselten sich mit ihren Besuchen ab. Och, Bill und Lisa waren aber der harte Kern, meine treuen Kumpel. Jeden Abend brachten mir die drei irgendwas zum Abendessen. Wenn ich mich einigermaßen gut fühlte, ging ich mit ihnen in die Kantine und zog meinen kleinen Infusionsständer hinter mir her. Eigentlich hatte ich nie richtigen Appetit, aber solche Mahlzeiten waren für mich eine willkommene Abwechslung. Hinterher sahen wir ein bißchen fern, bis ich wieder einschlief. Dann, so gegen sieben, gingen sie wieder, und ich war die ganze Nacht allein.

Gemeinsam zu Abend zu essen, wurde für die drei allmählich zum Ritual. Manchmal nahmen sie auch andere Leute mit, die ab und zu vorbeischauten, zum Beispiel Chris Carmichael oder Scott McEachern. Sie aßen im Palomino Euro Bistro oder in dem wunderbaren alten Steakhaus St. Elmo. Beschlossen wurde der Abend im Canterbury-Hotel, wo sie in der Bar Zigarren rauchten. Das alles hätte mir auch sehr gefallen, wenn ich nicht krank gewesen wäre. Abends, kurz bevor sie loszogen,

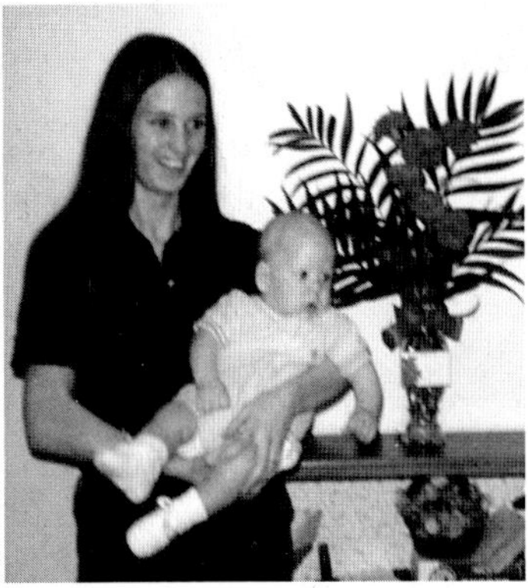

1 Als meine Mutter mich zur Welt brachte, war sie 17 – und sah sogar noch jünger aus. Irgendwie sind wir zusammen groß geworden.

2 Am 8. September 1980 war mein neunter Geburtstag. An dem gebügelten Hemd und der riesigen Torte sieht man: Mom sorgte schon dafür, daß ich alles Nötige bekam.

3 Mit zwölf war ich ein Schwimmtalent, und zwar ein ziemlich pummeliges. Hier stehe ich in der Küche mit Mom, meiner besten Freundin und meinem größten Fan.

4 Ich war bei allen Triathlons der Jüngste. Die älteren Jungs wie Mark Allen, der hier neben mir steht, nannten mich nur »Junior«.

5 Vor dem Krebs, im September 1995, mit Freunden in einem Restaurant. J.T. Neal, der mir meine erste Wohnung in Austin vermietet hat, die mit dem Longhornschädel über dem Kamin. Und Och, Jim Ochowicz, der mir beigebracht hat, wie man auf dem Rad gewinnt.

6 Als ich 1993 in Oslo Weltmeister wurde, war ich 21 – hitzig und jung. Ich stieß Kampfgeschrei aus, als ich meine Attacke anging, und machte dann voll auf Show, als ich über den Zielstrich fuhr.

7 Man sieht deutlich den Unterschied: Vor dem Krebs, hier beim »Flèche-Walonne« 1996, war ich ein bulliger, schwerer Fahrer.

8 Zwischen den einzelnen Chemozyklen war ich abgemagert und krank. Deshalb freute ich mich riesig über den Besuch von Eddy Merckx, dem großen belgischen Champion, der fünfmal die Tour de France gewonnen hat. Er war nach Austin gekommen, um mir Mut zu machen.
Im Hintergrund: Och am Telefon.

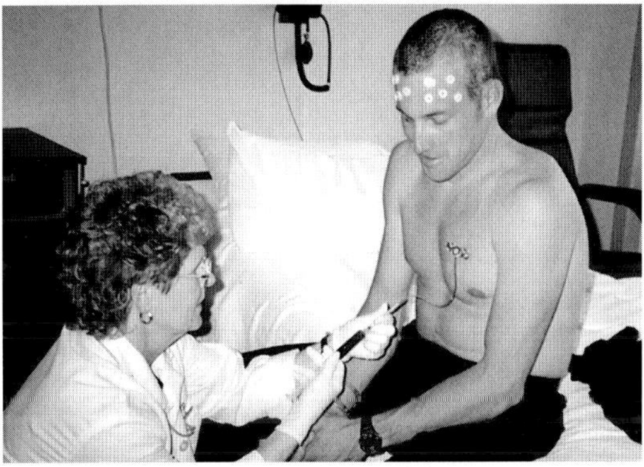

9 Vorbereitungen für die Gehirnoperation: Die Punkte auf meinem Schädel zeigen dem Chirurgen, wo die Krebstumore sitzen. Eine Schwester zapft mir Blut ab durch den Port, der in meine Brust eingepflanzt ist.

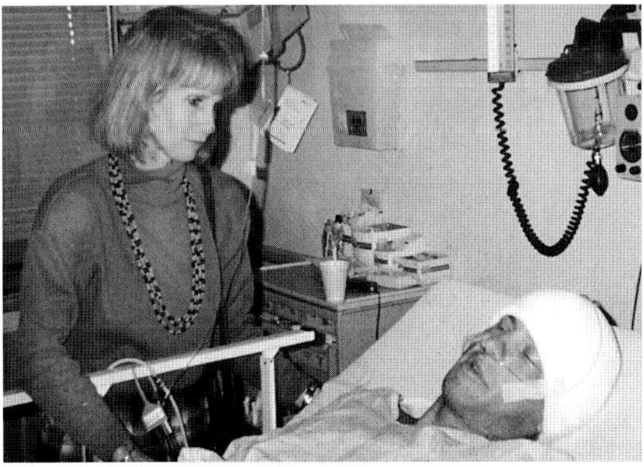

10 Nach der Gehirnoperation habe ich als erstes nach meiner Mutter gefragt. Ich erinnere mich noch, daß ich Hunger hatte und aufstehen wollte.

11 Mein Neurochirurg, Dr. Scott Shapiro, nimmt die Verbände ab. Meine Haare sind zwar mit der Zeit nachgewachsen, aber ich kann die Narben noch deutlich mit den Fingern fühlen.

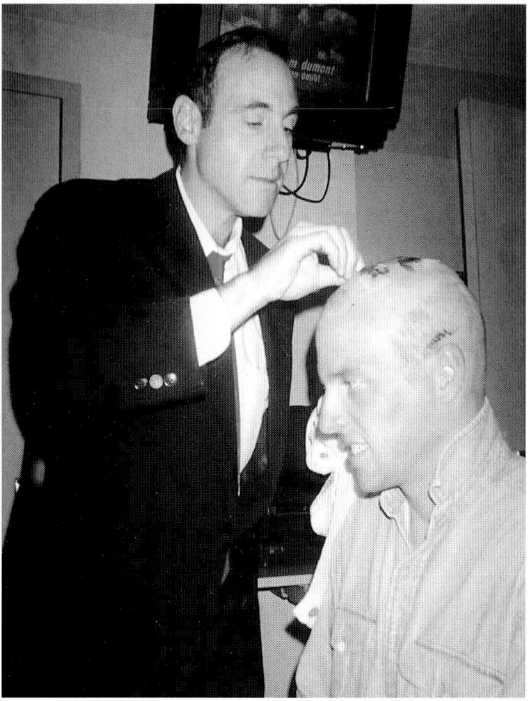

12 Das muß ziemlich am Anfang meiner Chemo gewesen sein, als ich noch lachen konnte. Rechts mein Onkologe und Freund, Dr. Craig Nichols. Links mein »ständiger Begleiter«, der fahrbare Ständer mit dem Infusionsbeutel.

13 So sieht ein wirklicher Engel aus! LaTrice Haney, Krankenschwester in der onkologischen Abteilung am Medical Centre der Indiana University.

14 Weihnachten 1996: Ich lächele, weil ich noch am Leben bin.

15 Der Krebs ist besiegt – fürs erste: kahl, narbig und nachdenklich.

16 Am 2. Oktober 1997 feiere ich den ersten Jahrestag meiner Krebsdiagnose mit meiner Mutter.

17 Kik und ich machen in Pamplona die Nacht durch.

18 Spanien sieht total anders aus, wenn man es nicht als Radrennfahrer, sondern als Tourist erlebt …

19 … und als Verliebter.

20 Unsere Hochzeit in Santa Barbara. Anschließend gab's eine große Party, bei der Braut und Bräutigam Zigarren pafften.

21 Mr. und Mrs. Armstrong. Das Fahrrad war in den Flitterwochen auch mit dabei.

22 *Das* »Rennen der Wahrheit«: Beim Zeitfahren in Metz habe ich mir das Gelbe Trikot geholt und es nicht mehr abgegeben.

23 Die 15. Etappe: Alles kam für mich darauf an, in den Bergen die Kontrolle zu behalten. Irgendwo in den Pyrenäen, verfolgt von Fernando Escartin und Alex Zülle, an einem der härtesten Tage der ganzen Tour.

24 Nach drei Wochen und über 3800 Kilometern fuhr ich zusammen mit meinen Mannschaftskameraden vom U.S. Postal Team die Ehrenrunde über die Champs-Elysées.

25 Wieder vereint in Paris mit Kik und Mom

26 Stolz präsentiere ich mich im Gelben Trikot neben meinem langjährigen Freund und Trainer Chris Carmichael. Chris hatte mir immer prophezeit, daß ich die Tour gewinnen würde.

27 Kik und ich mit unseren Freunden Bill und Laura Stapleton samt Nachwuchs. Alex Stapleton wurde nur ein paar Wochen später als Luke geboren.

28 Luke David Armstrong mit seinen Eltern. Kik nennt uns »meine beiden Wunderknaben«.

29 Kik und ich am Strand von Santa Barbara bei Sonnenuntergang.

sagte ich vorwurfsvoll: »Und Ihr sauft euch jetzt natürlich jetzt wieder die Hucke voll.«

Wenn dann LaTrice kam, um mir meine Chemo zu verpassen, setzte ich mich im Bett auf und achtete genau darauf, was sie machte, ganz egal, wie elend ich mich fühlte.

»Was lassen Sie da in mich reinlaufen?« fragte ich. »Was ist das für eine Mischung?«

Inzwischen konnte ich eine Röntgenaufnahme des Brustkorbs so gut lesen wie jeder Arzt. Ich kannte alle Fachausdrükke und Dosierungen. Ich durchlöcherte LaTrice mit Fragen und sagte ihr, wann es mir besser oder schlechter ging. Ich sagte ihr zum Beispiel auch: »Versuchen Sie doch mal, ein bißchen weniger zu nehmen« oder »Nehmen Sie doch ein bißchen mehr von diesem Zeug.«

Ich war kein besonders fügsamer Krebspatient. Ich war aggressiv und quengelig, und ich machte meine Krankheit zu einer Person. Ich beschimpfte den Krebs, nannte ihn »Scheißkerl«. Er war mein Feind, meine Herausforderung. Als LaTrice sagte: »Trinken Sie fünf Gläser Wasser pro Tag«, trank ich 15, eins nach dem anderen, bis mir das Wasser das Kinn runterlief.

Die Chemo war dabei, mir meine Unabhängigkeit und Selbständigkeit zu nehmen, und das war bitter. Rund um die Uhr hing ich an dem Infusionsständer, und es fiel mir sehr schwer, die Kontrolle über mich selbst den Schwestern und Ärzten zu überlassen. Ich bestand darauf, bis ins Kleinste aktiv an meiner Behandlung teilzunehmen. Ich verfolgte die Blutuntersuchungen und betrachtete die Röntgenaufnahmen sehr genau. Wie ein Großinquisitor verhörte ich LaTrice.

»Welche Schwestern betreuen mich heute, LaTrice?«

»Wie heißt dieses Medikament?«

»Wozu ist das gut, LaTrice?«

Ich stellte ihr ständig Fragen, so als wäre ich ihr Chef. LaTrice war für die Koordination der Chemotherapie und den Dienstplan der Schwestern der Station zuständig: Sie stellte meinen Behandlungsplan und das antiemetische Programm zusammen und verfolgte die Symptome. Ich registrierte alles.

Ich wußte genau, welche Symptome ich wann entwickeln sollte, und verfolgte jede noch so kleine Abweichung.

LaTrice hatte eine Engelsgeduld mit mir. Ein typischer Tag sah für sie folgendermaßen aus:

»Welche Dosierung bekomme ich, LaTrice?«

»Was ist die Grundsubstanz?«

»Bekomme ich heute das gleiche wie gestern?«

»Warum bekomme ich heute was anderes?«

»Wann fangen wir an, LaTrice?«

»Wann sind wir fertig, LaTrice?«

Ich machte ein Spiel daraus, das Ende der Behandlung zeitlich abzuschätzen. Ich sah auf meine Armbanduhr, beobachtete die Infusionsbeutel, deren Inhalt nach und nach in meinen Körper tropfte. Ich versuchte, die Flüssigkeitsmenge zu berechnen, um auf die Sekunde genau sagen zu können, wann die Behandlung abgeschlossen sein würde.

»Wann genau fällt der letzte Tropfen, LaTrice?«

Nach einer gewissen Zeit hatten LaTrice und ich eine gute Beziehung zueinander entwickelt. Trotz der ernsten Situation machten wir ständig unsere Witze. Ich warf ihr vor, sie würde absichtlich die Antiemetika zurückhalten, weil sie eine grausame Person wäre. Ich liebte mein Atavan – es war das einzige, was mich davor schützen konnte, mich vor Übelkeit krümmen zu müssen, die durch die Chemotherapie verursacht wurde. Aber ich durfte nur alle vier Stunden eine Dosis davon bekommen. Also versuchte ich LaTrice herumzukriegen, damit sie mir mehr gab.

»Ich kann Ihnen nicht mehr geben«, sagte sie dann. »Sie haben die letzte Dosis vor drei Stunden bekommen. Sie müssen noch eine Stunde warten.«

»Nun kommen Sie schon, LaTrice. Sie sind doch hier der Chef. Sie wissen genau, daß Sie das könnten, Sie wollen es nur nicht.«

Hin und wieder gab ich dem Würgeimpuls nach und übergab mich so heftig, daß ich dachte, ich würde ohnmächtig. Wenn ich das hinter mir hatte, sagte ich zu LaTrice: »Jetzt geht es mir schon viel besser«, und der Sarkasmus in meiner Stimme war nicht zu überhören.

Manchmal löste das Essen einen solchen Anfall aus, besonders das Frühstück. Schließlich bat ich die Schwestern, mir gar kein Frühstück mehr zu bringen. Als ich mir eines Morgens die schlabberig-weichen Eier und den gipsartigen Toast angesehen hatte, war meine Geduld zu Ende.

»Was ist das für eine Scheiße?« brüllte ich LaTrice an. »Würden Sie so was essen? Schauen Sie sich das an, so was bieten Sie einem Menschen an? Kann mir hier vielleicht jemand was zu essen besorgen?«

»Lance, Sie können alles haben, was Sie wollen«, erwiderte LaTrice in aller Seelenruhe.

LaTrice konnte nicht nur gut einstecken, sondern auch recht gut austeilen. Sie ließ keine Gelegenheit aus, um es mir heimzuzahlen, selbst wenn ich so elend war, daß ich nicht lachen konnte.

»Liegt es an mir, Lance?« fragte sie dann gewöhnlich in einem übertrieben freundlichen Ton. »Mache ich Sie so krank?«

Ich grinste dann nur, ohne ein Wort zu sagen, und übergab mich sofort wieder. Wir waren Freunde geworden, Genossen im Leid der Chemotherapie. Zwischen den Zyklen fuhr ich für zwei Wochen nach Austin, um Kräfte zu sammeln. LaTrice rief mich dann regelmäßig an, um mich zu kontrollieren und um mich daran zu erinnern, daß ich meine Säfte trinken mußte. Die Chemo könnte meine Harnwege angreifen, deshalb war sie immer hinter mir her, damit ich auch nicht vergaß, genügend zu trinken. Eines Abends rief sie mich an, als ich gerade in der Garage mit einem Geschenk aus Oakley herumspielte. Es war ein kleines ferngesteuertes Auto aus Titan, das mit 110 Sachen herumflitzen konnte.

»Was ist das für eine Geräusch?« fragte sie.

»Ich bin in der Garage«, erwiderte ich.

»Was machen Sie denn da?« fragte sie.

»Ich spiele mit meinem Spielzeugauto«, sagte ich.

»Na klar«, sagte sie.

Eines Tages entdeckte ich seltsame Flecke auf meiner Haut, so bräunliche Verfärbungen. Das waren Chemo-Verbrennungen.

Das Medikament verbrannte meine Haut von innen nach außen und hinterließ dabei diese Verfärbungen. Aber ich war inzwischen schon mitten im dritten Zyklus angekommen und sah mir sowieso kaum noch ähnlich. Mein Körper war völlig am Ende und nicht mehr der, mit dem ich ursprünglich ins Krankenhaus gekommen war. Ich humpelte über die Flure, um wenigstens ein bißchen Bewegung zu bekommen und schob dabei meinen Infusionsständer vor mir her. Ich kann mich noch genau daran erinnern, wie ich an mir - nur im Nachthemd - runterschaute. Es kam mir vor, als würde ich allmählich immer weniger: Meine Muskeln waren dünn und schlaff geworden. Ich dachte bei mir: »So ist das also, wenn man richtig krank ist.«

»Ich darf meine Form nicht verlieren«, murmelte ich. »Ich muß in Form bleiben.«

Aber so sehr ich mich auch bemühte, ich nahm immer mehr ab. Dabei war ich von Anfang an nicht gerade dick gewesen - ich hatte nur einen geringen Prozentsatz an Körperfett, und die Toxine fraßen das Fett wie die Piranhas.

»LaTrice«, jammerte ich, »ich nehm' ab. Was soll ich bloß machen? Schauen Sie sich meine Muskeln an! Schauen Sie sich das an. Ich muß radfahren, ich muß wieder in Form kommen.«

»Lance, das ist die Chemo«, sagte LaTrice dann immer in ihrer supertoleranten Art. »Sie nehmen ab, das passiert ganz automatisch. Chemopatienten nehmen immer ab.«

Ich hielt es im Bett nicht mehr aus. Wenn ich so in den Laken lag und nichts tat, kam ich mir vor wie ein Stück Holz, das am Strand angespült worden ist.

»LaTrice, kann ich trainieren?«

»LaTrice, gibt es hier eine Turnhalle?«

»Wir sind hier in einem Krankenhaus, Lance«, erwiderte sie mit dem üblichen geduldigen Seufzer. »Für Patienten, die lange bei uns bleiben, und für Leute wie Sie, haben wir allerdings Trainingsfahrräder.«

»Kann ich darauf trainieren?«

LaTrice fragte Nichols, ob man mir erlauben könnte, so ein Gerät zu benützen, aber er war dagegen. Mein Immunsystem existierte praktisch nicht mehr, und ich war einfach nicht in der Verfassung, um zu trainieren.

LaTrice hatte offenbar trotz ihrer halb scherzhaften Gereiztheit Verständnis für meine Unruhe und meinen Bewegungsdrang. Eines Nachmittags sollte eine MRI (Kernspinresonanz-Tomographie) von meinem Gehirn gemacht werden, aber die Maschinen waren alle besetzt. LaTrice schickte mich in das nahe gelegene Kinderkrankenhaus. Die beiden Gebäude waren durch einen etwa anderthalb Kilometer langen Tunnel miteinander verbunden. Normalerweise wurden die Patienten entweder in einer Ambulanz oder im Rollstuhl von einem Haus zum anderen gebracht.

Ich wollte aber unbedingt zu Fuß gehen. Ich sagte der Schwester Bescheid, die sofort mit einem Rollstuhl ankam.

»Kommt nicht in Frage. Da setz' ich mich nicht rein«, sagte ich. Dann erklärte ich ihr, daß wir zu Fuß durch den Tunnel gehen würden, selbst wenn wir die ganze Nacht unterwegs wären. LaTrice sagte kein Wort. Sie schüttelte nur den Kopf, als ich mich auf den Weg machte. Die Schwester ging mit dem Infusionsständer hinter mir her.

Langsam, gebückt und humpelnd schlurfte ich wie ein alter Mann durch den Tunnel. Hin und zurück brauchten wir über eine Stunde. Als ich endlich wieder in meinem Bett lag, war ich völlig erschöpft und naßgeschwitzt, aber ich hatte das Gefühl, einen Sieg errungen zu haben.

»Sie müssen einfach immer alles anders machen«, sagte LaTrice und lächelte dabei.

Sehr bald konnte ich mich nur noch unter größten Anstrengungen bewegen. Am fünften Tag in meinem dritten Chemozyklus war ich nicht mal mehr in der Lage, meine gewohnten Spaziergänge auf der Station zu machen. Und ich mußte anschließend einen vollen Tag im Bett liegen, bis ich wieder soviel Kraft gesammelt hatte, um nach Hause fahren zu können. Am

Sonntag morgen kam ein Pfleger mit einem Rollstuhl und wollte mich zum Empfang bringen, damit ich mich abmelden konnte. Ich reagierte total sauer.

»Kommt nicht in Frage«, sagte ich. »Ich geh auf meinen eigenen zwei Beinen hier raus.«

Der Franzose beugte sich über mein Krankenbett. Als Zeichen seiner Wertschätzung versuchte er, mir eine 500 Dollar teure Flasche Rotwein als Geschenk zu überreichen. Ich war durch die Schmerzmittel wie betäubt, praktisch nur halb bei Bewußtsein, und mir war wieder so schlecht, daß ich überhaupt nicht in der Lage war, ihm zu antworten. Allerdings war ich klar genug, um mich darüber zu wundern, daß jemand einen so teuren Bordeaux an einen Krebspatienten verschwendete.

Alain Bondue war Direktor des Cofidis-Rennstalls und war gekommen, um mir einen Höflichkeitsbesuch abzustatten. Aber ich war nicht in Form für höfliche Konversation; ich befand mich in der Anfangsphase meines vierten Chemozyklus'. Ich war bleich, mit dunklen Ringen unter den Augen und hatte weder Haare noch Augenbrauen. Bondue blieb nur ein paar Minuten, um mir zu versichern, daß das ganze Team mich unterstützte, dann ging er wieder. Das Ganze war ziemlich peinlich.

»Lance, wir lieben Sie«, sagte er. »Wir werden uns um Sie kümmern, das verspreche ich Ihnen.«

Dann verabschiedete er sich, und ich schüttelte ihm die Hand. Als er von meinem Bett aufstand, sah ich, wie er Bill Stapleton mit einer Handbewegung bat, mit ihm hinauszugehen, weil er mit ihm reden wollte. Bill ging mit ihm auf den Flur, wo Bondue ihm abrupt erklärte, daß man über ein paar geschäftliche Dinge sprechen müsse, und aus diesem Grund irgendwo hingehen sollte, wo man in Ruhe darüber reden könne.

Stapleton, Bondue und Paul Sherwan, ein dritter Mann, der französisch sprach und sich als Dolmetscher angeboten hatte, trafen sich in dem nur schwach beleuchteten Konferenzzimmer des Hotels, das dem Krankenhaus gegenüberlag. Bondue rauchte eine Zigarette nach der anderen, während er Bill auf französisch erklärte, daß sich Cofidis leider gezwungen sähe, meinen Vertrag wegen meiner Krankheit neu zu verhandeln. Ich hatte eine Zusage über zweieinhalb Millionen Dollar innerhalb von zwei Jahren - aber die könne jetzt nicht mehr eingehalten werden.

Bill schüttelte verwirrt den Kopf. »Wie bitte?« sagte er und wies darauf hin, daß Cofidis öffentlich erklärt hätte, mich nicht im Stich zu lassen, solange ich gegen die Krankheit kämpfte. Dies sei nun wirklich nicht der richtige Augenblick, über Verträge zu reden, nicht mitten in der Chemotherapie.

»Wir lieben Lance, wir wollen uns um ihn kümmern«, sagte Bondue auf französisch. »Aber Sie müssen verstehen, dies ist eine delikate Angelegenheit. Die Leute in Frankreich hätten kein Verständnis dafür, daß wir soviel Geld für jemanden ausgeben, der nicht arbeitet.«

Bill war wie betäubt. Er sagte. »Ich kann das einfach nicht glauben.«

Bondue wies darauf hin, daß es in meinem Vertrag eine Klausel gab, nach der ich verpflichtet war, mich einer ärztlichen Untersuchung zu unterziehen, die im Moment natürlich nur ein negatives Ergebnis haben konnte. Cofidis hätte also aus diesem Grund das Recht, den Vertrag für ungültig zu erklären. Sie wollten zwar einen Teil der Bedingungen erfüllen, aber nicht alle. Wenn ich nicht bereit wäre, die neuen Bedingungen zu akzeptieren, würden sie mich zu der Untersuchung zwingen und dann den Vertrag vollständig lösen.

Bill stand auf, sah ihn über den Tisch hinweg an und sagte: »Leck mich am Arsch!«

Bondue war sprachlos.

Bill sagte es noch einmal. »Ich kann einfach nicht glauben, daß Sie in dieser Situation aus Europa kommen und von mir verlangen, daß ich zu ihm gehe und ihm das sage.«

Bill war außer sich - nicht so sehr, weil Cofidis versuchte, sich aus dem Vertrag zu stehlen, denn das war ihr gutes Recht, sondern über den Zeitpunkt und die hinterlistige Art. Cofidis hatte der Öffentlichkeit gegenüber erklärt, daß sie zu mir stehen würden, und hatte die gute Presse dafür eingeheimst. Was man dagegen hinter verschlossenen Türen verhandelt hatte, stand auf einem anderen Blatt. Bill wollte mich mit Zähnen und Klauen verteidigen, und er dachte gar nicht daran, mich während meiner Chemotherapie mit dieser Angelegenheit zu behelligen.

»Ich mach das nicht«, sagte er. »Ich denk überhaupt nicht daran, mit Lance über so was zu reden, jedenfalls nicht jetzt. Macht ihr Kerle doch, was ihr wollt, und laßt die Öffentlichkeit darüber urteilen.«

Bondue ließ sich aber dadurch nicht beeindrucken. Juristisch hätten wir überhaupt keine Chance, das müsse Bill doch einsehen. Cofidis hätte das Recht, den Vertrag noch am selben Tag zu lösen. Augenblicklich.

»Verstehen Sie, alles hängt von der ärztlichen Untersuchung ab«, wiederholte Bondue.

Bill erwiderte: »Wollen Sie einen Arzt aus Frankreich kommen lassen? Wollen Sie tatsächlich einen Arzt kommen lassen, der ihn hier untersucht?«

»Wenn es nötig sein sollte«, sagte Bondue.

»Großartig«, sagte Bill. »Dann laden wir alle Fernsehstationen ein, und dann seid ihr erledigt.«

Bondue erklärte noch einmal, daß Cofidis bereit sei, mich weiterhin unter Vertrag zu halten – Voraussetzung sei jedoch, daß die Bedingungen geändert würden. Bill beruhigte sich etwas und versuchte, Bondue davon zu überzeugen, daß es mir trotz meines Aussehens besser ginge. Man würde sich doch sicher einigen, oder? Aber Bondue blieb hart, und nach zwei weiteren Stunden war man keinen Schritt weiter gekommen. Schließlich stand Bill auf und wollte gehen. Wenn Cofidis mich unbedingt im Stich lassen wollte, während ich im Krankenhaus lag, gut, sagte er. »Aber ich werde der ganzen Welt sagen, wie ihr ihn im Stich gelassen habt.« Dann beendete Bill das Gespräch.

»Tut, was ihr nicht lassen könnt«, sagte er.

Dann kam er ziemlich aufgeregt in mein Zimmer zurück. Er

war drei Stunden lang weggewesen, also wußte ich, daß irgendwas nicht stimmte. Schon als er die Tür aufmachte, fragte ich ihn. »Na, und?«

»Nichts«, sagte Bill. »Mach dir keine Gedanken.«

Aber an seinem Gesichtsausdruck konnte ich erkennen, daß er sich sehr aufgeregt hatte. Und ich ahnte auch schon, warum.

»Was ist los?«

»Ich weiß nicht, was ich sagen soll«, sagte Bill. »Sie wollen noch einmal über die ganze Sache verhandeln, und sie wollen dich möglicherweise zu einer ärztlichen Untersuchung zwingen.«

»Und was sollen wir machen?«

»Ich habe ihnen schon gesagt, daß sie mich mal können ...«

Ich dachte darüber nach. »Wir sollten es vielleicht einfach sausen lassen«, sagte ich müde. Ich wurde den Gedanken nicht los, daß Bondue in Wirklichkeit nur gekommen war, um festzustellen, wie es mir ging. Ich dachte damals, und das glaube ich auch heute noch, daß er ins Krankenhaus gekommen war, um die beiden Möglichkeiten zu überprüfen: Hätte ich einen gesunden Eindruck gemacht, wäre der Vertrag nicht angetastet worden, aber wenn ich sehr krank war, wollte er auf die harte Tour vorgehen und den Vertrag entweder neu verhandeln oder ganz lösen. Wir hatten das Gefühl, daß Bondue nur als Spion gekommen war. Er sollte nachschauen, ob Armstrong bereits im Sterben lag. Offenbar hatte er genau diesen Eindruck gewonnen.

Bill war niedergeschlagen und entschuldigte sich bei mir: »Tut mir leid, daß ich Dir schon wieder mit einer schlechten Nachricht kommen mußte.«

Aber ich hatte ganz andere Sorgen als Cofidis. Das soll nicht heißen, daß ich mir keine Gedanken um das Geld gemacht habe, und ich war auch verletzt, wie rücksichtslos sie das Ganze geplant hatten. Auch ihre halbherzigen Zusicherungen waren nicht gerade ermutigend gewesen. Andererseits hatte ich jedoch zur Zeit ganz andere Probleme: Ich mußte mich darauf konzentrieren, nicht zu kotzen.

Bill sagte: »Wir werden sie hinhalten. Wir verhandeln weiter.« Wenn es ihm gelingen würde, sie bis Februar hinzuhalten, war ich vielleicht wieder gesund genug für die geforderte ärztliche Untersuchung. »Wir warten einfach ab, wie's weitergeht«, sagte er. Ich konnte nur grunzen, denn mir war so schlecht, daß mir eigentlich alles egal war. Und ich hatte keine Lust mehr, darüber zu reden.

Innerhalb der nächsten drei, vier Wochen machte Cofidis Druck und überzeugte uns davon, daß sie nicht blufften. Sie würden mich, ohne mit der Wimper zu zucken, zu einer ärztlichen Untersuchung zwingen. Sie wollten ihren eigenen Arzt aus Frankreich einfliegen lassen und anschließend den gesamten Vertrag für nichtig erklären. Ich weigerte mich, mit Bill darüber zu reden, denn diese Zeit war die schlimmste in meiner ganzen Chemotherapie. Aber eines Tages kam Bill in mein Zimmer und sagte: »Lance, die meinen es ernst. Wir haben keine andere Wahl, wir müssen ihre Bedingungen akzeptieren, ganz egal, wie sie aussehen.«

Am Ende zahlte Cofidis weniger als ein Drittel der ursprünglich vereinbarten Summe des Zweijahresvertrags und verlangte eine Ausstiegsklausel für das Jahr 1998.

Das war sozusagen ein absolutes Mißtrauensvotum. Ich hatte das Gefühl, daß sie glaubten, ich läge schon im Sterben. Ich hatte die Botschaft von Cofidis verstanden: Ich war ein toter Mann.

Das Verrückte war, je schlechter ich mich fühlte, um so besser ging es mir rein medizinisch gesehen. So ist das nun einmal mit der Chemotherapie.

Inzwischen fühlte ich mich so elend, daß es mir manchmal schwerfiel zu sprechen. Mir war so schlecht, daß ich weder essen noch fernsehen konnte. Ich konnte meine Post nicht lesen und nicht mit meiner Mutter telefonieren. Eines Nachmittags rief sie mich von der Arbeit aus an. Ich konnte nur flüstern. »Mom, ich muß dich später zurückrufen.«

An den Tagen, an denen es mir wirklich dreckig ging, lag ich auf meinem Bett auf der Seite, hatte mich in Decken gewickelt und kämpfte gegen die Übelkeit, dieses schreckliche Gefühl im Magen und das Fieber, das unter meiner Haut brannte. Ich konnte nur noch unter meinen Decken rausgucken und unartikulierte Laute von mir geben.

Die Chemo machte mich so benommen, daß ich nur bruchstückhafte Erinnerungen an diese Zeit habe, aber eins weiß ich noch gut: Als es mir wirklich extrem schlecht ging, bekam ich den Krebs in den Griff. Die Ärzte kamen jeden Morgen mit den neuesten Ergebnissen der Blutuntersuchungen, und die Werte verbesserten sich. Das Einmalige an dieser Krankheit ist, daß die Höhe der Tumormarker eine große Aussagekraft hat. Wir verfolgten jede noch so kleine Veränderung der Blutwerte. Ein kleiner Anstieg oder Abfall der HCG- oder AFP-Marker war ein Anlaß zur Sorge oder zum Feiern.

Zahlen hatten für die Ärzte und für mich eine unglaublich große Bedeutung. So war zum Beispiel mein HCG-Wert in der Zeit vom 2. Oktober, das war der Tag, an dem die Diagnose gestellt worden war, bis zum 14. Oktober, als die krankhaften Veränderungen an meinem Gehirn festgestellt worden waren, von 49 600 auf 92 380 angestiegen. In den ersten Tagen meiner Behandlung waren die Ärzte ziemlich zurückhaltend, wenn sie in mein Zimmer kamen – mir war klar, daß sie sich mit einer Beurteilung meines Falls noch zurückhalten wollten.

Mit der Zeit wurden sie jedoch optimistischer: Die Tumormarker fingen an zu fallen. Und dann stürzten sie regelrecht ab, sie befanden sich wie durch ein Wunder sehr bald im freien Fall. Die Werte sanken so schnell, daß die Ärzte ein bißchen beunruhigt waren. In einem Aktenordner hatte ich meine Blutmarker notiert. In nur drei Wochen waren sie von 92 000 auf etwa 9000 gesunken.

»Sie reagieren extrem schnell«, erklärte mir Nichols.

Ich hatte eine Möglichkeit zum Durchbruch gefunden. Ich wußte genau, wenn ich geheilt würde, dann würde es so aussehen: ein schwerer Anstieg, so wie ein Endspurt beim Rennen. Nichols sagte: »Sie haben bereits einen Vorsprung.« Die Zahlen waren der Höhepunkt eines jeden Tages, sie spornten mich an, sie waren mein Gelbes Trikot. Das Gelbe Trikot wird vom jeweils besten Fahrer der Tour de France getragen.

Ich fing an, meine Heilung mit dem Zeitfahren bei der Tour zu vergleichen. Von meinem Team, das mich unterstützte, bekam ich ein Feedback, und an jedem Kontrollpunkt sagte der Teamchef über Funk: »Du hast 30 Sekunden Vorsprung.« Das spornte mich an, noch schneller zu fahren, damit ich mich noch besser fühlte. Ich setzte mir Ziele bei den Blutwerten, und es machte mir Mut, wenn ich sie erreicht hatte. Nichols sagte mir immer, welche Werte sie beim nächsten Test erwarteten, zum Beispiel einen Rückgang um 50 Prozent. Ich konzentrierte mich dann auf diese Zahl, so als könnte ich sie nur durch meinen Willen erreichen. »Die Marker haben sich halbiert«, sagte Nichols dann, und das kam mir vor wie ein Sieg. Dann sagte er eines Tages: »Sie haben sich auf ein Viertel des ursprünglichen Werts reduziert.«

Ich hatte das Gefühl, den Kampf gegen die Krankheit zu gewinnen, und das belebte meine Rennfahrerinstinkte wieder. Ich wollte dem Krebs die »Beine ausreißen«, so wie ich den anderen Tourfahrern am Berg die Beine ausgerissen hatte. Ich befand mich in einem erfolgreichen Ausbruchsversuch. »Der Krebs hat den Falschen erwischt«, sagte ich stolz zu Kevin Livingston. »Er hat nach einem Körper gesucht, in dem er sich häuslich einrichten kann, und ist leider an meinen geraten. Das war ein Fehler. Ein sehr großer Fehler.«

Eines Nachmittags kam Dr. Nichols in mein Zimmer und brachte mir einen neuen Wert mit. Mein HCG betrug nur noch 96. Das war ein Knüller. Jetzt mußte ich nur noch den letzten und in höchstem Maße toxischen Teil der Behandlung hinter mich bringen. Ich war fast gesund.

Aber ich fühlte mich überhaupt nicht dementsprechend. So ist das nun mal mit der Chemo.

Wenn ich zwischen den einzelnen Chemozyklen zu Hause in Texas war, kam ich allmählich zu Kräften und konnte mich wieder etwas besser bewegen. Ich sehnte mich nach frischer Luft und Bewegung.

Meine Freunde ließen sich nicht anmerken, wie erschreckt sie darüber waren, daß ich so schwach geworden war. Die Leute, die von weither kamen und mich besuchten, müssen entsetzt gewesen sein, wie bleich und elend ich aussah, ohne Haare, aber sie zeigten es nicht. Frankie Andreu besuchte mich und blieb eine Woche. Chris Carmichael, Eric Heiden, der berühmte Eisschnelläufer, der dann später Arzt geworden ist, und Eddy Merckx. Sie kochten für mich und machten mit mir kurze Spaziergänge oder Radtouren.

Wir fuhren von meinem Haus aus über eine kurvige, asphaltierte Landstraße, die zum Mount Bonell führte, einem zerklüfteten Berg, der oberhalb des Austin Riverbank liegt. Normalerweise mußten sich meine Freunde beeilen, wenn sie mit mir Schritt halten wollten, aber jetzt bewegten wir uns im Schnekkentempo, und mir blieb die Luft schon auf einer völlig ebenen Straße weg.

Ich glaube, ich wollte mir selbst nicht eingestehen, wie sich die Chemotherapie auf meinen Körper ausgewirkt hatte. Ich hatte den Kampf gegen den Krebs mit sehr viel Elan und Selbstvertrauen aufgenommen, ich hatte mich fit gefühlt. Mir war klar gewesen, daß jeder Zyklus in gewisser Weise an meinen Kräften zehrte, aber ich hatte keine Vorstellung davon gehabt, wie schlimm die Wirkung tatsächlich sein würde. Bis ich eines Tages fast zusammengebrochen wäre.

Radfahren gehörte nicht zu den Empfehlungen, die Dr. Nichols aussprach. Er verbot es mir zwar nicht ausdrücklich, aber er sagte: »Dies ist nicht die Zeit, um etwas für ihre Form zu tun oder sie zu verbessern. Sie dürfen ihren Körper nicht überfordern.« Ich hörte nicht auf ihn – ich hatte panische Angst bei dem Gedanken, daß die Chemo meine Form so ruinieren würde, daß ich mich nie wieder davon erholen könnte. Mein Körper schwand förmlich dahin.

Wenn ich mich einigermaßen gut fühlte, sagte ich zu Kevin oder zu Bart: »Laß uns ein bißchen radfahren.« Zuerst fuhren wir so etwa 50 bis 80 Kilometer, und ich beugte mich über den Lenker und wollte mich selbst als den unermüdlichen Kämpfer, der dem Wind trotzte, sehen. Aber in Wirklichkeit waren diese Touren überhaupt nicht so. Es waren pure Verzweiflungsakte.

Am Ende meiner Behandlungen fuhren wir nur noch 45 Minuten bis eine Stunde, eine einfache Runde durch die nächste Umgebung, und ich sagte mir, so lange ich dazu noch in der Lage wäre, würde ich auch noch einigermaßen in Form bleiben. Aber dann zeigten mir zwei Vorfälle, wie schwach ich wirklich war.

Eines Nachmittags machten wir, das heißt Kevin, Bart und Barbara, Barts Verlobte, eine der üblichen Touren. Nach etwa der Hälfte der Zeit kam eine kurze, steile Anhöhe. Ich dachte zunächst, ich könnte mit den anderen mithalten, in Wirklichkeit waren meine Freunde aber nur nett zu mir. Mir kam es so vor, als würden sie ein normales Tempo vorlegen, dabei fuhren sie tatsächlich so langsam, daß sie beinahe vom Rad gefallen wären. Manchmal fuhren sie aus Versehen schneller, so daß ich hinter ihnen her hecheln mußte. Ich schrie: »Ihr bringt mich um!« Sie achteten normalerweise immer darauf, mich nicht zu überfordern, so daß ich kaum eine Vorstellung davon hatte, wie schnell oder wie langsam wir wirklich fuhren. An der Steigung glaubte ich tatsächlich, daß ich mit ihnen mithalten konnte.

Dann wurde ich plötzlich links von jemandem überholt. Es war eine Frau in den Fünfzigern auf einem Mountainbike – sie zog einfach an mir vorbei.

Und sie atmete nicht einmal schwer, während ich mich auf meinem Hochleistungsrad abstrampelte und kaum noch Luft bekam. Sie zog einfach an mir vorbei. Unter Rennfahrern sagt man auch, sie ließ mich einfach stehen. So sehr ich mich auch anstrengte, ich konnte ihr Tempo nicht halten.

Man macht sich was vor. Man redet sich ein, man fahre schneller und es gehe einem besser, als es in Wirklichkeit der Fall ist. Dann überholt einen eine Frau in mittleren Jahren auf einem Mountainbike, und dann weiß man plötzlich, woran man ist. Ich mußte mir eingestehen, daß ich überhaupt nicht in Form war.

Es wurde immer schwerer, zwischen den einzelnen Chemotherapie-Sitzungen radzufahren, und ich mußte zugeben, daß es nicht mehr darum ging, in Form zu bleiben. Es ging mir jetzt nur noch darum, einfach zu fahren - und das war für mich etwas völlig Neues. Nur eine halbe Stunde fahren! Ich hatte noch nie zuvor eine so kurze Zeit auf dem Rad verbracht.

Bevor ich krank wurde, liebte ich das Fahrrad nicht. Es war einfach nur mein Job, ein Job, in dem ich Erfolg hatte. Es war ein Mittel zum Zweck, eine Möglichkeit, aus Plano rauszukommen, eine mögliche Quelle für Wohlstand und Anerkennung. Aber es war nichts, das ich zu meinem Vergnügen tat, erst recht hatte es nichts mit Romantik zu tun. Es war mein Beruf, mein Leben, mein Lebensinhalt - aber ich hätte nie behauptet, daß es irgendwas mit Liebe zu tun hatte.

Ich bin immer nur gefahren, wenn es um etwas Bestimmtes, ein Rennen oder ein Trainingsprogramm ging. Früher wäre ich nie auf die Idee gekommen, nur 30 Minuten oder eine Stunde zu fahren. Für eine Stunde holen die wahren Rennfahrer ihr Rad gar nicht erst aus der Garage.

Bart kam früher oft vorbei und sagte. »Laß uns ein bißchen radfahren.«

»Wozu?« sagte ich dann.

Später liebte ich es nicht nur, sondern ich kam nicht mehr ohne mein Rad aus. Ich brauchte es, um meine Probleme eine Zeitlang vergessen zu können, und um mir selbst und meinen Freunden etwas zu beweisen. Jetzt hatte ich Gründe, warum ich radfahren wollte: Jeder sollte sehen, daß es mir gut ging, daß ich immer noch fahren konnte - vielleicht wollte ich es ja auch mir selbst beweisen.

Wenn die Leute fragten: »Wie geht es Lance?«

Dann sollten meine Freunde sagen können: »Eigentlich ganz gut. Er fährt jedenfalls Rad.«

Möglicherweise mußte ich mir selbst einreden, daß ich immer noch ein Rennfahrer war, nicht nur ein Krebspatient, auch wenn ich sehr schwach geworden war. Zumindest war das meine Art, gegen die Krankheit anzukämpfen und die Kontrolle über mich selbst wiederzugewinnen, die ich durch den Krebs verloren hatte. Ich sagte mir immer wieder: »Ich kann das immer noch, vielleicht nicht mehr so gut wie früher, aber ich kann's immer noch.«

Dann kamen eines Tages Kevin und Jim Woodman, ein einheimischer Radrennfahrer, zu mir, und wir machten unsere übliche kleine Tour. Ich hatte immer noch die Narben von der Operation und trug deshalb einen Sturzhelm. Wir fuhren ganz langsam, glitten nur so dahin. Es war wieder so was, das ich früher nicht als Tour bezeichnet hätte.

Wir kamen an eine kleine Steigung, nicht besonders steil, die Straße stieg nur so an, daß man sich für ein, zwei Tritte auf die Pedale stellen mußte, so wie ich es schon millionenmal getan hatte. Auf, ab und dann wieder sitzen, Linkskurve und weiter geht's.

Ich schaffte es nicht. Ich kam bis auf halbe Höhe der Steigung, und dann blieb mir die Luft weg. Das Rad wackelte unter mir hin und her, ich mußte anhalten und mich mit den Füßen auf dem Pflaster abstützen. Ich war total erschöpft.

Ich versuchte, tief durchzuatmen, bekam aber nicht genügend Luft, um wieder auf die Beine zu kommen. Vor meinen Augen tanzten silberne und schwarze Flecken. Ich stieg ab. Kevin und Jim kamen zurück und hielten bei mir an. Sie waren sehr besorgt.

Ich setzte mich auf die Bordsteinkante vor einem Haus und legte den Kopf zwischen die Knie.

Kevin war sofort bei mir. »Alles in Ordnung?« fragte er.

»Laß mich einen Augenblick verschnaufen«, sagte ich außer Atem. »Fahrt ohne mich weiter, ich werd schon jemand finden, der mich nach Hause bringt.«

Jim sagte: »Wir sollten einen Krankenwagen rufen.«

»Nein«, sagte ich, »laßt mich nur einen Augenblick lang hier sitzen.«

Ich konnte hören, wie ich versuchte zu atmen. Es klang wie »Huu, huu«. Plötzlich konnte ich mich nicht einmal mehr im Sitzen aufrichten, mir wurde ganz schwindelig, so wie manchmal, wenn man zu schnell aufsteht – aber ich stand ja gar nicht.

Ich legte mich auf den Rasen, schaute in den Himmel und machte dann die Augen zu.

»Ist es so, wenn man stirbt?«

Kevin beugte sich über mich, er war sehr beunruhigt. »Lance!« rief er laut. »Lance!«

Ich schlug die Augen wieder auf.

»Ich rufe einen Krankenwagen«, sagte er und seine Stimme klang verzweifelt.

»Nein«, sagte ich ärgerlich. »Ich muß mich nur ausruhen.«

»Okay, okay«, sagte er, um uns beide zu beruhigen.

Nach ein paar Minuten konnte ich wieder durchatmen. Ich richtete mich auf und versuchte, mich zusammenzureißen. Ich stand auf. Vorsichtig stieg ich wieder aufs Rad. Ich hatte weiche Knie, aber bergab konnte ich fahren. Wir fuhren ganz langsam den gleichen Weg zurück, zu mir nach Hause. Kevin und Jim fuhren an meiner Seite und ließen mich nicht mehr aus den Augen.

Zwischen zwei tiefen Atemzügen erklärte ich ihnen, was passiert war. Die Chemotherapie hatte mir meine gesunden roten Blutkörperchen geraubt und mein Hämoglobin vernichtet. Und das transportiert nun einmal den notwendigen Sauerstoff zu den lebenswichtigen Organen. Der normale Hämoglobinwert eines gesunden Menschen liegt bei 13 bis 15.

Meiner lag bei sieben. Ich war total anämisch. Alle zwei Wochen, von montags bis freitags, hatte die Chemo mein Blut gnadenlos angegriffen. Und ich hatte das Radfahren übertrieben.

An diesem Tag mußte ich dafür bezahlen.

Trotzdem hörte ich nicht auf zu fahren.

Auf dieser Welt gibt es Engel in den verschiedensten und subtilsten Formen. Für mich war LaTrice ein solcher Engel. Äußerlich war sie eine ganz normale, tüchtige Schwester, mit Clipboard und Spritze und gestärktem Häubchen. Sie hatte eine extrem lange Arbeitszeit, egal ob Tag- oder Nachtschicht, und verbrachte ihre freie Zeit zu Hause. Randy, ihr Mann, war Lastwagenfahrer, und ihre beiden Kinder, Taylor und Morgan, waren sieben beziehungsweise vier Jahre alt. Sie war wahrscheinlich oft müde, aber sie ließ es sich nie anmerken. Für mich war sie eine Frau, die nie nachtragend war, sie akzeptierte ihre Verantwortung, war selbstbewußt und bestimmt in ihrem Verhalten den Patienten gegenüber – wenn das kein engelhaftes Verhalten war, dann weiß ich es nicht.

Spätnachmittags und abends war ich oft mit ihr allein, und wenn ich die Kraft hatte, unterhielten wir uns ernsthaft miteinander. Den meisten Leuten gegenüber war ich scheu und gehemmt, aber bei LaTrice konnte ich reden, wahrscheinlich weil sie selbst so freundlich und mitteilsam war. Sie war eine hübsche, junge Frau Ende 20, hatte milchkaffeebraune Haut und war, was ihr Selbstbewußtsein und ihre Weltsicht anbetraf, ihrem Alter weit voraus. Während andere in unserem Alter noch in die Disko gingen, war sie bereits Oberschwester der Forschungsabteilung für Onkologie. Ich habe mich oft gefragt, warum sie sich wohl dafür entschieden hatte. »Ich bin zufrieden, wenn ich den Leuten das Leben ein bißchen leichter machen kann«, sagte sie selbst zu diesem Thema.

Sie fragte mich über das Radfahren aus, und es überraschte mich selbst, daß ich ihr mit großem Vergnügen davon erzählte. »Wie sind Sie zum Radfahren gekommen?« fragte sie mich. Ich erzählte ihr von meinem ersten Fahrrad und dem Gefühl der Freiheit, das ich damals erlebt hatte. Seit meinem sechzehnten Lebensjahr hatte ich nichts anderes gemacht als radfahren. Ich erzählte ihr von den verschiedenen Mannschaftskameraden in all den Jahren, von ihrem Humor und ihrer Selbstlosigkeit. Ich erzählte ihr von meiner Mutter und wieviel sie mir bedeutete.

Ich erklärte ihr, was das Radfahren mir gegeben hatte, ich erzählte ihr von den Europareisen, von der speziellen Ausbildung, vom Wohlstand. Voller Stolz zeigte ich ihr ein Foto von meinem Haus und lud sie ein, mich dort zu besuchen. Und ich zeigte ihr Schnappschüsse von meiner Karriere als Radrennfahrer. Sie sah sich die Bilder an, auf denen ich vor dem Hintergrund der Landschaft von Frankreich, Italien und Spanien zu sehen war. Immer wieder zeigte sie auf ein Foto und fragte mich: »Und wo war das?«

Ich gestand ihr, daß ich mir Sorgen um meinen Sponsor Cofidis machte und welche Schwierigkeiten ich mit diesen Leuten hatte. Ich erklärte ihr, daß ich das Gefühl hätte, daß sie mich unter Druck setzen wollten. »Ich muß in Form bleiben, ich muß unbedingt in Form bleiben«, sagte ich immer wieder.

»Hören Sie nur auf Ihren Körper, Lance«, sagte sie freundlich. »Ich weiß, daß Sie innerlich am liebsten weglaufen würden. Ihre Seele sagt Ihnen ständig: ›Komm, laß uns 'ne Runde drehen.‹ Aber hören Sie lieber auf Ihren Körper. Geben Sie ihm die Chance, sich auszuruhen.«

Ich beschrieb ihr mein Rad, dieses elegante Hochleistungsrad mit dem ultraleichten Rahmen und den aerodynamischen Rädern. Ich sagte ihr, wieviel eine solche Maschine kostet, wieviel sie wiegt und welche Funktion die einzelnen Teile haben. Ich erklärte ihr, daß man ein solches Rad vollständig auseinandernehmen und beinahe in die Hosentasche stecken könnte. Ich sagte ihr, daß ich jedes Einzelteil so genau kannte, daß ich es in Sekundenschnelle zusammenbauen könnte.

Ich erklärte ihr, daß ein Rad so auf den Körper des Fahrers zugeschnitten sein muß, daß ich manchmal das Gefühl gehabt habe, mit ihm zu verschmelzen. Je leichter der Rahmen ist, um so elastischer ist das ganze Rad. Meine Rennmaschine wog gerade mal acht Kilo. Die Räder wirken sich durch ihre Zentrifugalkraft auf das ganze Rad aus, erklärte ich ihr. Je größer die Zentrifugalkraft ist, um so größer ist auch das Momentum, also der Antriebsimpuls. Das war das entscheidende Element für die Geschwindigkeit. »Jedes Rad hat 32 Speichen«, sagte ich. Sogenannte Schnellspanner machen es möglich, das Rad mit einer Handbewegung zu lösen und blitzschnell zu wechseln. Im Falle einer Reifenpanne konnte mein Team ein Rad in weniger als zehn Sekunden wechseln.

»Ist das nicht anstrengend, wenn man sich immer so nach vorn beugen muß?« fragte sie mich.

»Ja«, sagte ich, »manchmal tat mir der Rücken so weh, als sei er gebrochen.« Aber das war der Preis, den man für die Geschwindigkeit zahlen mußte. Die Griffe am Lenker dürfen nur so weit auseinander liegen wie die Schulterbreite des Fahrers ist, erklärte ich ihr, und sie sind halbmondförmig nach unten gebogen, damit man eine ideale aerodynamische Haltung auf dem Rad einnimmt.

»Und warum ist der Sattel so schmal?«

Der Sattel ist extrem schmal und an den Körper angepaßt. Das ist wichtig, denn wenn man sechs Stunden lang darauf sitzt, möchte man sich schließlich nicht die Beine wund scheuern. Besser ein harter Sattel als die Qualen eines Sattelgeschwürs. Selbst die Kleidung muß stimmen. Sie ist ganz dünn, und das hat einen Sinn: Sie schmiegt sich dem Körper an, denn man muß sie in jedem Wetter tragen, bei Hitze oder auch wenn es hagelt. Im Grunde ist sie so was wie eine zweite Haut. Die Shorts haben eine Sitzfläche, die mit Sämischleder gefüttert ist. Die Nähte sind versenkt, damit man sich nicht wund scheuert.

Als mir nichts mehr einfiel, was ich LaTrice über das Rad berichten konnte, erzählte ich ihr etwas über den Wind. Ich schilderte ihr, wie er sich auf meinem Gesicht und in meinem Haar anfühlte. Ich sagte ihr, wie es war, wenn man vor sich die steilen Hänge der Alpen sieht und weit entfernt im Tal das Glitzern der Seen erkennen kann. Manchmal war der Wind wie ein guter Freund, manchmal aber auch ein erbitterter Gegner. Dann wieder war er wie die Hand Gottes, die mich schob. Ich erzählte ihr von den rasenden Bergabfahrten auf zwei Reifen, die jeweils nur zweieinhalb Zentimeter breit waren.

»Man ist dort einfach frei.«

»Das ist Ihre große Liebe, nicht wahr?«

»Ja, glauben Sie?«

»Ich kann es in Ihren Augen sehen«, sagte sie.

Eines Abends gegen Ende der letzten Phase meines Chemozyklus' wurde mir klar, daß LaTrice wirklich ein Engel war. Ich lag auf der Seite und dämmerte vor mich hin, beobachtete das ständige Tropfen der Chemo, die in meine Venen floß. LaTrice saß bei mir, leistete mir Gesellschaft, obwohl ich kaum sprechen konnte.

»Was glauben Sie, LaTrice?« fragte ich sie flüsternd. »Glauben Sie, daß ich es schaffe?«

»Ja«, sagte sie. »Ja, Sie schaffen es.«

»Ich hoffe, Sie behalten recht«, sagte ich und schloß meine Augen wieder.

LaTrice beugte sich über mich.

»Lance«, sagte sie leise, »ich hoffe, daß ich eines Tages nur noch ein Teil Ihrer Fantasien sein werde. Ich bin nicht hier, um Sie für den Rest Ihres Lebens zu begleiten. Wenn Sie die Klinik verlassen, hoffe ich, Sie nie wiederzusehen. Wenn Sie wieder gesund sind, möchte ich Ihr Bild in der Zeitung sehen, ich möchte Sie im Fernsehen sehen, aber keinesfalls hier. Ich bin froh, wenn ich Ihnen helfen kann, solange Sie Hilfe brauchen, aber dann hoffe ich, daß Sie gehen. Eines Tages werden Sie sagen: ›Wer war diese Schwester da unten in Indiana? Habe ich die bloß geträumt?‹«

Das war das Schönste, was jemals ein Mensch zu mir gesagt hat. Und ich werde kein einziges Wort davon je vergessen.

Am 13. Dezember 1996 bekam ich meine letzte Chemo. Es war fast Zeit, nach Hause zu gehen.

Kurz bevor man mir meine letzte Dosis VIP verabreichte, kam Craig Nichols zu mir. Er wollte sich mit mir über die weiteren Folgen der Krankheit unterhalten. Er wollte mit mir über die »Verpflichtungen der Geheilten« reden.

Das war ein Thema, das mich tief berührte. In den letzten drei Monaten hatte ich sowohl zu LaTrice als auch zu Nichols immer wieder gesagt: »Die Leute sollen es wissen.« Während meiner Behandlung hatte ich mich immer stärker zu meinen Mitpatienten hingezogen gefühlt. Oft war ich zu elend, um mich mit anderen Menschen zu unterhalten, aber eines Nachmittags kam LaTrice zu mir und bat mich, zur Kinderstation zu gehen und mit einem kleinen Jungen zu reden, der gerade seine erste Chemo vor sich hatte. Er hatte genausoviel Angst wie ich am Anfang. Ich blieb eine Weile bei ihm und sagte: »Ich war sehr schwer krank. Aber jetzt geht es mir schon besser.« Dann zeigte ich ihm meinen Führerschein.

Mitten in der Chemotherapie war mein Führerschein nämlich abgelaufen. Ich hätte warten können, bis es mir wieder besser ging und meine Haare wieder etwas gewachsen waren, aber ich hatte mich entschlossen, nicht so lange zu warten. Ich zog mir einen Trainingsanzug an und fuhr zum Straßenverkehrsamt und stellte mich dort vor die Kamera. Ich war völlig kahl, hatte weder Augenbrauen noch Wimpern, und ich war weiß wie die Wand. Aber ich schaute in die Linse und sagte »Cheese«.

»Ich wollte das Foto so haben, damit ich mich später immer daran erinnerte, wie krank ich gewesen war«, sagte ich. »Du mußt einfach kämpfen.«

Danach bat LaTrice mich immer öfter, mit anderen Patienten zu reden. Das Bewußtsein, daß ein bekannter Sportler Seite an Seite mit ihnen kämpfte, schien ihnen zu helfen. Eines Nachmittags sagte LaTrice, ich würde ihr zwar immer noch viele Fragen stellen, aber es habe sich doch etwas verändert: Zu Anfang hatten sich alle meine Fragen ausschließlich auf mich selbst bezogen, auf meine Behandlung, die Dosierungen und auf meine ganz speziellen Probleme. Jetzt interessierte ich mich mehr für andere Menschen. So war ich zum Beispiel total erstaunt, als ich las, daß acht Millionen Amerikaner mit der einen oder anderen Krebsart lebten. Und ich hatte gedacht, ausgerechnet mein Problem wäre einzigartig. »Können Sie sich vorstellen, daß so viele Menschen so was haben?« fragte ich LaTrice.

»Sie haben sich verändert«, sagte sie beifällig. »Sie denken schon in größeren Dimensionen.«

Dr. Nichols teilte mir mit, alles weise darauf hin, daß ich mich zu den Glücklichen zählen könne, die die Krankheit in den Griff bekommen hätten. Er erklärte mir, daß mein Gesundheitszustand sich gebessert habe. Ich merkte jetzt wahrscheinlich, daß mein Leben auch noch einen anderen Sinn und Zweck habe als nur mich selbst. Krebs könne sowohl eine Chance sein, bringe aber auch eine Verantwortung mit sich. Er fügte hinzu, daß er viele Leute erlebt habe, die ihren Kampf gegen den Krebs mit außerordentlicher Charakterstärke und Mut geführt hätten, und er hoffe, daß ich auch zu ihnen gehöre.

Ich hoffte das auch. Mit der Zeit war mir klargeworden, daß ich Krebs bekommen hatte, damit ich lernte, Gutes für andere Menschen zu tun. Ich wollte eine Stiftung gründen und bat Dr. Nichols, mir zu sagen, was man auf diese Weise erreichen könnte. Mir war noch nicht klar, welchen Zweck eine solche Organisation im einzelnen haben könnte, ich wußte nur, daß ich unbedingt etwas für andere Menschen tun wollte. Solche Gedanken hatte ich früher nie gehabt. Und ich nahm dieses Projekt ernster als alles andere auf der Welt.

Ich hatte wieder einen Sinn im Leben gefunden, etwas, das nichts mit Anerkennung oder meinen Leistungen als Radsportler zu tun hatte. Manche Leute werden das nicht verstehen, aber ich hatte nicht mehr das Gefühl, Radrennfahrer zu sein, wäre der Sinn meines Lebens. Ich war jetzt ein Mensch, der den Krebs überlebt hatte. Und das war eine neue Rolle. Ich fühlte mich am engsten mit den Leuten verbunden, die gegen den Krebs kämpften und die die gleiche Frage stellten, die ich gestellt hatte: »Muß ich sterben?«

Als es mir besser ging, sprach ich mit Steve Wolff über meine Gefühle und er sagte: »Ich glaube, diese Krankheit war dir vom Schicksal vorherbestimmt. Erstens, weil du sie vielleicht besiegen würdest, und zweitens, weil bedeutend mehr in dir steckt, als ein Radrennfahrer braucht.«

Gegen Ende meines dritten Chemotherapiezyklus' hatte ich Bill Stapleton angerufen und gesagt: »Kannst du dich einmal schlau machen, was man alles braucht, um eine Wohltätigkeitsorganisation zu gründen?« Bill, Bart und John Korioth, ein weiterer enger Freund und Amateurrennfahrer, trafen sich mit mir in einem Restaurant in Austin, um über die Sache zu reden. Wir hatten keine Ahnung, wie man eine solche Stiftung ins Leben ruft oder wie man das nötige Geld dafür auftreibt. Aber nach dem Essen hatten wir die Idee, wir könnten ein Wohltätigkeitsrennen rund um Austin organisieren. Wir nannten es »Ride for the Roses«. Ich fragte die anderen, ob einer von ihnen die Aufsicht über die Veranstaltung übernehmen könnte, und Korioth hob die Hand. Er arbeitete als Barmann in einem Nachtlokal, in dem ich mich in meinem früheren Leben hin und wieder rumgetrieben hatte. Manchmal hatte ich da auch hinter der Bar ausgeholfen. Er erklärte uns, daß seine Arbeitszeit es ihm erlaube, sich für dieses Projekt einzusetzen. Das war die ideale Lösung: Wir wollten möglichst Kosten sparen, denn alles, was wir einnahmen, sollte dem Projekt zugute kommen.

Aber mir war immer noch nicht ganz klar, welchen Zweck die Stiftung haben sollte. Ich wußte, daß die Leute mir zuhören würden, weil mein Fall in der Öffentlichkeit ziemlich bekannt war, aber ich wollte andererseits nicht, daß es so aussah, als ob ich die Stiftung als persönliche Plattform mißbrauchen würde. Ich hielt mich selbst nicht für etwas Besonderes – und ich würde auch nie erfahren, wieviel von meiner Heilung ich mir selbst zuschreiben konnte. Die Bedeutung des Ganzen war mir überhaupt noch nicht klar. Ich wollte den Leuten einfach nur sagen: »Kämpft wie die Teufel, so wie ich es getan habe.«

Nachdem ich mit Dr. Nichols darüber gesprochen hatte, wie ich denn helfen könnte, kam ich zu dem Schluß, daß die Stiftung etwas mit Forschung zu tun haben sollte. Abgesehen von der Geschichte eines Mannes, der den Krebs überlebt hatte, wollte ich einen praktischen Beitrag leisten. Ich schuldete Dr. Einhorn und Dr. Nichols so viel und war ihnen so dankbar für die Kraft und die Zeit, die sie und ihre Leute für meine Heilung aufgebracht hatten, daß ich wenigstens versuchen wollte, ihnen ein wenig davon zurückzuzahlen. Ich stellte mir ein wissenschaftliches Beratergremium vor, das alle Anträge auf finanzielle Unterstützung prüfen würde und dann entscheiden sollte, welche Projekte am ehesten förderungswürdig wären und das Geld dann entsprechend verteilen würde.

Aber der Kampf gegen den Krebs wurde an so vielen Fronten ausgefochten, daß ich mich nicht nur auf eine allein konzentrieren konnte. Ich hatte eine ganze Menge Freunde, die direkt oder indirekt an diesem Kampf beteiligt waren, Patienten, Ärzte, Schwestern, ganze Familien und Wissenschaftler. Sie alle standen mir inzwischen näher als viele meiner Radrennkollegen. Die Stiftung würde das Band zwischen ihnen und mir festigen, denn sie alle waren Mitglieder der Gruppe, die mich unterstützte, meine große Familie.

Ich wollte, daß sich die Stiftung um alle Probleme kümmerte, mit denen ich mich in den letzten Monaten herumschlagen mußte: Wie man mit der Angst umgeht, wie wichtig es ist, sich verschiedene Meinungen anzuhören und sich genau über die Krankheit zu informieren, die Rolle, die der Patient selbst bei der Heilung spielt, und vor allem der Gedanke, daß Krebs nicht unbedingt ein Todesurteil sein muß. Er konnte sogar ein Weg sein in ein zweites, inneres Leben, in ein besseres Leben.

Nach der letzten Chemotherapie-Behandlung blieb ich noch ein paar Tage in der Klinik, sammelte Kräfte und versuchte, die losen Enden wieder anzuknüpfen. Eines davon war mein Port. Der Tag, an dem er entfernt wurde, war für mich ein großer Tag, denn ich hatte fast vier Monate mit ihm gelebt. Ich fragte Nichols: »Sagen Sie mal, können wir das Ding jetzt endlich rausnehmen?«

Er sagte: »Na klar.«

Mich überkam ein Gefühl großer Erleichterung – er hatte zugestimmt, dann mußte er sicher sein, daß ich ihn nicht mehr brauchen würde. Also keine Chemo mehr, hoffentlich.

Am nächsten Tag kam ein Assistenzarzt zu mir und versuchte, das häßliche Folterinstrument aus meiner Brust zu entfernen. Aber es gab Komplikationen. Das Ding hatte so lange in mir gesteckt, daß es praktisch mit meiner Haut fest verwachsen war. Der Arzt stocherte herum, aber er konnte es nicht losbekommen. Er mußte einen erfahreneren Kollegen rufen, der es dann praktisch mit Gewalt aus meiner Brust herausriß. Es hat schrecklich weh getan. Ich glaubte sogar, das reißende Geräusch zu hören, als es endlich herauskam. Anschließend entzündete sich die Wunde, so daß ein kleiner operativer Eingriff nötig wurde, um den Herd zu reinigen und die Wunde zu verschließen. Es war schrecklich, womöglich das schlimmste Erlebnis der letzten vier Monate. Als es endlich vorbei war, war ich so wahnsinnig froh, daß ich den Port behalten wollte. Ich bewahre ihn noch heute in einem kleinen Plastikbeutel auf, zur Erinnerung.

Es gab noch ein Detail zu besprechen: Nichols gab mir eine letzte Beurteilung meines Gesundheitszustands: Obwohl er mich als gesund betrachte, müsse ich noch eine gewisse Zeit der Unsicherheit überstehen. Sehr häufig beseitige die letzte Chemo-Behandlung nicht alle Spuren des Krebses. Ich müsse daher jeden Monat eine Blutuntersuchung machen lassen, um zu kontrollieren, ob der Krebs sich wirklich zurückgezogen habe. Er warnte mich, daß die Blutmarker noch nicht wieder ganz normal seien und daß die Röntgenaufnahmen meines Brustkorbs immer noch Narbengewebe der Tumore erkennen ließen.

Natürlich machte ich mir Sorgen. Aber Nichols beruhigte mich: »So was sehen wir sehr oft. Das sind nur kleine Veränderungen, die bald verschwunden sein werden, da sind wir ziemlich sicher.« Wenn ich wirklich geheilt war, würden das Narbengewebe und die Marker nach einer gewissen Zeit völlig verschwinden. Aber es gab keine Garantie, das erste Jahr war entscheidend. Wenn die Krankheit zurückkehren sollte, würde sich das in diesem Zeitraum zeigen.

Ich wollte geheilt sein, und zwar sofort. Ich wollte nicht ein ganzes Jahr warten müssen, um das herauszufinden.

Ich fuhr nach Hause und versuchte, mein Leben wieder auf die Reihe zu bringen. Ich ging es zunächst ganz langsam an, spielte ein bißchen Golf und arbeitete an den Plänen für die Stiftung. Als ich alle Gifte aus meinem System losgeworden war, stellte ich mit Erleichterung fest, daß mein Körper durch die Chemo keine bleibenden Schäden erlitten hatte. Trotzdem fühlte ich mich immer noch wie ein Krebspatient, und die Gefühle, die ich monatelang unterdrückt hatte, kamen nach und nach an die Oberfläche.

Eines Nachmittags hatte ich mich mit Bill Stapleton und Dru Dunworth, einem anderen Freund, zum Golf im Onion Creek Club verabredet. Dru hatte eine Lymphknotengeschwulst überlebt. Mein Haar war noch nicht nachgewachsen, und ich mußte mich vor der Sonne schützen. Also zog ich mir so eine Goofy-Mütze an, die man über die Ohren ziehen kann. Dann ging ich in den Laden, um ein paar Golfbälle zu kaufen. Hinter der Theke stand ein junger Mann. Er grinste mich an und fragte: »Diesen Hut wollen Sie tragen?«

»Ja«, sagte ich kurz und knapp.

»Meinen Sie nicht, es wäre ein bißchen zu warm da draußen?« fragte er.

Ich riß den Hut vom Kopf, so daß er meinen kahlen Schädel und die Narben sehen konnte und sprang mit einem Satz über die Theke.

»Kannst du diese verdammten Narben sehen?« knurrte ich ihn an.

Der Typ wich zurück.

»Ich trage diesen Hut, weil ich Krebs habe«, sagte ich.

Ich zog die Kappe wieder an und ging zitternd vor Wut aus dem Laden.

Zugegeben, ich war ziemlich verspannt. Ich verbrachte immer noch viel Zeit in den Arztpraxen. Jede Woche nahm Dr. Youman mir Blut ab, damit die Ärzte in Indianapolis weiterhin meine Entwicklung kontrollieren konnten. Ich wurde ständig überwacht. Bei einer Krankheit wie Krebs ist diese Kontrolle entscheidend, Blut, Computertomographie, MRIs. Man lebt von den guten Ergebnissen. Ich hatte einen schnell wachsenden Krebs gehabt, der auch schnell wieder verschwunden war – aber er konnte genauso schnell wiederkommen.

Als ich schon ein paar Wochen wieder in Austin war, rief LaTrice Dr. Youman an und bat ihn um die Werte. Nachdem sie alles notiert hatte, brachte sie es zu Dr. Nichols. Er sah sich das Blatt an, das sie ihm gegeben hatte, lächelte und gab es ihr zurück. »Wollen *Sie* ihn diesmal anrufen?« fragte er sie.

LaTrice rief mich zu Hause an. Wie schon gesagt, waren die Werte für mich das allerwichtigste, und ich wartete jedesmal schon ganz nervös auf den Anruf. Als es klingelte, nahm ich sofort den Hörer ab:

»Wir haben die Blutwerte«, sagte LaTrice.

»Ja, und?« fragte ich nervös.

»Sie sind normal, Lance«, sagte sie.

Ich dachte darüber nach, was das für mich bedeutete. Ich war jetzt nicht mehr krank, aber das mußte nicht so bleiben. Vor mir lag immer noch ein langes Jahr. Wenn die Krankheit zurückkommen würde, dann innerhalb der nächsten zwölf Monate. Aber zumindest in diesem Augenblick, in diesem kostbaren kurzen Augenblick, gab es in meinem Körper keine konkrete Spur mehr von Krebs.

Ich wußte nicht, was ich sagen sollte. Ich hatte Angst, wenn ich den Mund öffnen würde, käme nur ein einziger unartikulierter Schrei der Erleichterung heraus.

»Ich freue mich so, daß ich Ihnen diese gute Nachricht mitteilen durfte«, sagte LaTrice.

Ich seufzte tief.

7 Kik

Liebe und Krebs passen eigentlich nicht zusammen, aber bei mir kam beides zur gleichen Zeit. Es war wohl kaum die ideale Situation, um meine zukünftige Frau kennenzulernen – aber genau so war es. Warum heiraten zwei Menschen? Wegen einer gemeinsamen Zukunft natürlich. Die Frage war nur, ob ich überhaupt eine Zukunft hatte.

Ich hatte keinen Krebs mehr, aber es war auch nicht so, daß ich *keinen* Krebs hatte. Ich befand mich auf dem Weg der Besserung, in einem Zustand der Angst, den man Remission nennt, und ich war von dem Gedanken besessen, einen Rückfall zu bekommen. Manchmal wachte ich nachts auf und hatte Phantomschmerzen in der Brust. Schweißgebadet lag ich dann in der Dunkelheit wach und lauschte meinen eigenen Atemzügen. Ich war fest davon überzeugt, daß die Tumore wiedergekommen wären. Am nächsten Morgen ging ich dann sofort zum Arzt und bat ihn, mich zu röntgen, damit ich mich wieder beruhigen konnte.

»Die Chemo wirkt entweder, oder sie wirkt nicht«, sagte Dr. Einhorn. »Wenn sie erfolgreich ist, kann der Patient danach ein völlig normales Leben führen, ohne Krebs. Wenn sie nicht gewirkt hat und der Krebs zurückkommt, ist der Kranke in der Regel drei bis vier Monate später tot.« So einfach war das.

Mein Leben weiterzuführen war dagegen bedeutend komplizierter. Die Chemotherapie war am 13. Dezember 1996 beendet. Einen Monat später lernte ich Kristin Richard auf einer Pressekonferenz kennen, auf der die Gründung meiner Krebsstiftung bekanntgegeben wurde. Außerdem kündigten wir den ersten »Ride for the Roses« an. Wir sprachen nur kurz miteinander. Sie war eine blonde, schlanke Frau, die von allen nur

»Kik« (ausgesprochen: Kiek) genannt wurde. Sie arbeitete als Kundenbetreuerin in einer Werbefirma, die den Auftrag hatte, das Rennen entsprechend publik zu machen. Ich weiß, daß ich jetzt eigentlich sagen müßte, daß es sofort bei mir gefunkt hätte, als ich sie zum erstenmal sah, aber das war nicht so. Ich fand sie einfach nur klug und hübsch. Später gestand sie mir, daß auch ihr erster Eindruck von mir ähnlich gewesen sei, ich hätte sie auch nicht gleich vom Stuhl gerissen. Ich war für sie lediglich »ein netter, glatzköpfiger Typ mit einem gewinnenden Lächeln«. Es wurde Frühling, bevor wir beide tiefere Gefühle für einander entwickelten. Und erst im Sommer zogen wir daraus die Konsequenzen. Das mag wohl daran gelegen haben, daß wir ständig von tausend Leuten umgeben waren. Außerdem gerieten wir bei unserem ersten längeren Gespräch sofort in Streit.

Es fing am Telefon an. Sie vertrat einen Kunden, eine Firma, die einer der wichtigen Sponsoren für »Ride for the Roses« sein sollte. Sie hatte das Gefühl, ich würde mich nicht genug um diese Leute kümmern. Eines Nachmittags legte sie sich mit einem der Angestellten der Stiftung an. Ich dachte bei mir: »Was glaubt diese Tussi eigentlich, wer sie ist?« und wählte ihre Nummer. Als sie abhob, sagte ich: »Hier ist Lance Armstrong, wie können Sie es wagen, so mit meinen Leuten zu reden?« Ich blaffte sie regelrecht an. Am anderen Ende verdrehte Kik nur die Augen und dachte: »Der Typ glaubt offenbar, er sei der Größte.«

Ungefähr zehn Minuten lang stritten wir uns.

»Dieses Gespräch führt offenbar zu nichts«, giftete sie mich an.

»Da haben Sie verdammt recht«, schnauzte ich zurück.

»Wissen Sie was?« sagte sie. »Wir sollten noch mal bei einem Bier über die ganze Sache reden. Mehr kann ich dazu nicht sagen.«

Ich war völlig platt. »Hm, eh, na ja, okay. Trinken wir ein Bier zusammen.«

Ich lud sie ein, sich mit mir und ein paar Freunden in einer nahe gelegenen Bar zu treffen. Ich glaube, wir hatten damals beide nicht damit gerechnet, daß wir uns so voneinander angezogen fühlen würden. Ich war immer noch bleich, erschöpft und von meiner Krankheit ausgezehrt. Sie war viel humorvoller und entspannter, als ich es erwartet hatte, und sie war sehr intelligent. Ich bat sie, an den wöchentlichen Besprechungen der Stiftung teilzunehmen, die bei mir zu Hause stattfanden. Sie war einverstanden.

Die Stiftung schien die perfekte Lösung für den Übergangszustand zu sein, in dem ich mich befand: Ich hatte die Chemo hinter mir, ich hatte den Krebs erst einmal besiegt und mußte mir jetzt überlegen, was ich als nächstes tun sollte. An einem Projekt zu arbeiten, das nichts mit meiner eigenen Person zu tun hatte, war das beste Mittel in einer solchen Situation. Ich war zur Zeit in erster Linie ein Mensch, der den Krebs überlebt hatte, und erst dann Leistungssportler. Und das war gar nicht mal so schlecht, sagte ich mir. Viele Sportler tun nämlich so, als gingen sie die Probleme der restlichen Welt überhaupt nichts an. Wir leben in einer Isolation, haben einen engen Horizont und sind eine elitäre Minderheit. Aber auch wir können einen nützlichen Beitrag leisten: Wir können den anderen zeigen, wozu ein Mensch fähig ist. Wir bringen die Leute dazu, über ihre Möglichkeiten und Grenzen nachzudenken. Von uns können sie lernen, daß das, was zunächst wie eine unüberwindliche Mauer aussieht, in Wirklichkeit nur ein Hindernis in unserem Kopf ist. In dieser Hinsicht ist das Überwinden einer Krankheit mit einer sportlichen Leistung zu vergleichen: Wir wissen nicht besonders viel über unsere Fähigkeiten als Menschen, und mir war es wichtig, diese Botschaft zu verbreiten.

In diesem Winter und Frühling gab es noch ein einschneidendes Ereignis: Ich lernte Jeff Garvey kennen, einen prominenten Unternehmer aus Austin, der bald ein guter Freund werden sollte. Zunächst erwartete ich von ihm jedoch nur, daß er mich bei der Leitung der Stiftung unterstützen würde. Ein gemeinsamer Bekannter stellte uns vor, und Jeff lud mich zum Mittagessen ein. Ich fuhr in T-Shirt und Shorts in meinem Explorer zu ihm nach Hause. Wir aßen ausgiebig zu Mittag und unterhielten uns über Radrennen. Jeff war ein begeisterter Radamateur und machte jedes Jahr eine Reise durch Spanien, wo er über den berühmten Jakobsweg nach Santiago de Compostela fuhr. Jeffs Eltern waren beide an Krebs gestorben, und er suchte nach einer Möglichkeit, einen Beitrag zum Kampf gegen diese Krankheit zu leisten. Ein paar Wochen später lud ich Jeff meinerseits zum Mittagessen ein und fragte ihn bei dieser Gelegenheit, ob er bereit sei, die Leitung der Stiftung zu übernehmen. Er war einverstanden und wurde unser Geschäftsführer.

In den folgenden zwei Monaten arbeiteten Kik und ich gemeinsam an der Stiftung und wurden gute Freunde. Zuerst war sie für mich nur ein schickes Mädchen, das nie um eine Antwort verlegen war. Mit der Zeit bemerkte ich jedoch, wie schön ihr blondes Haar war, und wie sie es immer wieder schaffte, auch den schlichten Kleidern, die sie trug, einen bestimmten Chic zu geben. Und dann war da noch ihr Lächeln – wie aus einem Colgate-Werbespot. Es war schwer, sich nicht in dieses Lächeln zu vergucken. Darüber hinaus gefiel mir ihre kesse Art. Kik las in ihrer Freizeit viel über mich, angeblich aus geschäftlichen Gründen. Aber noch war keiner von uns beiden bereit zuzugeben, was wir füreinander empfanden.

Im März fand der erste »Ride for the Roses« statt, und es war ein großer Erfolg. Wir nahmen über 200 000 Dollar ein, die Wallflowers gaben ein Konzert, und Freunde und Kollegen kamen aus aller Welt, um an dem Rennen teilzunehmen – darunter auch so berühmte Fahrer wie Miguel Induráin, Eddy Merckx und Eric Heiden.

Eine bestimmte Spende aber werde ich nie vergessen. Ich saß an einem Tisch und gab Autogramme. Eine lange Schlange zog sich bis zur nächsten Straßenecke, und ich unterschrieb, so schnell ich konnte. Immer wieder meinen Namen, ohne auch nur einmal aufzublicken und die Leute anzuschauen.

Plötzlich erschien ein Scheckbuch vor meinen Augen und wurde dann auf den Tisch geknallt.

»Wieviel willst du?« fragte eine Stimme.

Ohne aufzublicken, sagte ich »Verdammt«.

Ich mußte lachen und schüttelte den Kopf. Ich kannte die Stimme. Es war Jim Hoyt, mein alter Kumpel aus Plano. Der Mann, der mich als erster auf ein Rad gesetzt und mir dann später meinen geliebten Camaro weggenommen hatte. Er stand direkt vor mir, neben ihm Rhonda, seine Frau. Seit unserem heftigen Streit vor fast zehn Jahren hatte ich die beiden nicht mehr gesehen. Ich blickte Jim in die Augen.

»Es tut mir leid«, sagte ich und dachte, daß ich ihm das wohl schuldig war.

»Angenommen«, sagte er. »Also, auf welchen Betrag soll ich den Scheck ausstellen?«

»Jim, das ist doch wirklich nicht nötig.«

»Das stimmt, aber ich will eben helfen.«

»Ach komm, tu das doch nicht«, sagte ich.

»Wie wär's mit fünf Riesen? Würde Dir das gefallen?«

Ich mußte lachen. Fünftausend Dollar war genau die Summe, die ich damals in den Camaro gesteckt hatte.

»Das wär schön«, sagte ich.

Er schrieb den Scheck aus, und wir schüttelten uns die Hände.

Jedes Jahr kommt Jim nun zu unserem Rennen. Und ich muß Ihnen sagen, was der Junge mit seinem Scheckbuch macht, ist einfach irre, und er hat noch nie eine Gegenleistung dafür verlangt.

Ein wenig später trat noch eine bemerkenswerte Person an meinen Tisch: ein kleines Mädchen mit einem halbkahlen Kopf, genau wie ich. Unsere Blicke trafen sich, und wir verstanden uns sofort. Während ich ihr das Autogramm gab, zitierte sie alle Stationen meiner sportlichen Laufbahn, sie wußte alles über mich. Ihr Name war Kelly Davidson, und sie war eine Krebspatientin. Tagelang wurde ich ihr Bild nicht mehr los. Ich machte ausfindig, wo sie lebte, rief sie an, und wir wurden gute Freunde.

Ich hätte mir denken können, daß das mit Kik etwas Ernstes war, denn wir dachten uns immer wieder einen neuen Vorwand aus, um uns auch nach dem »Ride for the Roses« noch sehen zu können. Wir schrieben uns jede Menge E-Mails, telefonierten miteinander und dachten uns Entschuldigungen aus, warum wir uns auch außerhalb der Stiftungskonferenzen treffen mußten. Sie kam weiterhin zu den wöchentlichen Treffen bei mir zu Hause, und eines Abends blieb sie dann, nachdem alle anderen schon gegangen waren. Da saßen wir beide ganz allein in meinem Wohnzimmer, tranken Bier und unterhielten uns. Ich kann mich noch genau erinnern, daß ich gedacht habe: »Was mach ich hier eigentlich? Warum bin ich mit ihr allein?« Und sie dachte genau das gleiche. Schließlich stand sie auf, um sich ein Taxi zu rufen, und ich bot ihr an, sie nach Hause zu bringen.

Wir fuhren durch die dunklen Straßen, redeten kaum und fühlten eine Menge. Da war etwas, aber keiner von uns war bereit, daran zu rühren. Also fuhren wir einfach.

Im Frühling 1997 hatte ich noch nicht gerade das Gefühl, Bäume ausreißen zu können. Ich war immer noch nicht sicher, die Krankheit überwunden zu haben und machte mir ständig Sorgen. Ich fragte Dr. Nichols: »Also, wie sieht's aus, werde ich leben oder sterben?«

Ich wollte unbedingt wieder auf mein Rad, war aber trotzdem unsicher und wußte nicht, wieviel ich meinem Körper schon zumuten konnte. Ich überprüfte immer wieder meine finanzielle Situation und schaffte es so gerade, die monatlichen Hypothekenzahlungen zu leisten. Und ich fragte mich, ob ich wohl jemals wieder ein paar Dollar mit Radfahren verdienen würde. Dann entschloß ich mich, es wenigstens zu versuchen. Ich konnte mich bei Cofidis immer noch auf das zweite Jahr meines Vertrags berufen. Wenn ich an vier Rennen teilnehmen würde, wäre ich meine finanziellen Probleme los. Ich sagte zu Bill: »Laß uns mal versuchen, ein paar Rennen zu finden.«

Einen Monat, nachdem ich aus dem Krankenhaus entlassen worden war, flog ich nach Frankreich zu einer Pressekonferenz mit Cofidis. Die Sportfunktionäre waren entsetzt, daß ich überhaupt gekommen war. Aber ich wollte ihnen zeigen, daß ich nicht mehr der bettlägerige, bleiche Patient war, den sie in Indianapolis besucht hatten. Ich erklärte den Leuten, daß ich im Frühling ein Comeback plane, und ich verbrachte sogar ein paar Tage dort und trainierte mit dem Team. Sie schienen mit mir zufrieden zu sein.

Ich fing an, ernsthaft zu trainieren, fuhr vier Stunden täglich, über 160 Kilometer, über die alten Straßen, die ich so liebte - von Austin über Wimberly und Dripping Springs nach New Sweden, Orte, in denen es nur Baumwollfelder und Traktoren gibt und wo hin und wieder am Horizont ein einsamer Kirchturm auftaucht. Aber es gefiel mir gar nicht, wie ich mich fühlte. Manchmal fuhr ich nur etwa eine Stunde und war anschließend so erschöpft, daß ich einen langen Mittagsschlaf machen mußte. Ich fuhr nicht sehr schnell, ungefähr 130 Herzschläge pro Minute, aber ich fühlte mich an einem Tag stark, am nächsten wieder schwach.

Ich hatte dieses unbestimmte Gefühl der Erschöpfung, das ich nur zu gut aus der Zeit vor der Diagnose kannte. Mein Magen krampfte sich zusammen, als mir das klar wurde. Dann bekam ich zu allem Übel auch noch eine Erkältung. Ich war vor Angst wie gelähmt und konnte eine ganze Nacht lang nicht schlafen. Ich war sicher, daß der Krebs zurückgekehrt war. Früher war ich nie besonders anfällig für Erkältungen gewesen. Wenn ich jetzt krank war, konnte das nur der Krebs sein.

Am nächsten Morgen fuhr ich, so schnell ich konnte, zu Dr. Youman und ließ mich untersuchen. Er würde mir bestimmt sagen, daß ich wieder krank war. Aber es war nur eine ganz gewöhnliche Infektion, die mein geschwächter Körper noch nicht abwehren konnte. Mein Immunsystem war praktisch kaputt, und ich hatte immer noch - wie die Ärzte das nennen - Anzeichen einer »Neutrophilie«, das heißt, die Zahl der weißen Blutkörperchen war immer noch sehr niedrig, was bedeutete, daß mich jeder kleinste Erreger umwerfen konnte.

Auch meine Röntgenbilder sahen noch nicht wirklich gut aus. In meinem Bauchraum gab es noch einen Fleck. Die Ärzte konnten nicht genau sagen, was es war, und meinten, sie wollten es weiterhin sorgfältig beobachten. Ich war mit den Nerven völlig am Ende.

Das war's dann. Dr. Nichols empfahl mir, den Rest des Jahres nicht mehr radzufahren, und ich willigte ein. Kein ernsthaftes Radfahren mehr im Jahre 1997. Nichols erklärte mir, ich sei schließlich immer noch ein Rekonvaleszent und mein Immunsystem habe sich noch nicht von der Chemotherapie erholt, die eine viel größere Belastung darstellte, als ich mir vorstellen könnte. Nichols sagte, meine schlechte Form habe absolut nichts mit meinem Willen zu tun, sondern hinge ausschließlich damit zusammen, wieviel Kraft mich die Krankheit gekostet hatte. Ich hatte mir das zwar nicht eingestehen wollen, aber so war das nun mal.

Auch meine Freunde und Kollegen waren nervös. Och sagte: »Paß mal auf, was auch immer du machen willst, sorg dafür, daß die Ärzte immer genau wissen, was du tust, wie du trainierst und wieviel du arbeitest. Informiere sie über jede Einzelheit, damit sie entscheiden können, wie weit du gehen kannst.«

Ich mußte es endlich einsehen. Ich würde vielleicht nie wieder an der Spitze mitmischen können. Mein Körper war einfach zu schwach für ein volles Trainingsprogramm.

Chris Carmichael rief mich an und wollte wissen, was mit mir los sei.

»Chris«, sagte ich, »ich habe Angst. Ich habe einfach Angst zu trainieren. Wenn ich mich zu sehr anstrenge, bekomme ich womöglich einen Rückfall.«

Es war seltsam, aber irgendwie war es leichter gewesen, Krebs zu haben, als sich davon zu erholen. Zumindest konnte ich während der Chemo etwas tun – jetzt konnte ich nur abwarten, ob der Krebs wiederkam.

An manchen Tagen sah ich mich immer noch als Radrennfahrer, an anderen wieder nicht. Eines Nachmittags spielte ich mit Bill in einem Country Club Golf. Wir waren am fünften Loch, ein Par-5, und Bill gelang ein toller Schlag mit dem Sechser-Eisen, und er hatte die Chance, einen Eagle zu machen und das Loch mit drei Schlägen zu treffen. »Eines Tages schaff ich das auch«, sagte ich.

Bill meinte: »Das wird wohl noch eine Weile dauern, bis du genug Golf gespielt hast, um so einen Schlag hinzukriegen.«

»Bill«, sagte ich, »kapier doch endlich: Ich bin im Ruhestand.«

Bill und ich stritten uns ständig über dieses Thema. Bei mir ging das hin und her: An einem Tag plante ich mein großes Comeback, am nächsten erklärte ich ihm, meine Karriere sei beendet.

Am ersten Tee (Abschlag) sagte ich: »Jetzt sind wir nur noch Freunde. Ich brauch keinen Manager mehr. Ich werd nie wieder fahren.« Ein paar Minuten später, am nächsten Tee schwenkte ich meinen Golfschläger und fragte: »Wenn ich wieder fahre, was machen wir dann, gibt's irgendwelche Pläne?« Und am nächsten Loch war es wieder umgekehrt.

»Ich hoffe, du bleibst nicht bei mir, weil du glaubst, ich würde wieder richtig Geld verdienen«, sagte ich dann, »denn ich werde nicht mehr fahren.«

Bill kannte das alles schon und machte inzwischen Witze darüber oder hielt mich einfach hin. »Gut, in Ordnung, laß uns morgen drüber reden.«

Und dann geschah etwas, was den Zwiespalt meiner Gefühle noch vergrößerte. Stacy Pounds, Bills Assistentin und unsere gute Freundin, hatte Lungenkrebs. Sie war mir während meiner Krankheit eine große Hilfe gewesen und hatte auch zur Gründung der Stiftung sehr viel beigetragen. Sie war 55, eine typisch texanische Schönheit, Kettenraucherin, mit entsprechend rauher Stimme und tadellosen Manieren. Stacy konnte einem am Telefon sagen, man sei der größte Trottel und man solle besser nie wieder anrufen, und trotzdem legte man auf und dachte: »Was ist das doch für eine reizende Frau.«

Stacy hatte leider nicht so viel Glück wie ich. Ihr Krebs war unheilbar. Wir waren alle wie am Boden zerstört, als wir das erfuhren. Wir konnten nur noch versuchen, sie zu trösten und ihr das Leben ein bißchen zu erleichtern. Meine Mutter hatte irgendwo zwei silberne Kruzifixe, die man an einer Kette um den Hals trug, für mich gekauft. Eins trug ich selbst, das andere schenkte ich Stacy. Sie war zwar genauso wenig religiös wie ich, aber ich sagte zu ihr: »Stacy, ich möchte dir dieses Kreuz schenken, und ich werde selbst auch so eins tragen. Sie sollen uns verbinden. Trag es, wenn du in Behandlung bist, oder trag es, wann immer du willst. Ich werde meins jedenfalls immer tragen.« Die Kreuze hatten für uns keine religiöse Bedeutung. Sie waren für uns ein Symbol, ein Zeichen unserer Verbundenheit.

Stacy ging es sehr schnell immer schlechter. Eines Tages sagte sie: »Ich werde keine Chemotherapie machen, wenn es mir davon doch nicht besser geht.« Dr. Youman versuchte zwar, sie zu behandeln, aber die Chemo wirkte bei ihr nicht. Ihr wurde nur schrecklich übel davon, aber sie würde ihr Leben nicht retten können. Sie brach die Behandlung ab, und der Arzt erklärte uns, daß sie nur noch ein paar Wochen zu leben habe.

Stacy hatte einen Sohn, Paul, der bei der Marine war und sich auf hoher See befand. Wir wollten ihn nach Hause holen, damit er seine Mutter noch einmal sehen konnte, aber niemand schaffte es, ihn von dem Schiff zu bringen. Wir riefen Kongreßabgeordnete, Senatoren und alle möglichen einflußreichen Leute an, aber nichts geschah. Dann beschloß ich, meine eigenen Beziehungen auszunützen: Ich kannte Charles Boyd, einen Viersternegeneral, der in Deutschland stationiert gewesen war. Er war erst vor kurzem in Pension gegangen und wohnte jetzt in Washington. Ich wählte seine Nummer und sagte: »General Boyd, Sie müssen mir einen Gefallen tun.«

Ich erklärte ihm die Situation mit Stacy und sagte: »Die Frau stirbt, und ihr Sohn ist auf hoher See.« General Boyd unterbrach mich: »Lance«, sagte er, »Sie brauchen mir nichts zu erzählen. Vor zwei Jahren habe ich meine Frau verloren, sie hatte auch Krebs. Ich will sehen, was ich für Sie tun kann.« Am nächsten Tag war der Junge auf dem Weg nach Hause. So ist das mit der »Gemeinschaft der Krebskranken«.

Aber noch bevor Paul nach Hause gekommen war, wurde Stacy für ein paar Tage in ein Pflegeheim verlegt. Bill, meine

Mutter und ich besuchten sie dort. Es war ein schreckliches Haus, völlig überbelegt und viel zu wenig Personal. Stacy klagte: »Ich habe Schmerzen. Wenn ich nachts läute, kommt niemand, um mir ein Schmerzmittel zu bringen.« Ich war entsetzt.

Ich sagte zu ihr: »Stacy, paß auf. Wir packen jetzt all deine Sachen zusammen und bringen dich nach Hause. Ich werde eine Ganztagsschwester für dich engagieren.«

Ein leitender Typ des Pflegeheims sagte: »Sie können sie nicht einfach mitnehmen.«

»Oh doch, worauf Sie sich verlassen können«, sagte ich. »Und zwar jetzt sofort.«

Ich rief Bill. »Fahr den Wagen vor. Mach die Türen auf.« Und schon waren wir weg. Stacy verbrachte die letzten Tage ihres Lebens bei sich zu Hause. Ihr Sohn war angekommen, und wir stellten eine Schwester ein, die ihm half, sie rund um die Uhr zu betreuen. Stacy kämpfte wie eine Löwin und lebte drei Wochen länger, als die Ärzte ihr prophezeit hatten. Die erste Diagnose war im Januar gestellt worden, direkt nachdem ich meine eigene Chemotherapie beendet hatte, im Februar hatte sie aufgehört zu arbeiten und im März war sie schon schwer krank. Und dann verließ sie uns für immer und brach uns allen damit das Herz.

Ich war verzweifelt, machte mir immer noch Sorgen um meine eigene Gesundheit und fühlte mich gleichzeitig irgendwie schuldig, weil ich das Glück gehabt hatte zu überleben. Nach Stacys Tod kam mir das Radfahren nicht mehr so wichtig vor, und ich glaubte außerdem auch, es sei nicht besonders realistisch, mir vorzustellen, wieder Rennen zu fahren. Steve Lewis kam aus Plano und besuchte mich. Er beobachtete an mir eine entscheidende Veränderung. Ich glaube, erst als er mich gesehen hatte, war ihm klar geworden, was die Krankheit aus mir gemacht hatte. Ich war abgemagert und bleich, meine Bakkenknochen standen hervor, und ich hatte offenbar den Mut verloren. Ich zeigte ihm die Röntgenaufnahmen meiner Lungen: »Ich dachte wirklich, ich müßte sterben.«

Ich kämpfte immer noch gegen den Gedanken, daß ich beinahe gestorben wäre, und es fiel mir schwer, einen Neuanfang zu finden. Darüber, ob ich wieder Rennen fahren könnte oder wie ich mit Cofidis umgehen sollte, konnte ich im Moment nicht nachdenken. Ich wußte nicht, was ich wirklich wollte, nicht einmal, was wirklich möglich war, und außerdem hatte ich inzwischen das Gefühl, daß das Radfahren eine ziemlich triviale Sache war.

Steve betrachtete ein Foto von mir, wo ich gerade eine Etappe der Tour de France gewonnen hatte, und fragte mich: »Und wann wirst du das hier wieder machen?«

»Ich bin ziemlich sicher, daß ich damit fertig bin«, erwiderte ich. »Es ist einfach zu viel Streß für meinen Körper.«

»Du machst Witze«, sagte Steve schockiert.

»Ich werde nie wieder an diesem Rennen teilnehmen können.«

Steve war entsetzt. Er hatte noch nie erlebt, daß ich in irgendeiner Situation aufgegeben hatte. »Ich glaub', es ist vorbei«, sagte ich. »Ich fühl mich auf dem Rad einfach nicht mehr wohl.« Ich sagte ihm, daß ich Angst hätte, mein Haus zu verlieren, und daß ich gerade dabei wäre, mich an gewisse finanzielle Einschränkungen zu gewöhnen. Ich würde versuchen, Alternativen für die Zukunft zu finden, eine Zukunft ohne Rennrad. Steve kannte mich, wie ich früher gewesen war, als einen Burschen, der auch gern mal angab. Und jetzt redete ich wie ein Opfer. Ich hatte den ganzen Schneid verloren, den er noch im Gedächtnis hatte.

Auch in meinem Privatleben war ich unschlüssig geworden. Lisa und ich mußten ein paar Entscheidungen über unsere gemeinsame Zukunft treffen, und ich hatte schon ernsthaft an eine Heirat gedacht. Sie war mit mir durch Dick und Dünn gegangen, hatte meinen Kampf gegen den Krebs in jeder Phase begleitet, und das will schon etwas heißen. Sie hatte mir eine kleine Katze geschenkt, die wir Chemo tauften.

»Ich glaube, sie ist die richtige«, erklärte ich Steve. »Sie hat während der ganzen Zeit zu mir gehalten, sie würde mich nie im Stich lassen.«

Als Steve mich dann zwei Monate später wieder besuchte, hatten Lisa und ich uns schon getrennt. Das wirft ein Licht auf meine chaotischen Gefühle. Krebs kann sich auf zwei Arten auf eine Beziehung auswirken: Entweder er bringt die Menschen einander näher, oder er bringt sie auseinander. Lisa und mich hat er getrennt. Als ich mich langsam wieder erholte, stellten wir fest, daß wir uns immer weniger zu sagen hatten. Vielleicht hatte das ja auch mit unserer Erschöpfung zu tun. Der Kampf gegen die Krankheit hatte all unsere Kraft aufgebraucht. Wir hatten alle die wirklich schweren Zeiten gemeinsam überstanden, aber zum Schluß waren wir dann wie betäubt und konnten kaum noch etwas empfinden. Eines Tages im März sagte sie: »Laß uns ein paar Leute besuchen.«

»Okay«, sagte ich.

Aber bald trafen wir uns kaum noch. Lisa verstand sehr gut, daß ich krank war, aber es war bedeutend schwerer für sie zu begreifen, warum ich nichts mehr für sie empfand. Wir trafen uns zwar noch ab und zu – man trennt sich ja nicht völlig –, trotzdem war es zu Ende.

Ich war völlig durcheinander und wußte nichts mit mir anzufangen. Eines Nachmittags machte ich mit Bill eine kleine Radtour (normalerweise wäre ich nie mit einem solchen Anfänger gefahren). Als wir so gemütlich durch die Gegend fuhren, sagte ich: »Ich geh wieder aufs College. Ich will Onkologe werden. Aber vielleicht studiere ich auch Betriebswirtschaft.«

Bill schüttelte nur den Kopf. Er hatte ein Diplom in Betriebswirtschaft und außerdem noch ein juristisches Examen an der University of Texas abgelegt. »Weißt du«, sagte er, »ich bin elf Jahre auf dem College gewesen. Ich habe in der Schule büffeln müssen, und ich muß jetzt immer noch schuften. Das mußt du dir doch nicht antun, du Trottel. Warum willst du jeden Tag von halb fünf Uhr morgens an in einem Büro arbeiten, wenn du es nicht nötig hast?«

»Du willst mich einfach nicht verstehen, Bill«, sagte ich. »Ich bin kein Radrennfahrer mehr.«

Eine Zeitlang rief Kik mich nicht mehr an. Und ich konnte sie nicht erreichen, so sehr ich mich auch bemühte. Sie war sich meiner nicht sicher, weil mein Ruf als Schürzenjäger bis zu ihr vorgedrungen war, und sie wollte nicht mein nächstes Opfer sein. Ich war dagegen nicht gewöhnt, daß man mich einfach so fallen ließ, das trieb mich zum Wahnsinn. Ich hinterließ eine Nachricht auf ihrem Anrufbeantworter: »Willst du mich eigentlich nie mehr zurückrufen?«

Endlich gab Kik nach. Was ich nicht wissen konnte, war, daß auch sie sich in einer Übergangsphase befand. Sie hatte sich von dem Mann getrennt, mit dem sie zusammengewesen war, und sie hatte ihren Job gewechselt, und das alles innerhalb von wenigen Wochen. Als ich sie dann eines Nachmittags anrief, ging sie endlich ans Telefon.

Ich fragte: »Na, was gibt's Neues?«

»Eine Menge. Ich habe gerade an meiner neuen Arbeitsstelle angefangen und habe viel zu tun.«

»Aha«, sagte ich und holte tief Luft. »Schade, und ich hab' gedacht, du wolltest mir sagen, daß du jetzt Single bist.«

»Na ja, wenn du es schon so sagst. Es stimmt. Vor zwei Tagen habe ich Schluß gemacht.«

»Tatsächlich?« sagte ich und versuchte, möglichst beiläufig zu klingen. »Du bist also allein.«

»Ja.«

»Und was machst du heute abend?«

»Irgendwas mit dir«, sagte sie.

Und seitdem sind wir zusammen.

Ich wußte sofort, daß ich in ihr meinen Meister gefunden hatte. Sie war zäh, unabhängig, vernünftig und überhaupt nicht verwöhnt. Obwohl ihre Eltern gut situiert waren – ihr Vater war leitender Angestellter in einem bekannten Unternehmen –, war sie es gewöhnt, für sich selbst zu sorgen und erwartete nicht, daß ihr irgendwas geschenkt wurde. »Ich glaub, jetzt hab ich's begriffen«, dachte ich bei mir.

Bei ihr fühlte ich mich sicher. Sie liebte mich, wie ich war, kahlköpfig und ohne Augenbrauen. Und sie akzeptierte mich mit meinen Minderwertigkeitsgefühlen, die ich wegen meines Haars, meiner Narben und meines restlichen Körpers hatte. Es machte ihr einfach nichts aus. Kik wurde meine Haarstylistin. Sie nahm meinen Kopf in die Hand und schnitt die Haare ganz vorsichtig mit einer Haarschneidemaschine, bis ich am Ende aussah wie ein Astronaut aus den sechziger Jahren.

In meinen früheren Beziehungen hatte immer ich das Sagen gehabt. Bei Kik lief das nicht. Manchmal bestimmte ich, manchmal ordnete ich mich ihr unter. Meistens passierte allerdings das, was sie wollte, und ich ging mit ihr dahin, wo sie hinwollte. Das ist auch heute noch so. Nord, Süd, Ost und der Rest. In jenem Sommer wollte Kik nach Europa. Sie war noch nie dort gewesen, und eine Freundin, die sie im College kennengelernt hatte, eine Austauschstudentin aus Spanien, hatte sie eingeladen. »Warum willst du ausgerechnet nach Spanien?« fragte ich sie. »Spanien ist ein einziges Staubloch.«

»Halt den Mund«, sagte Kik. »Verdirb mir nicht den Spaß. Ich spare schon seit Jahren für diese Reise.«

Sie würde über einen Monat weg sein. Das ging einfach nicht, sagte ich mir. Mir blieb nur eins übrig: mit ihr zu fahren. Es wäre eine gute Geste meinen Sponsoren gegenüber, wenn ich mich einmal bei der Tour de France blicken lassen würde, um zu zeigen, daß ich immer noch ein potentieller Wettbewerber war. Also beschloß ich, das mit Kiks Reise zu verbinden. Ich wollte vor allen Dingen die Tour auch einmal mit den Augen eines Zuschauers erleben und hoffte, es würde meine Lust wieder selbst zu fahren, wiederbeleben. Ich fragte sie, ob ich mitfahren könnte, und sie sagte ja.

Es war wie ein Erwachen. Ich hatte das Gefühl, Europa zum erstenmal in meinem Leben zu sehen, und vielleicht stimmt das ja auch sogar. Ich kannte es nur vom Rennrad aus bei 60 Stundenkilometern, hatte es aber noch nie als Tourist gesehen, und vor allem noch nie als Verliebter. Wir waren überall. Ich gab mit meinem Französisch, meinem Italienisch und meinem Spanisch an.

Die Zeit zwischen 20 und 30 hatte ich zum größten Teil verpaßt. Von meinem fünfzehnten Lebensjahr an war ich nur damit beschäftigt gewesen, Profisportler zu werden und meinen Lebensunterhalt zu verdienen, so daß ich keine Zeit hatte, die Dinge zu tun, die junge Leute in diesem Alter normalerweise machen, mich zum Beispiel so zu amüsieren, wie Kik und ihre Freunde auf dem College es getan hatten. Ich hatte diese Phase meines Lebens einfach übersprungen, aber jetzt bekam ich die Chance, all das nachzuholen. Ich machte mir zwar immer noch Sorgen um meine Gesundheit und wußte nicht, wieviel Zeit mir noch bleiben würde, ein Tag, zwei Jahre oder ein langes Leben. »Carpe diem«, sagte ich zu mir selbst, nutze den Tag. Ganz egal, wieviel Zeit mir noch blieb, ich würde sie genießen. Und so fanden wir uns, Kik und ich.

Ich hatte mein Leben nie wirklich genossen. Ich hatte was daraus gemacht und gekämpft, aber ich habe es nie wirklich genossen. Kik sagte: »Du hast eine große Begabung. Du kannst mir zeigen, wie man das Leben wirklich lieben kann, denn du hast an der Schwelle gestanden und die andere Seite gesehen. Deshalb kannst du es mir beibringen.«

Aber in Wirklichkeit lernte ich von ihr. Sie wollte alles sehen, und ich war der Typ, der es ihr zeigen konnte, und während ich ihr alles zeigte, sah ich es selbst auch. In Italien saßen wir in Straßencafés und aßen Schinken mit frisch geriebenem Parmesan drüber. Kik machte Witze: »Bevor wir uns kannten, gab es Parmesan für mich nur in einer grünen Streubüchse.«

Wir fuhren nach San Sebastian, wo es damals so heftig geregnet hatte, daß es mir im Gesicht wehtat. Hier hatten mich die Leute bei meinem ersten professionellen Rennen ausgelacht, weil ich als letzter im Ziel angekommen war. Diesmal sah ich mir die roten Ziegeldächer und die Treppen entlang der Biscaya an. Und ganz im Gegensatz zu meiner ersten Bemerkung über das Staubloch, mußte ich zugeben, daß es nirgendwo auf der Welt soviel schöne, alte Sachen gibt wie in Spanien.

In Pamplona sahen wir das Rennen der jungen Stiere. Kik sagte: »Laß uns die ganze Nacht aufbleiben.«

Ich fragte: »Warum?«

»Nur so zum Spaß. Willst du mir etwa erzählen, daß du noch nie die ganze Nacht aufgeblieben bist und erst bei Sonnenaufgang nach Hause gekommen bist?«

»Nein«, sagte ich.

»Meinst du damit, du wärst noch nie die ganze Nacht aufgeblieben?« fragte sie. »Das ist ja irre. Was ist denn los mit dir?«

Also blieben wir die ganze Nacht auf. Wir gingen in jedes Nachtlokal und jede Tanzbar in Pamplona. Erst als die Sonne schon aufging, schlenderten wir zu unserem Hotel zurück. Vor unseren Augen verwandelten sich die grau gepflasterten Straßen in Gold. Kik meinte, ich sei romantisch und empfindsam - was nur wenige meiner Freunde glauben würden. Für Chris Carmichael war ich »eine Art Eisberg. Es gibt eine Spitze, aber noch eine ganze Menge unter der Oberfläche.« Aber Kik war sich da ganz sicher.

In Monaco sagte ich ihr, daß ich sie liebe.

Wir waren in unserem Hotelzimmer und zogen uns gerade zum Essen um. Plötzlich waren wir beide ganz still. Bis zu diesem Augenblick hatte sich alles sozusagen nur unter der Oberfläche abgespielt. Aber als ich sie jetzt betrachtete, wußte ich genau, was ich empfand, so ist das mit den verschlungenen Pfaden der Liebe. Nur über Kik war ich mir völlig klar. Ansonsten lebte ich im Zustand absoluter Verwirrung. Ich wußte nicht, ob ich leben oder sterben würde. Und wenn ich leben sollte, wußte ich nicht, was ich mit meinem Leben anfangen sollte. Ich wußte nicht einmal mehr, ob ich wirklich mit dem Radfahren aufhören wollte. Ich wußte nicht, ob ich fahren wollte, in Pension oder aufs College gehen oder Börsenmakler werden sollte. Aber ich liebte Kik.

»Ich glaub, ich hab mich in dich verliebt«, sagte ich zu ihr.

Kik saß vor dem Spiegel und fragte: »Glaubst du es, oder weißt du es? Ich muß das nämlich wissen, verstehst du?«

»Ich weiß es.«

»Ich weiß es auch.«

Von dem Augenblick an waren wir beide für den Rest der

Reise im siebten Himmel. Wenn man sich jemals wünscht, sich zu verlieben, dann sollte es so sein wie bei uns, es war einfach perfekt. Unsere Beziehung brauchte keine Worte, wir blickten uns nur immer wieder tief in die Augen und erlebten intensive Gefühle. Seltsamerweise sprachen wir nie über meinen Krebs – nur ein einziges Mal, und das war, als wir darüber redeten, ob wir Kinder haben wollten. Ich erklärte ihr, daß ich welche haben wollte, und ich erzählte ihr von der Reise nach San Antonio.

Trotzdem machte es uns beiden auch Angst. Kik sagte immer: »Ich würde nie alles für einen Mann tun. Ich würde nie mein Leben nur für einen Mann ändern.« Sie war genau wie ich. Sie mußte ihre Beziehungen und ihre Gefühle immer im Griff haben. Sie wollte unabhängig sein, sie wollte nicht verletzt werden, sie wollte nichts geschenkt haben, dafür war sie einfach zu stark. Aber jetzt waren ihre Schutzmechanismen völlig ausgeschaltet. Eines Abends gab sie es mir gegenüber zu. »Wenn du mich vernichten willst, kannst du es«, sagte sie. »Da ist nichts mehr, was dich aufhalten könnte, also paß auf, was du tust.«

Wir fuhren zur Tour de France. Ich versuchte, ihr das Rennen zu erklären. Das Schachspiel zwischen den Fahrern, die zehn Millionen Fans, die an der Strecke stehen. Als sie dann aber die Fahrer selbst sah, diese Palette bunter Jerseys, die vor dem Hintergrund der aufragenden Pyrenäen an uns vorbeispurteten, da jubelte sie vor Freude.

Ich selbst hatte bei der Tour Geschäfte zu erledigen, mußte mit Sponsoren und Reportern reden. Kik war erstaunt, wie die Presseleute um mich herum schwärmten. Sie hatte nicht gewußt, daß der Radsport in Europa so populär ist. Aber ich war so mit Kik beschäftigt und genoß mein zweites Leben so sehr, daß ich nicht sehr überzeugend war, als ich darüber redete, ob ich noch einmal Rennen fahren würde.

»Ich bin einfach nicht mehr so angriffslustig wie früher«, erklärte ich den Reportern. »Vielleicht setze ich mich nur noch zum Spaß und zur Erholung aufs Rad.« Dabei fuhr ich schon wieder, das sagte ich ihnen auch. »Aber ich werde einfach nur mitfahren, ich mische nicht mehr an der Spitze mit.« Und eine Teilnahme an der Tour »ist für mich mit großer Wahrscheinlichkeit nicht mehr möglich«.

»Sehen Sie«, sagte ich. »Für mich war Radfahren ein Beruf. Ich bin gut damit zurechtgekommen. Ich habe ihn fünf, sechs Jahre lang ausgeübt. Ich war überall in Europa, bin eine Menge herumgereist. Jetzt hab' ich Zeit für meine Freunde und meine Familie und kann endlich das tun, was ich seit meiner Kindheit immer schon tun wollte.«

Als der Sommer zu Ende ging, sah ich wieder wie ein gesunder Mensch aus. Meine Haare waren wieder vollständig nachgewachsen. Trotzdem hatte ich noch immer große Angst vor einem Rückfall und ständig Phantomschmerzen in der Brust.

Und ich hatte Alpträume und seltsame Körperreaktionen. Ganz plötzlich bekam ich ohne jeden Grund Schweißausbrüche. Beim geringsten Streß oder beim kleinsten Angstanfall war ich in Schweiß gebadet.

Während der Behandlung hatte ich aktiv mitgearbeitet, den Krebs zu vernichten. Jetzt, wo die Behandlung abgeschlossen war, fühlte ich mich hilflos. Ich konnte nur noch abwarten. Ich war ein so aktiver, aggressiver Mensch, daß ich mich vermutlich besser gefühlt hätte, wenn man mir die Chemo ein ganzes Jahr lang gegeben hätte. Dr. Nichols versuchte, mich zu beruhigen: »Manche Leute haben hinterher größere Schwierigkeiten als während der Behandlung. Das kommt immer wieder vor. Es ist schwerer, auf einen Rückfall zu warten, als den Krebs aktiv anzugehen.«

Die monatlichen Kontrolluntersuchungen waren das Schlimmste. Kik und ich flogen gemeinsam nach Indianapolis und gingen in ein Hotel in der Nähe der Klinik. Am nächsten Morgen mußte ich dann schon um fünf Uhr aufstehen, um die Kontrastmittel für die verschiedenen MRIs, Scans und Röntgenuntersuchungen zu schlucken. Ein widerliches Zeug, das wie eine Mischung aus Tang und flüssigem Metall schmeckte. Es war immer wieder ein deprimierendes Erlebnis, in diesem Hotel aufzuwachen und zu wissen, daß ich wieder einmal in der Praxis eines Arztes sitzen mußte und man mir möglicherweise sagen würde: »Sie haben Krebs.«

Kik stand mit mir auf und saß neben mir, wenn ich elend und gekrümmt auf dem Bett saß, um den Kontrastmittelcocktail hinunterzuwürgen. Sie rieb mir den Rücken, während ich das Zeug schluckte. Einmal bat sie mich sogar, probieren zu dürfen, nur damit ich mich besser fühlte. Sie nahm einen großen Schluck und verzog dann das Gesicht. Wie schon gesagt, sie ist einfach eine tolle Frau.

Dann gingen wir gemeinsam in die Klinik, um uns die Bluttests und das MRI anzusehen. Die Ärzte schoben die Röntgenaufnahmen vor den Lichtkasten und legten den Schalter um. Ich zog unwillkürlich den Kopf ein, weil ich Angst hatte, wieder die ominösen weißen Flecke zu sehen. Kik wußte nicht, wie man ein Röntgenbild liest, und die Anspannung nahm uns beide sehr mit. Einmal deutete sie auf eine bestimmte Stelle und fragte nervös: »Was ist das hier?«

»Das ist eine Rippe«, erklärte ich, ganz der Fachmann.

Während wir dasaßen, dachten wir beide das gleiche. »Endlich habe ich die große Liebe gefunden, den Menschen, der mir mehr bedeutet als alles andere auf der Welt, wenn mir das jetzt irgend jemand wegnimmt, brech ich zusammen.« Mir wurde bei dem Gedanken regelrecht übel, und das ist auch heute noch so.

Aber alle Röntgenaufnahmen und auch die Bluttests waren immer noch ohne Befund. Mit jedem Monat wurde die Wahrscheinlichkeit eines Rückfalls geringer.

Man konnte mich inzwischen nicht mehr als einen Rekonvaleszenten betrachten. Ich war in jeder Beziehung gesund. Als das kritische Jahr fast um war, drängte mich Chris Carmichael, doch wieder Rennen zu fahren. Er kam schließlich sogar nach Austin geflogen, um mich persönlich unter Druck zu setzen. Seiner Meinung nach sollte ich mich wieder aufs Rad setzen, weil ich noch verschiedene Rechnungen im Sport offen hätte. Ohne mein Rad würde ich ohnehin eine schlechte Figur machen, und er hätte auch keine Angst, das offen auszusprechen.

Chris hatte ein langes Gespräch mit Bill Stapleton. Er sagte: »Jeder erzählt ihm, er soll tun, wozu er Lust hat, aber niemand sagt ihm, daß er wieder Radrennen fahren soll.« Seiner Meinung nach brauchte ich nur einen Tritt in den Hintern, und unsere gute Beziehung beruhte seit jeher darauf, daß er der richtige Mann dafür war.

Ich wußte genau, warum Chris gekommen war. Ich erklärte John Korioth: »Chris ist hier, um mich wieder aufs Rennrad zu bringen, und ich weiß noch nicht, ob ich das wirklich will.« Chris und ich gingen zum Mittagessen in mein Lieblingsrestaurant Chuey's, wo man texanisch-mexikanisch essen konnte, und ich stellte fest, daß meine Prophezeiung richtig gewesen war.

»Lance«, sagte Chris, »was soll das mit dem Golfspielen? Du bist Radrennfahrer.«

Ich schüttelte skeptisch den Kopf. »Ich weiß nicht.«

»Hast du Angst?«

Ja, ich hatte tatsächlich Angst. Auf dem Rad war ich stark wie ein Stier gewesen. Was würde passieren, wenn das jetzt nicht mehr so war? Womöglich machte mich das Rennfahren sogar wieder krank.

»Keiner deiner Ärzte wird dir sagen, daß du wieder Rennen fahren kannst«, sagte Chris, »Aber genauso wird dir auch keiner sagen können, daß du es nicht kannst. Meiner Meinung nach solltest du es einfach versuchen. Ich weiß, das ist eine Reise ins Ungewisse, die mit einem großen Risiko verbunden ist. Aber es ist auch eine große Herausforderung, selbst wenn du Angst davor hast. Niemand kann dir sagen, wie es ausgeht. Aber du lebst, und jetzt mußt du auch wieder richtig lebendig werden.«

Ich dachte ein paar Tage lang darüber nach. Es ist etwas anderes, wenn man eine Chemo hinter sich hat und dann wieder seinen Job als Buchhalter macht. Aber Radrennfahrer? Ich konnte mir das nicht so recht vorstellen. Im Vergleich zur Chemo kam mir der steilste Alpenpaß ziemlich flach vor.

Und da gab es noch etwas anderes zu berücksichtigen: Ich hatte eine Berufsunfähigkeitsversicherung, die fünf Jahre lang zahlen würde. Wenn ich ein Comeback versuchte, würde ich diesen Versicherungsschutz verlieren. Wieder Rennen zu fahren war finanziell ein Sprung ins Ungewisse.

Chris blieb noch eine Weile und lernte Kik kennen. Ständig versuchte er, mich dazu zu bringen, wieder aufs Rad zu steigen. Ich machte ihm klar, daß ich noch nicht genau wüßte, wie ich den Rest meines Lebens verbringen wollte. Aber er wollte das einfach nicht glauben. Dann wandte er sich an Kik und fragte sie: »Denken *Sie*, daß er wieder Radfahren sollte?«

»Das ist mir ziemlich egal, ich bin in diesen Mann verliebt«, sagte sie.

Chris sah mich an. »Okay«, meinte er, »die kannst du heiraten.«

Dann traf ich endlich doch meine Entscheidung: Ich würde versuchen, wieder Rennen zu fahren. Ich setzte mich auf mein Rad, und diesmal fühlte ich mich wohl dabei. Ich sagte zu Bill und Kik: »Ich glaube, ich kann das schaffen.« Ich bat Carmichael, mir ein Trainingsprogramm zusammenzustellen, und fing an, wieder ernsthaft zu fahren. Seltsamerweise konnte ich mein altes Gewicht nicht wieder erreichen. Mein altes Ich hatte etwa 80 Kilo gewogen. Jetzt wog ich nur noch etwa 72. Mein Gesicht war schmal geworden, und an meinen Beinen zeichnete sich jede einzelne Sehne ab.

Bill rief Cofidis an und sagte ihnen, daß ich wieder auf den Beinen wäre und trainieren würde. »Ich möchte mit Ihnen über sein Rennprogramm reden. Er ist so weit, daß er sein Comeback versuchen kann«, sagte Bill. Die Cofidis-Leute schlugen vor, daß Bill zu einer Besprechung nach Paris kommen sollte.

Bill nahm einen Nachtflug nach Paris und fuhr dann noch vier Stunden über Land zur Hauptverwaltung von Cofidis. Er kam pünktlich zum Essen, das in einem vornehmen Restaurant stattfand. Am Tisch saßen unter anderen Alain Bondue und François Migraine, der Geschäftsführer des Unternehmens.

Migraine hielt eine fünf Minuten lange Einführungsrede und hieß Bill in Frankreich willkommen. Und dann sagte er: »Wir sind Ihnen dankbar, daß Sie gekommen sind, aber wir müssen Ihnen leider mitteilen, daß wir von unserem Recht Gebrauch machen werden, seinen Vertrag zu beenden. Wir müssen uns etwas anderes überlegen.«

Bill sah Bondue an und fragte: »Meint der das ernst?«

Bondue blickte verlegen auf seinen Teller und sagte: »Ja.«

»Bin ich deshalb hierher geflogen, damit er mir das sagt?« fragte Bill.

»Wir hielten es für wichtig, Ihnen das persönlich mitzuteilen«, erwiderte Bondue.

»Schauen Sie, Sie brauchen ihm ja nur ein Minimum zu zahlen, wenn er wieder fährt«, sagte Bill. »Geben Sie ihm doch eine Chance. Er ist wirklich heiß auf ein Comeback. Er meint es ernst. Wir glauben nicht nur, daß er wieder fahren wird, wir wissen es.«

Cofidis glaubte nicht, daß ich je wieder meine alte Form erreichen würde. Und was dazu kam: Wenn ich dann wieder krank würde, wäre das eine sehr schlechte Werbung für das Unternehmen.

Es war vorbei. Bill war verzweifelt. »Aber er gehörte zu Ihrem Team, Sie haben ihn bezahlt. Machen Sie uns doch wenigstens ein Angebot.« Schließlich versprachen die Cofidis-Leute, sich das Ganze noch einmal zu überlegen.

Bill stand auf, obwohl das Essen noch nicht zu Ende war. Er stieg ins Auto und machte sich auf den langen Weg nach Paris. Er brachte es nicht übers Herz, mir das Ergebnis der Besprechung direkt mitzuteilen, sondern fuhr erst nach Paris zurück. Er setzte sich in ein kleines Café in der Nähe des Eiffelturms, nahm sein Handy aus der Tasche und wählte meine Nummer.

»Ja?« sagte ich.

»Sie haben den Vertrag gelöst.«

Eine Zeitlang sagte ich nichts. »Warum haben sie dich dann den langen Flug machen lassen?«

Ein paar Tage lang hoffte ich immer noch, Cofidis würde sich das Ganze noch einmal überlegen. Dann riefen sie mich an und boten mir ungefähr 180 000 Dollar. Der Vertrag enthielt eine Klausel, die ihn mir schmackhafter machen sollte: Man würde mir mehr zahlen, wenn ich Bonuspunkte der UCI (Union Cycliste International, Internationaler Radsportverband mit Sitz in Lausanne, Schweiz) für besondere Leistungen bei verschiedenen Rennen gewinnen würde. Das Grundgehalt, das sie mir anboten, entsprach gerade mal dem Minimum, aber wir hatten keine andere Wahl.

Doch Bill hatte noch einen anderen Plan in der Hinterhand. In der ersten Septemberwoche fand in Los Angeles die jährliche Interbike statt, die weltgrößte Fahrradmesse. Alle wichtigen Leute der Spitzenteams würden dort sein. Bill meinte, wenn ich mich dort gesund und munter präsentierte und erklärte, daß ich wieder fahren wolle, würde sich mit Sicherheit etwas ergeben. »Wir müssen vor die Presse, Lance, wir müssen allen sagen, wie ernst du das meinst, sie müssen wissen, daß du wieder auf dem Markt bist«, sagte Bill.

Am 4. September 1997 fuhr ich mit Bill zur Interbike und erklärte öffentlich, daß ich in der Saison 1998 wieder ins Renngeschäft zurückkehren würde. Ich gab eine Pressekonferenz, zu der zahlreiche Journalisten und Radrennexperten kamen, und teilte ihnen meine Pläne mit. Ich sprach über die Situation mit Cofidis und ließ durchblicken, daß ich das Gefühl hätte, man habe mich über den Tisch gezogen. Der Krebs habe mich ein ganzes Kalenderjahr gekostet, und Cofidis zweifele an meinen Fähigkeiten, obwohl ich selbst gesund sei und mich stark genug fühle, es mit der Konkurrenz aufzunehmen. Das alles erklärte ich öffentlich. Jetzt wußte die gesamte Fachwelt, daß ich wieder auf dem Markt war. Ich lehnte mich also entspannt zurück und wartete auf Angebote.

Aber es kam keins.

Keiner wollte mich haben. Einer der Topmanager des Renngeschäfts sprach kurz mit Bill, aber als er hörte, daß Bill 500 000 Dollar haben wollte, sagte er: »Das ist ein Honorar für einen

Champion. Sie erwarten das große Geld eines großen Fahrers.« Ein italienisches Team, Saeco-Cannondale, deutete an, daß man bereit sei, mir ein Angebot zu machen, und sie verabredeten sich mit Bill für den nächsten Tag. Aber niemand kam. Bill mußte den Typen suchen und fand ihn schließlich bei einer anderen Geschäftsverhandlung. Er sagte: »Nun, wie sieht's aus?«

Der Manager erwiderte: »Nein, wir werden nicht ins Geschäft kommen.«

Kein einziges europäisches Team war bereit, mich unter Vertrag zu nehmen. Von 20 Leuten, die Bill anrief, riefen nur drei zurück.

Die Tage vergingen, und wir warteten vergeblich auf ein seriöses Angebot. Ich wurde immer wütender. Bill Stapleton bekam den größten Teil meines Ärgers ab. Für unsere Freundschaft war das eine große Belastungsprobe. Anderthalb Jahre lang war er der Mann gewesen, der ständig schlechte Nachrichten für mich gehabt hatte. Er hatte mir erklären müssen, daß ich keine Krankenversicherung hatte und daß Cofidis meinen Vertrag gelöst hatte. Und jetzt mußte er mir klarmachen, daß niemand mich haben wollte.

Ich rief meine Mutter an, erzählte ihr von Cofidis und sagte ihr, daß mir offenbar kein Team ein Angebot machen wollte. Nicht eins. Ich konnte förmlich spüren, wie sie sich am anderen Ende der Leitung anspannte, und der alte Trotz kehrte in ihre Stimme zurück.

»Weißt du was?« sagte sie. »Die haben doch alle keine Ahnung. Du wirst es ihnen schon zeigen. Die machen einen riesigen Fehler.«

Um mich herum wimmelte es von Menschen, die mich entweder aufgegeben hatten oder glaubten, ich sei nicht mehr der, der ich einmal gewesen war. An einem Abend gingen Kik und ich zu einer Cocktailparty mit ein paar Leuten einer Hightech-Firma, für die sie arbeitete. Wir wurden auf der Party voneinander getrennt, und Kik unterhielt sich auf der anderen Seite des Raums mit zwei leitenden Angestellten, als einer der beiden plötzlich sagte: »Das ist also Ihr neuer Freund?« Und dann machte er eine ordinäre Bemerkung über meine Hoden. »Sind Sie sicher, daß er gut genug für Sie ist?« fragte er. »Das ist doch bloß noch ein halber Mann.«

Kik erstarrte förmlich. Sie sagte eisig: »Darauf fällt mir keine Antwort ein, und außerdem ist es überhaupt nicht komisch.« Sie drehte ihm den Rücken zu, kam zu mir und erzählte, was passiert war. Ich war außer mir. Jemand, der so was sagte, mußte unglaublich dumm sein. Vielleicht war er ja auch nur ein Trottel, der auf Cocktailparties zuviel trinkt. Trotzdem war ich nicht bereit, ihm das einfach so durchgehen zu lassen. Ich ging zur Bar und tat so, als wollte ich mir einen neuen Drink holen. Als ich an ihm vorbeikam, rempelte ich ihn ziemlich hart an.

Kristin gefiel das überhaupt nicht, und dann gerieten wir beide in Streit. Ich war zu wütend, um noch ein vernünftiges Gespräch führen zu können. Nachdem ich sie nach Hause gebracht hatte, fuhr ich zu mir, setzte mich hin und entwarf eine bissige E-Mail an diesen Typen, in der ich ihm etwas über Hodenkrebs mitteilte und ihm ein paar Statistiken erklärte. Ich schrieb ein Dutzend verschiedene Versionen. »Ich kann einfach nicht glauben, daß Sie so was sagen konnten, und dann auch noch ausgerechnet zu meiner Freundin«, schrieb ich. »Und wenn Sie wirklich glauben, das wäre komisch, haben Sie sich gewaltig geirrt. Es geht nicht darum, ob ich ein ›Ei‹ oder zwei oder fünfzig habe. Es geht um Leben und Tod.« Als ich dann fertig war, war ich immer noch so aufgeregt, daß ich mitten in der Nacht zu Kik fuhr, wo wir dann eine lange Diskussion hatten. Inzwischen machte sie sich Sorgen, daß der Typ sie entlassen könne, und wir redeten eine Zeitlang darüber, was wichtiger sei – die Prinzipien oder der Job.

Bill suchte weiter nach einem Team für mich. Er kam sich vor wie ein Agent, der versuchte, einen zweitklassigen Schwimmer unterzubringen, mit dem niemand reden wollte. Die Leute behandelten ihn wie den letzten Dreck. Trotzdem blieb Bill dran und schützte mich vor den brutaleren Kommentaren. Einer hatte gesagt: »Kommen Sie, der Typ wird nie wieder in einem

Team fahren. Das ist doch ein Witz, daß der jemals wieder diese Geschwindigkeit erreichen kann.«

Dann fand Bill eine Möglichkeit, die vielversprechend aussah. Es war das U.S. Postal Service Team, eine neue Organisation, die von Amerikanern finanziert und gesponsert wurde. Hauptinvestor war mein alter Freund Tom Weisel aus San Francisco, der vorher Besitzer von Subaru-Montgomery gewesen war. Die einzige Hürde war das Geld. Auch Postal bot mir nur ein bescheidenes Grundhonorar an. Bill flog nach San Francisco und verhandelte tagelang mit Mark Gorski, dem Chef des Teams, ohne etwas zu erreichen.

Ich war kurz davor aufzugeben. Wir hatten immer noch das Angebot von Cofidis, aber mein Zorn war inzwischen so groß, daß ich lieber gar nicht mehr an einem Rennen teilgenommen hätte, als für Cofidis zu fahren. Meine Berufsunfähigkeitsversicherung zahlte mir monatlich 20 000 Dollar, und das fünf Jahre lang. Das machte insgesamt etwa anderthalb Millionen Dollar, steuerfrei. Lloyds hatte Bill mitgeteilt, daß die Versicherung nicht zahlen würde, wenn ich wieder Rennen fuhr. Ich kam zu dem Schluß, daß ich nur dann das Risiko eines Comebacks auf mich nehmen sollte, wenn ich auch wirklich mit Leib und Seele dahinter stand.

Wir vereinbarten, daß Bill vor seinem Abflug aus San Francisco in Tom Weisels Büro vorbeischauen sollte, um ihm Aufwiedersehen zu sagen und alles noch einmal persönlich mit ihm zu besprechen. Toms Büro, eine beeindruckende Suite, von der aus man eine fantastische Aussicht hatte, befand sich im Transamerica-Gebäude. Bill fühlte sich nicht gerade wohl, als er dort ankam.

Er setzte sich mit Tom und Mark Gorski an einen Tisch, und Tom fragte unvermittelt: »Was will Lance denn, Bill?«

»Er möchte ein Grundhonorar von 215 000 Dollar«, sagte Bill. »Und eine Klausel über eine leistungsabhängige Zulage.«

Die UCI vergab Bonuspunkte auf der Basis der Leistungen bei großen Rennen. Wenn ich genügend gute Ergebnisse brachte, könnte ich mir über diese Punkte das holen, was mir am

Grundhonorar fehlte. Bill erklärte ihnen, daß ich für die Bonuspunkte bis 150 500 Dollar haben wollte, und für jeden Punkt darüber 1000.

»Wären Sie einverstanden, wenn wir für die UCI-Punkte eine Obergrenze festsetzen würden?« fragte Tom.

In gewisser Weise war das ja ein Kompliment: Offenbar machten sie sich Sorgen, ich könnte so viele Punkte machen, daß es für sie zu teuer würde.

»Kommt nicht in Frage«, sagte Bill.

Tom sah Bill schweigend mit dem kühlen Blick eines routinierten Verhandlungspartners an. Seit Wochen hatten wir am Verhandlungstisch nichts erreichen können, und Tom Weisel war ein abgebrühter Typ. Aber er kannte mich, und er glaubte wohl an mich. Er öffnete seinen Mund, um etwas zu sagen. Bill erwartete das Schlimmste.

»Ich stehe dafür gerade«, sagte Tom. »Damit wäre das erledigt.«

Bill seufzte beinahe erleichtert. Was für ein Geschäft. Ich war wieder im Rennen. Ich unterschrieb die Vereinbarung. Dann gaben wir eine große Pressekonferenz, auf der ich als neues Mitglied des Teams vorgestellt wurde. Ich sagte: »Ich bin nicht mehr krank, ich bin nur noch nicht wieder ganz in Form.« November und Dezember wollte ich in den Staaten trainieren und dann im Januar nach Europa fliegen, um zum erstenmal seit 18 langen Monaten wieder an einem Rennen teilzunehmen. Das bedeutete, daß ich auch meine alten Lebensgewohnheiten wieder aufnehmen mußte, aus dem Koffer leben und überall auf dem Kontinent Rennen fahren würde.

Aber jetzt gab es eine neue Komplikation: Kik. Ich fuhr nach Plano und besuchte meine Mutter. An einem Samstagmorgen beim Kaffee sagte ich zu ihr: »Wir wollen uns heute ein paar Brillanten anschauen.« Meine Mutter strahlte. Sie wußte sofort, was ich meinte. Und wir gingen zu den besten Juwelieren in Dallas.

Ich flog nach Austin zurück und plante ein gemütliches Abendessen zu Hause, nur für Kik und mich. Wir saßen im

Garten an dem Deich hinter meinem Haus und sahen zu, wie die Sonne über dem Lake Austin unterging. Ich sagte zu Kik: »Ich muß wieder nach Europa, und ich möchte nicht ohne dich gehen. Ich möchte, daß du mitkommst.«

Die Sonne verschwand hinter dem Seeufer und die Abenddämmerung kam. Es war still und dunkel. Man sah nur das Licht, das aus dem Haus schien.

Ich stand auf. »Heute ist etwas gekommen, was ich dir gern zeigen möchte«, sagte ich.

Ich griff in die Tasche und holte ein kleines gefüttertes Etui heraus.

»Komm ins Helle«, bat ich und öffnete es. Die Brillanten glitzerten im Licht.

»Heirate mich«, sagte ich.

Kik sagte ja.

Wir hatten noch nie über meine medizinische Prognose gesprochen. Sie hatte mich bei meinen monatlichen Kontrolluntersuchungen begleitet, hatte mit mir vor den Röntgenaufnahmen gesessen, aber wir beide hatten nie das Gefühl gehabt, über das Gesamtbild reden zu müssen. Als wir uns dann verlobt hatten, sagte eine Freundin ihrer Mutter zu ihr: »Wie konntest du es nur zulassen, daß deine Tochter einen Krebspatienten heiratet?« Erst in diesem Augenblick sahen wir uns gezwungen, darüber nachzudenken. Kik sagte einfach nur: »Weißt du, ich hab lieber ein wirklich wunderbares Jahr als 70 mittelmäßige. So seh ich das. Das Leben besteht nun mal aus Ungewißheiten. Du weißt es nicht. Niemand weiß es.«

Gemeinsam mit Kik packte ich alles ein, und wir fuhren quer durchs Land nach Santa Barbara, Kalifornien, wo ich zwei Monate lang an einem Intensivtraining teilnehmen würde. Wir mieteten uns ein kleines Haus am Strand und fühlten uns dort so wohl, daß wir beschlossen, hier auch zu heiraten. Wir planten den Hochzeitstermin für Mai. Vorher mußten wir jedoch im Januar nach Europa übersiedeln, wo wir den Winter 1998 und die Rennsaison im Frühling verbrachten.

Ich nahm meine Gymnastik wieder auf und trainierte meinen Körper wieder von Grund auf – Beinarbeit, Kniebeugen und so weiter. Tagtäglich verlängerte ich meine Trainingsstrekke. Jeder im Trainingslager von Santa Barbara war überrascht, wie gut ich zurechtkam. Als ich eines Nachmittags mit Frankie Andreu ein paar Steigungen fuhr, sagte er: »Mann, du fährst uns ja alle in Grund und Boden. Und du willst Krebs gehabt haben?«

Ich war jetzt auch offiziell eine Person, die den Krebs überlebt hatte. Am 2. Oktober hatte ich den ersten Jahrestag der Krebsdiagnose gefeiert, was bedeutete, daß ich die sogenannte Remissionsphase hinter mir hatte. Meine Ärzte sagten, die Wahrscheinlichkeit eines Rückfalls sei inzwischen nur noch minimal. Eines Tages bekam ich eine Notiz von Craig Nichols. Er schrieb mir: »Es ist jetzt an der Zeit, daß Sie Ihr Leben wieder in die Hand nehmen.«

Aber was macht man, wenn man den Krebs überlebt hat? Niemand kann einem dabei einen Rat geben. Was bedeutet es? Wenn die Behandlung abgeschlossen ist, sagen die Ärzte: »Sie sind geheilt, gehen Sie nach Hause, und leben Sie. Viel Glück.« Aber es gibt keine Unterstützung, niemand der einem dabei hilft, mit den emotionalen Folgen fertigzuwerden, mit der Rückkehr in die Welt, nachdem man um sein Leben gekämpft hat.

Man wacht nicht einfach morgens auf und sagt: »Okay, ich bin mit dem Krebs fertiggeworden, jetzt ist es Zeit, wieder normal zu leben.« Stacy Pounds hatte mir das gezeigt. Ich war körperlich geheilt, aber meine Seele mußte sich noch erholen. Ich trat gerade in eine Phase ein, die man Überleben nennt.

Wie würde mein zukünftiges Leben aussehen? Wie ging es weiter? Und was war mit meinen ständigen Alpträumen?

8 Zurück ins Leben

Als ich krank war, habe ich mir geschworen, nie mehr zu fluchen, nie wieder Bier zu trinken und nie mehr auszuflippen. Ich war dabei, der beste und anständigste Bursche zu werden, den man sich vorstellen kann. Aber das Leben geht weiter. Die Dinge ändern sich, und man vergißt seine guten Vorsätze. Und dann wird eben doch wieder geflucht und Bier getrunken.

Wie konnte ich so schnell wie möglich wieder normal leben? Das war mein Hauptproblem nach dem Krebs. Es gibt den Spruch, daß man jeden Tag so leben soll, als wäre es der letzte. Aber das half mir auch nicht weiter. Es ist bestimmt gut gemeint, aber in der Praxis funktioniert es nicht. Wenn ich nur für den Augenblick leben würde, wäre ich bloß noch eine liebenswürdige Niete mit einem ewigen Dreitagebart am Kinn. Ehrlich, ich hab's versucht.

Die Leute denken, das Comeback von Lance Armstrong wäre ein großer Triumph gewesen, aber am Anfang war es die reine Katastrophe. Wenn man ein ganzes Jahr lang Angst vor dem Tod gehabt hat, meint man, für den Rest des Lebens Anspruch auf Dauerurlaub zu haben. Das geht natürlich nicht. Man muß wieder zu seiner Familie zurück, zu seinen Freunden und seinem Beruf. Aber ein Teil von mir wollte mein altes Leben nicht zurückhaben.

Im Januar zogen wir mit dem U.S. Postal-Troß nach Europa. Kik kündigte ihren Job, gab ihren Hund weg, vermietete ihr Haus und packte alles zusammen, was sie besaß. In Cap Ferrat, auf halbem Weg zwischen Nizza und Monaco, mieteten wir uns eine Wohnung. Dann ließ ich sie eine Weile allein und ging mit dem Team auf die Straße. Radrennen sind nichts für Ehefrauen oder Freundinnen. Das war das gleiche wie im

Büro; es war mein Job, und man nimmt seine Frau ja auch nicht mit in den Konferenzraum.

Kristin war auf sich allein angewiesen in einem fremden Land, ohne Freunde oder Familie, und sie konnte die Sprache nicht. Aber sie reagierte typisch: Sie meldete sich sofort zu einem Französisch-Intensivkurs an, richtete die Wohnung ein und stürzte sich in die ganze Sache wie in ein großes Abenteuer, ohne das kleinste bißchen Angst. Nicht ein einziges Mal jammerte sie herum. Ich war stolz auf sie.

Ich selber war nicht so gut drauf. Auf der Straße lief es nicht so recht, weil ich mich erst wieder an die Strapazen von Straßenrennen durch Europa gewöhnen mußte. Ich hatte vergessen, wie das war. Das letzte Mal, als ich auf dem Kontinent war, hatte ich mit Kik Urlaub gemacht. Wir hatten in den besten Hotels übernachtet und wie Touristen gelebt. Aber jetzt war wieder das Gegenprogramm angesagt: widerliches Essen, unbequeme Betten in schäbigen, kleinen Hotels und ständiges Herumreisen. Ich mochte das überhaupt nicht.

Tief innerlich war ich nicht bereit. Damals verstand ich noch nicht besonders viel vom Überleben, sonst wäre mir klar gewesen, daß ich bei meinem Comeback-Versuch notwendigerweise psychische Probleme bekommen mußte. Wenn ich einen schlechten Tag hatte, jammerte ich oft: »Ach, ich hab eben zuviel durchgemacht. Ich hab drei Operationen, drei Monate Chemo und ein höllisches Jahr hinter mir. Kein Wunder, daß ich schlecht fahre. Mein Körper ist eben nicht mehr der alte.« Eigentlich hätte ich sagen sollen: »Was soll's, ich hatte eben einen schlechten Tag.«

Ich fuhr herum mit unterdrückten Selbstzweifeln und auch einer tief vergrabenen Wut. Ich bekam nur einen Bruchteil von dem, was ich früher verdient hatte. »80-Prozent Krebssteuer«, dachte ich sarkastisch. Und neue Verträge waren immer noch nicht in Sicht. Ich hatte mir das alles so vorgestellt: In dem Moment, wo ich wieder aufs Rad steige und mein Comeback verkünde, rennt mir ganz Amerika die Tür ein. Als das nicht passierte, gab ich Bill die Schuld dafür. Ich machte ihn völlig verrückt mit meinen ständigen Fragen, warum er mir keine Verträge anbrachte. Irgendwann kam es zu einem heftigen Streit am Telefon – ich in Europa, er in Texas. Wieder mal beklagte ich mich lang und breit darüber, daß sich an der Vertragsfront nichts tat.

»Hör mal, ich sag dir was«, sagte Bill, »ich such dir einen neuen Manager. Ich mach das nicht länger mit. Ich weiß, du glaubst, ich hätte es nötig. Da täuscht du dich aber. Ich kündige.«

Ich schwieg. Dann sagte ich: »Also, das möchte ich aber nicht.«

Von da an ließ ich Bill in Ruhe, aber ich war immer noch stinksauer, daß niemand mich wollte. Kein europäisches Team, und auch nicht das vereinte Amerika.

Mein erstes Profirennen nach 18 Monaten war die »Ruta del Sol«, ein Fünftagerennen durch Spanien. Ich kam auf den 14. Platz, und das war eine Sensation. Trotzdem war ich deprimiert und unzufrieden. Ich war daran gewöhnt, vorn zu liegen und nicht auf dem 14. Platz zu enden. Außerdem haßte ich den ganzen Rummel um mich bei diesem ersten Rennen. Ich fühlte mich gestreßt durch den Leistungsdruck und ärgerte mich über den Medienzirkus. Am liebsten wäre ich unangekündigt aufgetaucht, hätte ohne Kommentar mein Rennen gefahren und mich allein durch meine Selbstzweifel gekämpft. Ich wollte einfach nur im Peloton mitfahren und meine Beine wieder spüren.

Zwei Wochen später startete ich im »Paris – Nizza«. Es ist eins der schwierigsten Etappenrennen überhaupt, abgesehen von der Tour de France. Eine achttägige Strapaze, die berüchtigt ist wegen der winterlich rauhen Wetterbedingungen. Vor dem eigentlichen Rennen fand der sogenannte Prolog statt, ein Einzelzeitfahren. Das ist eine Art Ausleseverfahren, nach dem bestimmt wird, welcher Fahrer an der Spitze des Feldes fährt. Ich machte den 19. Platz, nicht schlecht für einen, der gerade vom Krebs geheilt war. Aber ich sah das nicht so. Ich war daran gewöhnt zu gewinnen.

Als ich am nächsten Morgen aufwachte, war der Himmel grau, es wehte ein scharfer Wind und die Temperatur lag um

Null. Als ich die Augen aufgemacht hatte, wußte ich sofort, daß ich bei diesem Wetter nicht fahren wollte. Mürrisch verdrückte ich mein Frühstück. Dann traf ich mich mit dem Team, um die Strategie für diesen Tag zu besprechen. Einstimmig beschlossen wir, daß wir auf George Hincapie, unseren Kapitän, warten und ihn wieder nach vorn ziehen wollten, wenn er aus irgendeinem Grund zurückfallen sollte.

Dann setzte ich mich im Startbereich in einen Wagen und versuchte, warm zu bleiben. Ich wäre am liebsten sonstwo gewesen, bloß nicht dort. Solche Gedanken machten es natürlich auch nicht besser. Draußen in der Kälte wurde meine Laune noch schlechter. Mißmutig streifte ich mir Legwarmers über und versuchte, einen winzigen Fleck meiner Haut trocken zu halten.

Wir brachen zu einer langen, ebenen Etappe auf. Der Regen peitschte von der Seite, und durch den scharfen Wind kam es einem noch kälter vor. Es gibt nichts, was einen mehr runterzieht als ein lange, flache Straße im Regen. An einer Steigung bleibt der Körper wenigstens ein bißchen warm, weil man sich anstrengen muß, aber auf einer flachen Straße dringen einem Kälte und Nässe bis in die Knochen. Da helfen keine Überschuhe, und keine Jacke ist gut genug. Früher hätte ich mich darum gerissen, Bedingungen auszuhalten, die jeden anderen geschafft hätten. Aber nicht an diesem Tag.

Hincapie hatte eine Reifenpanne.

Wir bremsten. Das Hauptfeld schoß an uns vorbei. Als wir wieder in Fahrt kamen, lagen wir 20 Minuten hinter der Spitze. Und bei diesem Wind würden wir uns eine Stunde brutal abstrampeln müssen, um wieder aufzuholen. Wir fuhren weiter, die Köpfe gegen den Regen gestemmt.

Der Seitenwind schnitt durch meine Kleidung, und ich konnte das Rad fast nicht mehr halten, als ich am Straßenrand entlangschlingerte. Plötzlich legte ich meine Hände oben auf den Lenker, richtete mich im Sattel auf und ließ das Rad über den Rand rollen.

Ich fuhr auf den Seitenstreifen. Ich gab auf. Ich verließ das Rennen. Ich zog mir die Nummer vom Trikot und dachte: »So habe ich mir mein Leben nicht vorgestellt, frierend, naß bis auf die Knochen und in der Gosse.«

Frankie Andreu war direkt hinter mir. Er erzählte mir später, wie das ausgesehen hatte, als ich mich aufrichtete und auf die Seite fuhr. Er hatte bei sich gedacht: »Der wird eine ganze Weile kein Rennen mehr fahren – wenn überhaupt noch mal. Er ist fertig.«

Als die anderen nach dem Ende der Etappe ins Hotel zurückkamen, packte ich bereits meine Sachen. »Ich geb auf«, sagte ich zu Frankie. »Keine Rennen mehr. Ich fahr nach Hause.« Es war mir egal, ob meine Kameraden mich verstanden oder nicht. Ich verabschiedete mich, hängte mir meine Tasche über die Schulter und verschwand.

Die Entscheidung aufzuhören hatte nichts damit zu tun, wie ich mich körperlich fühlte. Ich war stark, aber ich wollte nicht mehr mitmachen. Ich wußte einfach nicht, ob ich mich für den Rest meines Lebens auf dem Rad durch Kälte und Schmerzen strampeln wollte.

Kik war gerade nach der Sprachschule etwas einkaufen, als ich sie auf ihrem Handy anrief. »Ich komm heute abend nach Hause«, sagte ich. Sie verstand mich nicht, weil der Empfang nicht besonders gut war und fragte: »Was? Was ist los?«

»Das erzähl ich dir später«, sagte ich.

»Bist du verletzt?« Sie dachte, ich hätte einen Unfall gehabt.

»Nein, ich bin nicht verletzt. Bis heute abend.«

Ein paar Stunden später holte Kik mich am Flughafen ab. Wir sprachen nicht viel, bis wir im Auto saßen und auf dem Weg nach Hause waren. Schließlich sagte ich: »Weißt du, es macht mir einfach keinen Spaß mehr.«

»Warum?«

»Ich weiß nicht, wieviel Zeit ich noch habe, aber die möchte ich nicht auf dem Rad verbringen. Ich hasse es. Ich hasse die Strapazen. Ich hasse es, von dir getrennt zu sein. Ich hasse das ganze Leben hier. Ich will nicht in Europa bleiben. Bei der ›Ruta del Sol‹ hab' ich es mir bewiesen, ich hab' gezeigt, daß ich zurückkommen und es schaffen kann. Jetzt brauch' ich mir selber nichts mehr beweisen, und den anderen Krebskranken auch nicht. Das war's.«

Ich machte mich darauf gefaßt, daß sie mir Vorwürfe machen würde: »Und was ist mit meinem Kurs, und was mit meinem Job? Warum bin ich dann überhaupt mitgegangen?« Aber das sagte Kik nicht. Ruhig antwortete sie: »Also gut.«

Im Flugzeug nach Cap Ferrat hatte ich eine Harley-Davidson-Reklame gefunden, die genau das ausdrückte, was ich fühlte: »Wenn ich mein Leben noch einmal leben könnte, würde ich ...« Und dann wurden verschiedene Beispiele genannt wie »mehr Sonnenuntergänge betrachten«. Ich hatte es aus der Zeitschrift rausgerissen, und als ich nun versuchte, Kik meine Gefühle zu erklären, gab ich ihr die Anzeige und sagte: »Genau das ist es, was mit dem Radfahren nicht stimmt. So soll mein Leben nicht aussehen.«

»Laß uns drüber schlafen und ein paar Tage warten, bevor wir uns entscheiden«, antwortete sie.

Am nächsten Tag ging Kik wieder in ihre Sprachschule, und ich saß allein und untätig zu Hause. Ich wollte mein Rad nicht einmal sehen. In der Sprachschule war es streng verboten, im Unterricht mit dem Handy zu telefonieren. Trotzdem rief ich sie dreimal an. »Ich halt es nicht aus, hier rumzusitzen und nichts zu tun«, sagte ich. »Ich hab mit dem Reisebüro gesprochen. Wir reisen ab.«

Kik sagte: »Ich habe Unterricht.«

»Ich hole dich ab. Die Schule ist doch nur Zeitverschwendung.«

Kik ging aus dem Klassenzimmer, setzte sich draußen auf eine Bank und weinte. Seit Wochen kämpfte sie nun mit dieser Sprache. Sie hatte uns ein Zuhause geschaffen, gelernt, mit der fremden Währung umzugehen und herausgefunden, wo sie am besten einkaufen konnte. Sie hatte gelernt wie man auf der »autoroute« fährt und die französischen Mautgebühren bezahlt. Und nun war ihre ganze Mühe umsonst gewesen.

Als ich sie abholen kam, weinte sie immer noch. Beunruhigt fragte ich: »Warum weinst du denn?«

»Weil wir abreisen müssen«, sagte sie.

»Wie meinst du das? Du hast hier keine Freunde. Du kannst kein Französisch. Du hast hier keinen Job. Warum willst du hierbleiben?«

»Weil ich das nun mal angefangen habe und es nun auch zu Ende bringen möchte. Aber wenn du meinst, wir müssen gehen, dann gehen wir eben.«

Der Abend war der Anfang eines Packmarathons. Kik machte sich mit der gleichen Energie daran wie ans Auspacken. Innerhalb von 24 Stunden hatten wir mehr geschafft als die meisten Menschen in zwei Wochen. Wir riefen Kevin Livingston an und übergaben ihm unseren ganzen Hausrat: Handtücher, Silber, Lampen, Schüsseln, Töpfe, Teller, Staubsauger. Ich sagte zu ihm: »Wir kommen nicht mehr wieder. Ich will diesen Krempel nicht behalten.« Kevin versuchte erst gar nicht, mich umzustimmen – er wußte es besser. Er war im Gegenteil sehr schweigsam. Ich konnte an seinem Gesicht sehen, daß er meine Entscheidung für falsch hielt, aber er sagte kein Wort. Er hatte mein Comeback immer skeptisch gesehen und gesagt: »Paß auf deinen Körper auf. Take it easy.« Er hatte meine ganze Leidensgeschichte mit mir durchlebt und sich immer Sorgen um meine Gesundheit gemacht. Als ich ihm die Kartons in die Arme drückte, sah er so traurig aus, daß ich schon dachte, er würde gleich in Tränen ausbrechen. »Hier«, sagte ich und drückte ihm einen Karton mit Küchenkram in die Arme, »du kannst alles haben.«

Es war ein Alptraum. Meine einzige gute Erinnerung an diese Zeit ist die an Kik, und wie sie in dem ganzen Chaos, das ich anstiftete, die Ruhe behielt. Ich hätte es ihr nicht übelgenommen, wenn sie zusammengebrochen wäre. Sie hatte ihre Arbeitsstelle gekündigt, war nach Frankreich gezogen, hatte alles aufgegeben, und quasi über Nacht wollte ich nach Austin zurück und meine Karriere an den Nagel hängen. Aber sie hielt zu mir. Sie war verständnisvoll, unendlich geduldig und unterstützte mich in allem.

Zu Hause in Amerika wunderten sich alle, wo ich abgeblieben war. Bei Carmichael zu Hause klingelte morgens um acht das Telefon. Ein französischer Journalist fragte ihn: »Wo ist Armstrong?« Chris antwortete: »Er ist beim Paris - Nizza-Rennen.« Der Journalist sagte in gebrochenem Englisch: »Nein, er ist ausgestiegen.« Chris legte auf. Eine Minute später klingelte es wieder - noch ein französischer Journalist.

Chris rief Bill Stapleton an, aber der hatte nichts von mir gehört. Auch Och wußte nichts. Chris versuchte es über meine Handynummer und in meiner Wohnung in Frankreich. Keine Antwort. Er hinterließ mir Nachrichten, auf die ich nicht reagierte, und das war ungewöhnlich.

Irgendwann rief ich Chris vom Flughafen aus an und sagte: »Wir fliegen nach Hause. Ich mach' das nicht mehr mit. Ich brauch' die schäbigen Hotels, dieses Wetter und das miese Essen nicht. Was soll mir das bringen?«

Chris sagte: »Lance, tu, was du willst. Aber nicht Hals über Kopf.« Ruhig sprach er weiter und versuchte, ein bißchen Zeit herauszuschinden. »Kein Wort zur Presse, keine Verlautbarungen, kein Wort, daß du aufhören willst«, warnte er mich.

Nachdem ich mit Chris gesprochen hatte, erreichte ich Stapleton. »Ich bin so was von fertig«, sagte ich. »Ich hab ihnen bewiesen, daß ich ein Comeback schaffe, und jetzt bin ich fertig.«

Bill blieb ganz cool. »Okay«, sagte er. Er hatte schon mit Chris gesprochen und war über alles informiert. Ebenso wie Chris versuchte er mich hinzuhalten. »Und wie sollen wir das verkaufen?«

Bill schlug vor, mit einer Presseerklärung noch zu warten. »Eine Woche oder so, Lance. Das ist einfach zu verrückt im Moment.«

»Du verstehst mich nicht. Ich will jetzt Schluß machen, jetzt sofort.«

»Lance«, sagte Bill, »ich hab es kapiert, du willst aufhören. Okay, aber vorher müssen wir noch über ein paar Dinge reden. Warte einfach noch ein paar Tage.«

Dann rief ich Och an. Wir hatten eins unserer typischen Gespräche.

»Ich habe ›Paris – Nizza‹ geschmissen.«

»Das ist auch kein großes Ding.«

»Ich bin draußen. Ich fahre keine Rennen mehr.«

»Darüber solltest du nicht heute entscheiden.«

Kik und ich flogen nach Austin und hatten einen fürchterlichen Jetlag. Als wir nach Hause kamen, klingelte das Telefon ununterbrochen. Man wollte wissen, wo ich war und warum ich verschwunden war. Als es endlich ruhiger wurde, schliefen wir unseren Jetlag aus und trafen uns am nächsten Tag mit Bill in seiner Kanzlei in der Stadt.

Ich sagte: »Ich bin nicht hier, um über meinen Ausstieg zu diskutieren. Das ist entschieden. Ich bin fertig damit, und es ist mir egal, was du darüber denkst.«

Bill sah Kik an, und sie sah ihn an und zuckte die Schultern. Beide wußten sie, daß man mit mir in dieser Stimmung nicht reden konnte. Kik war inzwischen nur noch ein Schatten ihrer selbst, erschöpft und frustriert. Aber ihr Blick sprach Bände: »Hab Geduld mit ihm, er ist völlig von der Rolle.«

Bevor Bill wieder etwas von sich gab, vergingen vielleicht 20 Sekunden. Dann sagte er: »Also, wir müssen wenigstens eine Pressekonferenz geben, ganz offiziell. Am besten, wir machen uns gleich an die Arbeit.«

»Warum nicht einfach eine Pressemitteilung?«

»Find' ich nicht gut.«

»Warum?«

»Dieses Ruta del Sowieso und Paris – Dingsbums, das kennst vielleicht du. Aber in Amerika hat kein Mensch irgendwas davon gehört. Kein Mensch weiß, daß du wieder gefahren bist. Du mußt eine Pressekonferenz abhalten und der Welt mitteilen, daß du den Radsport aufgibst. Ich weiß, du hast dein fabelhaftes Comeback gehabt. Das ist schon richtig. Ein Wunder, was du geleistet hast. Allein der Sieg über den Krebs ist ein Comeback. Aber das weiß kein Mensch.«

»Bei der ›Ruta del Sol‹ bin ich vierzehnter geworden«, verteidigte ich mich.

»Lance«, sagte Bill, »du wirst der Kerl sein, der den Krebs

besiegt hat und nie mehr gefahren ist. Das ist es, was sich die Leute merken.«

Wieder entstand eine lange Pause. Kik stiegen Tränen in die Augen.

»Also«, sagte ich zögernd, »so geht das natürlich nicht.«

Stapleton zog mich über den Tisch. Er fand tausend Dinge, die erledigt werden müßten, bevor ich offiziell abtreten konnte. »Ich weiß, du willst dich zurückziehen. Hast du dir aber mal überlegt, *wie* du dich zurückziehen willst?« Er schlug eine Live-Pressekonferenz vor und meinte, wir müßten mit Sponsoren verhandeln. Dann sagte er: »Und wie wäre es mit einem Abschiedsrennen?« Ich könne unmöglich aus dem Aktivsport ausscheiden, ohne in den USA noch einmal aufgetreten zu sein.

»Wie wär's mit den ›National Championships‹ im Juni, die würden sich als Abschiedsrennen doch anbieten?« schlug er vor. »Du hättest gute Gewinnchancen, das weißt du. Das wäre ein Comeback, an das sich die Leute lange erinnern.«

»Also, ich weiß nicht«, sagte ich. »Eigentlich will ich überhaupt nicht mehr aufs Rad.«

Geduldig brachte Bill mich dazu, die Mitteilung über mein Ausscheiden noch aufzuschieben. Mit jedem weiteren Argument schindete er mehr Zeit heraus. Frühestens konnte ich nach dem »Ride for the Roses« ausscheiden, also erst im Mai.

Schließlich hatte Bill mich so weit. Ich versprach ihm, bis auf weiteres nichts zu sagen. Und inzwischen wollte ich erst mal ein paar Tage frei machen.

Das Postal Team hatte Geduld mit mir. Tom Weisel war bereit zu warten. Doch aus den paar Tagen wurde eine Woche, aus der Woche wurde ein Monat. Mein Rad rührte ich in dieser Zeit nicht an. Es stand unausgepackt in der Garage und verstaubte vor sich hin.

Ich lungerte herum, spielte jeden Tag Golf, fuhr Wasserski, trank Bier, lag auf dem Sofa und zappte durch die Fernsehprogramme.

Ich fuhr zu Chuey's, aß Tex-Mex und hielt mich überhaupt

nicht mehr an die Vorschriften meiner Trainingsdiät. Immer wenn ich aus Europa zurückkam, ging ich vom Flughafen aus schnurstracks zu Chuey's, egal, wie müde ich war, und bestellte mir ein Burrito mit Tomatillosoße und ein paar Margaritas oder Shiner Bocks. Jetzt nahm ich praktisch jede Mahlzeit dort ein. Ich wollte nie mehr auf etwas verzichten müssen. Ich hatte ein zweites Leben geschenkt bekommen, und ich war entschlossen, es zu genießen.

Aber Spaß machte mir das alles nicht. Ich war weder fröhlich, noch frei und glücklich. Es hatte etwas Gezwungenes. Ich versuchte krampfhaft, mich so zu fühlen wie damals mit Kik bei unserem Urlaub in Europa. Aber diesmal war alles anders, und ich wußte nicht, warum. Die Wahrheit war, daß ich mich schämte. Ich war bis obenhin voller Selbstzweifel, und mein Verhalten beim »Paris – Nizza«-Rennen war mir peinlich. »Junge, man gibt niemals auf.« Aber ich hatte aufgegeben.

Mein Verhalten paßte überhaupt nicht mehr zu meinem Charakter, und das nur, weil ich überlebt hatte. Es war ein klassischer Fall von »Was nun?« Ich hatte einen Job gehabt und ein individuelles Leben, und dann wurde ich krank, und das hat mein Leben völlig umgekrempelt. Als ich versuchte, in mein altes Leben zurückzukehren, verlor ich völlig die Orientierung, nichts war mehr so wie früher – und damit konnte ich einfach nicht umgehen.

Ich haßte das Rad, aber ich dachte: »Was soll ich sonst machen? Soll ich vielleicht Laufbursche in irgendeinem Büro werden?« Ich kam mir ganz und gar nicht wie ein Champion vor. Ich wußte nichts mit mir anzufangen. Ich wollte einfach abhauen, und das tat ich auch. Ich drückte mich vor jeder Verantwortung.

Den Krebs zu überleben bedeutete mehr, als daß nur mein Körper wieder gesund wurde. Auch mein Verstand und meine Seele mußten heilen. Heute weiß ich das.

Damals konnte niemand das so richtig verstehen – außer Kik. Sie blieb gelassen. Dabei hätte sie mit Recht wütend auf mich sein können, denn ich hatte ihr den Boden unter den Füßen weggezogen. Ich ging jeden Tag zum Golfspielen, und sie hatte kein eigenes Zuhause, keinen Hund und keinen Job mehr. Sie las die Stellenanzeigen und überlegte, wie sie unsere Finanzen aufbessern könnte. Meine Mutter wußte, was sie durchmachte. Wenn sie uns anrief, wollte sie immer auch mit Kik sprechen. Sie fragte sie: »Und wie geht es *dir*?«

Nachdem das mit dem Golfspielen, dem Biertrinken und dem mexikanischen Essen einige Wochen gedauert hatte, hatte Kik die Nase voll. Jemand mußte versuchen, zu mir durchzudringen. An einem Morgen saßen wir auf der Terrasse und tranken Kaffee. Ich stellte meine Tasse auf den Tisch und sagte: »Also, ich muß jetzt los zum Golf.«

»Lance«, sagte Kik, »und was soll *ich* heute machen?«

»Was meinst du?«

»Du hast mich nicht gefragt, was ich heute mache. Du hast nicht gefragt, worauf ich Lust habe oder ob es mir etwas ausmacht, daß du Golfspielen gehst. Du teilst mir einfach mit, was du vorhast. Interessiert es dich, was ich mache?«

»Tut mir leid.«

»Also, was soll ich heute tun? Was soll ich tun, sag mir das.«

Ich schwieg. Ich wußte keine Antwort.

»Du mußt endlich eine Entscheidung treffen. Du mußt dich entscheiden, ob du dich richtig zur Ruhe setzen und ein golfspielender, biertrinkender, mexikanisches Essen mampfender Schlappi werden willst. Wenn du das willst, okay. Ich liebe dich und werde dich sowieso heiraten. Aber ich muß wissen, woran ich bin, damit ich planen und mir einen Job suchen und dein Golfspielen finanzieren kann. Sag mir endlich, woran ich bin.

Aber wenn du dich nicht zur Ruhe setzen willst, dann mußt du mit dem Essen und Trinken aufhören und darfst nicht so herumhängen. Das mußt du dir wirklich klarmachen. Du drückst dich vor jeder Entscheidung, und das paßt nicht zu dir. Das bist nicht du. Und überhaupt weiß ich nicht, wer du im Moment eigentlich bist. Ich liebe dich trotzdem, aber du mußt dir endlich darüber klarwerden, was du willst.«

Sie sagte das nicht unfreundlich. Und sie hatte natürlich recht. Ich wußte wirklich nicht, was ich wollte, ich hing nur so rum. Plötzlich sah ich mich durch ihre Augen, als einen Ruheständler, und was ich sah, gefiel mir überhaupt nicht. Sie wollte kein untätiges Leben führen, und das konnte ich ihr nicht verdenken.

Ruhig fuhr sie fort: »Also sag mir, ob wir in Austin bleiben. Dann suche ich mir eine Arbeit. Ich will nicht weiter zu Hause hocken und mich langweilen, während du Golf spielst.«

So durfte normalerweise niemand mit mir sprechen. Aber sie sagte es fast liebevoll, überhaupt nicht aggressiv. Kik wußte, wie dickköpfig ich sein konnte, wenn jemand mir den Kopf waschen wollte. Das war meine alte Abwehrreaktion auf Kontrolle und Autorität. Wenn ich mich in die Enge getrieben fühle, wehre ich mich entweder körperlich, mit Worten oder emotional. Bei Kiks Worten fühlte ich mich jedoch nicht angegriffen oder verletzt, und ich hatte auch nicht das Gefühl, daß auf mir herumgehackt würde. Ich wußte, daß sie die reine Wahrheit sagte. Es klingt vielleicht komisch, aber dieses etwas einseitige Gespräch hatte mich sehr tief berührt. Ich stand auf und sagte: »Okay. Ich denk' darüber nach.«

Ich ging trotzdem zum Golfspielen, ich wußte, daß Kik nichts dagegen hatte. Golf war nicht das Problem. Das Problem war, wie ich mich selbst wiederfinden konnte.

Kristin, Stapleton, Carmichael und Och hatten sich gegen mich verschworen. Hinter meinem Rücken redeten sie dauernd darüber, wie sie mich wieder aufs Rad bringen könnten. Ich verkündete zwar immer noch, daß ich aufhören wolle, aber mit der Zeit fing ich an zu schwanken. Bill überredete mich zu einem letzten Rennen, den »U.S. Pro Championships«, das im Mai in Philadelphia stattfinden sollte.

Chris Carmichael kam nach Austin. Er warf einen Blick in die Garage, sah das immer noch eingepackte Rad und schüttelte den Kopf. Auch Chris meinte, ich müßte mich bewußt für oder gegen das Rad entscheiden. »Du hast überlebt, und jetzt mußt du wieder ins Leben zurück«, sagte er immer wieder. Aber er merkte auch, daß ich für ein regelrechtes Comeback noch nicht bereit war. Seinen Besuch in Austin erklärte er damit, daß er mir für die »U.S. Championships« einen Trainingsplan zusammenstellen wollte. Außerdem stand der zweite »Ride for the Roses« vor der Tür. Das Rennen war ein sogenanntes Kriterium durch die Innenstadt, ein Rundstreckenrennen mit Punktewertung. Dafür brauchte ich wenigstens ein Minimum an Kondition. »So kann das nicht weitergehen«, sagte Chris und zeigte auf meinen Körper. »Mit so einer Figur kannst du dich da nicht sehen lassen. Das wäre zu peinlich für deine Krebsstiftung.«

Chris bestand auf einem acht- bis zehntägigen Intensivtraining, damit ich wieder in Form kam, unabhängig von irgendwelchen Rückzugsplänen. Aber nicht in Austin. »Irgendwo außerhalb«, meinte er. »Hier kannst du dich nicht konzentrieren – zuviel Golf und andere Sachen.«

Wir überlegten, wohin wir gehen könnten. Arizona? Zu heiß. Colorado? Zu hoch. Dann fiel mir etwas ein: »Was ist mit Boone? Diese kleine Hippiegemeinde in North Carolina?«

Boone lag hoch oben in den Appalachies, auf der alten Strecke der »Tour DuPont«. Ich hatte schöne Erinnerungen an diesen Ort. Zweimal hatte ich dort die »Tour DuPont« gewonnen und viele Nachmittage damit verbracht, mich über den höchsten Gipfel zu quälen, den Beech Mountain, der entscheidenden Bergetappe des Rennens. Die Gegend war knochenhart, aber wunderschön, und in dem Collegestädtchen Boone wimmelte es von Studenten und Professoren der nahe gelegenen Appalachian State University. Praktischerweise gab es an der Uni auch ein Trainingszentrum und in den umliegenden Wäldern konnte man jede Menge Hütten mieten.

Per Internet mietete ich ein paar einsam gelegene Hütten. Dann fragte ich meinen alten Freund Bob Roll, ob er mein Trainingspartner sein wollte. Bob war 38 und ein hochmotivierter, ehemaliger Straßenfahrer, der zum Mountainbiking gewechselt hatte. Ich freute mich darauf, die zehn Tage mit ihm zu trainieren.

Wir flogen nach Charlotte in North Carolina und fuhren dann zuerst zur Universität. Mit dem Trainingszentrum am Sportinstitut hatte Chris ein paar Tests auf einem stationären Fahrrad vereinbart, um festzustellen, wie fit ich war. Er sah sich meinen VO_2-Wert und den Grenzwert der Milchsäurekonzentration an und fand bestätigt, was er schon wußte: Ich war fett und in einer lausigen Verfassung. Normalerweise waren meine physiologischen Werte oberste Spitze. Mein VO_2-Wert, der normalerweise bei 85 lag, war jetzt bei 64.

Zu den Trainern von der Uni sagte Chris: »Paßt auf. Wenn wir zurückkommen ist er auf 74, der schafft das in einer Woche.«

Chris wußte, daß mein Körper schon nach kürzester Zeit auf neue Belastungsspitzen reagierte, und ging davon aus, daß ich in wenigen Tagen wieder in Topform sein konnte. Aber um mich herauszufordern, wettete er mit mir, daß ich meine Wattleistung - die Tretleistung - in einer Woche nicht steigern könnte. »Ich wette einen Hunderter, daß du nicht über 500 kommst«, sagte er. Ich schlug ein.

Von da an gab es nur noch Essen, Schlafen und Fahren. In den höheren Bergregionen hatte gerade der Frühling begonnen und hüllte die Kiefernwälder in Nebel und Nieselregen. Tagtäglich fuhren wir im Regen. Die Kälte stach mir in die Lungen, und bei jedem Atemzug blies ich weiße Eiswolken aus. Aber diesmal machte mir das nichts aus, ich fühlte mich davon wie gereinigt. Wir fuhren auf gewundenen, kleinen Straßen, von denen kaum eine asphaltiert und in der Karte eingezeichnet war. Wir fuhren über Geröll, Karst und Kiefernnadeln und unter tiefhängenden Zweigen hindurch.

Abends servierte Chris riesige Schüsseln mit Spaghetti oder Folienkartoffeln, und dann setzten wir uns um den Tisch, schlangen das Essen hinunter und unterhielten uns über Dinge, die besser nicht abgedruckt werden. Wir erzählten uns Geschichten, lachten über die alten Zeiten, erinnerten uns an den Beginn unserer Freundschaft und mein erstes Jahr als Profisportler.

Jeden Abend rief ich zu Hause an, und mit jedem Tag merkte Kristin, daß ich langsam wieder ich selbst wurde. Ich war fröhlich, machte Witze und klang nicht mehr so depressiv. Und wenn ich ihr von der Kälte und dem Regen erzählte oder wie weit wir gefahren waren, lachte ich und sagte, fast erstaunt: »Ich fühl mich richtig gut.«

Ich konnte die Eintönigkeit des Trainings wieder genießen, tagsüber hart zu fahren und sich abends gemütlich in der Hütte zu verkriechen. Selbst das schreckliche Wetter gefiel mir. Es war, als wäre ich wieder beim »Paris - Nizza« und starrte den Elementen, die mich besiegt hatten, direkt ins Auge. In Paris hatte mich das kalte, nasse Wetter geschafft, doch nun konnte ich befriedigt feststellen, das es mir wie in alten Zeiten nichts mehr ausmachte.

Zum Abschluß des Trainings wollten wir den Beech Mountain nehmen. Chris wußte genau, warum er mir das vorschlug: Es hatte einmal eine Zeit gegeben, in der das »mein« Berg gewesen war. Die mörderische Steigung bis zum schneebedeckten Gipfel war 1500 Meter lang, und bei meinen zwei »Tour DuPont«-Siegen war das die entscheidende Etappe gewesen. Ich erinnerte mich noch daran, wie ich mich den Berg hinaufgearbeitet hatte, angefeuert von Massen von Zuschauern, die meinen Namen auf die Straße geschrieben hatten: »Go Armstrong!«

Wir starteten an einem kalten, regnerischen Nebeltag und wollten erst eine Schleife von 160 Kilometern fahren, bevor wir uns zum Schluß an den Aufstieg machten. Chris sollte im Auto folgen, damit wir oben die Räder aufladen und zum Abendessen zur Hütte zurückfahren konnten.

Wir fuhren und fuhren, es regnete unaufhörlich, vier Stunden, dann fünf. Als wir am Fuß des Beech Mountain ankamen, war ich seit sechs Stunden im Sattel und durch und durch naß. Aber ich stellte mich in die Pedale, kurbelte die Maschine bergauf und hängte Bob Roll ab.

Beim Angriff auf den Berg machte ich eine unheimliche Entdeckung: Auf der Straße stand noch immer mein Name.

Die Reifen rollten über die verwaschenen, gelben und weißen Buchstaben. Ich starrte zwischen meinen Füßen nach unten. Dort stand noch, etwas verblaßt: »Viva Lance.«

Immer weiter bergauf ging es, der Weg wurde steiler. Ich hämmerte in die Pedale, arbeitete hart und spürte einen Anflug von Schweiß und Befriedigung. Unter meiner Haut machte sich eine Wärme breit wie nach einem Schluck Alkohol. Mein Körper reagierte instinktiv auf die Steigung. Ohne zu überlegen, stellte ich mich im Sattel auf und nahm den Gipfel. Plötzlich fuhr Chris dicht hinter mir auf, kurbelte das Fenster runter und feuerte mich an: »Go, go, go!« schrie er. Ich schaute hinter mich. »Allez Lance, allez, allez!« schrie er. Ich stürzte mich in die Pedale und hörte, wie mein Atem kürzer wurde, und ich beschleunigte.

Das Klettern löste etwas in mir aus. Während ich mich den Berg hinaufschraubte, dachte ich über mein Leben nach. Ich dachte zurück an alle wichtigen Punkte, von meiner Kindheit an, über die ersten Rennen, bis hin zu meiner Krankheit und wie sie mich verändert hatte. Vielleicht lag es an dem sturen Kraftakt des Kletterns, daß ich mich endlich den Fragen stellte, um die ich mich seit Wochen herumdrückte. Ich merkte, daß die Zeit der Ausflüchte vorbei war. »Beweg dich«, sagte ich zu mir, »beweg dich, denn solange du dich noch bewegen kannst, bist du nicht krank.«

Ich schaute wieder auf den Boden, der unter meinen Füßen wegraste, auf das Wasser, das von den Reifen spritzte, und auf die wirbelnden Speichen. Und ich sah noch mehr blasse Buchstaben auf der Straße, ich sah meinen verwaschenen Namen: »Go, Lance, go.«

Auf meinem Weg nach oben sah ich mein Leben als Ganzes vor mir. Ich sah die Muster, seine Vorzüge und auch seinen Sinn. Und der bestand schlicht darin, daß mir ein langer, mühsamer Aufstieg bestimmt war.

Ich war fast auf dem Gipfel angekommen. Hinter mir konnte Chris an meiner Körperhaltung auf dem Fahrrad sehen, daß sich in mir ein innerer Wandel vollzog. Er spürte, daß eine Last von mir abgefallen war.

Spielend erreichte ich den Gipfel und ließ das Rad auslaufen. Chris parkte das Auto und stieg aus. Wir sprachen nicht darüber, was gerade geschehen war. Chris sah mich nur an und sagte: »Ich lade jetzt dein Rad auf den Wagen.«

»Nein«, sagte ich, »gib mir die Regenjacke. Ich fahr zurück.«

Ich war wiederhergestellt. Ich war wieder ein Radrennfahrer. Chris lächelte und stieg ins Auto.

Den Rückweg verbrachte ich in einem Zustand fast ehrfürchtigen Staunens über diese schönen, friedlichen, seelenvollen Berge. Die Fahrt war anstrengend, aber ruhig. Beim Fahren empfand ich die reinste Liebe für das Rad, und Boone erschien mir wie das Heilige Land, wie ein Wallfahrtsort. Sollte ich je wieder irgendwelche ernsthaften Probleme haben, weiß ich, daß ich nach Boone gehen und dort eine Antwort finden werde. Auf dieser Strecke habe ich mein Leben zurückbekommen.

Einen Tag oder zwei danach waren wir wieder im Trainingszentrum der Universität und testeten meine Wattleistung. Ich trat so wild in die Pedale, daß der Odometer, der Zähler, verrückt spielte. Ich trieb die Maschine so schnell an, daß Chris keinen Digitalwert ermitteln konnte. Lachend drückte er mir 100 Dollar in die Hand.

Abends beim Essen sagte ich beiläufig zu Chris: »Ich überlege, ob ich bei diesem Rennen in Atlanta mitmachen kann.«

»Klar, machen wir«, antwortete Chris.

An diesem Abend planten wir mein Comeback. Chris telefonierte wie wild herum und versuchte, mir ein neues Rennrad zu besorgen. Zunächst ohne Erfolg, aber das machte mir diesmal nichts aus.

Noch von Boone aus rief Chris auch Bill Stapleton an und sagte: »Es geht los. Er ist wieder ein anderer Kerl geworden. Der, den wir von früher kennen.«

Es war nicht so, daß ich einfach zurück aufs Rad sprang und gewann. Es gab viele Höhen und Tiefen, gute Ergebnisse und schlechte Ergebnisse, aber die schlechten machten mich diesmal nicht mehr fertig.

Nach Boone genoß ich wieder jeden Tag auf dem Rad. Jeden einzelnen Tag. Selbst wenn ich nicht in Form war, wenn ich mich quälen mußte, stürzte und wieder aufzuholen versuchte, ich dachte nicht einmal, nie, niemals mehr ans Aufgeben.

Das Rad mußte sogar mit zur Hochzeit. Im April 1998 war ich in Boone gewesen, und im Mai heirateten Kik und ich in Santa Barbara. Wir luden ungefähr hundert Leute ein und gaben uns bei einer kleinen, katholischen Feier - Kik ist katholisch - das Jawort. Und dann wurde getanzt. In dieser Nacht hielt es keinen auf dem Stuhl, alle rockten durch den Saal, und es war so ein tolles Fest, daß Kik und ich uns wünschten, es würde nie zu Ende gehen. Zum Schluß saßen wir - in vollem Hochzeitsstaat - mit den Gästen in der Hotelbar und ließen Cocktails und Zigarren kommen.

Wir blieben noch ein paar Tage in einem Haus am Strand. Es waren nicht gerade die idealen Flitterwochen, weil ich nach meinen Erlebnissen in Boone ganz wild darauf war zu trainieren. Ich fuhr jeden Tag. Dann kehrten wir wieder nach Hause zurück, weil ich in Austin am »Ride for the Roses« teilnehmen wollte, das sich zu einem spektakulären Sportereignis gemausert hatte. Teile der Innenstadt waren abgesperrt und die Straßen mit Lichterketten geschmückt. Ich gewann das Kriterium vor einem ziemlich guten Feld. Als ich aufs Podium stieg, kreischte Kik und hüpfte herum, als hätte ich die Tour de France gewonnen. »Das war doch nichts Besonderes«, sagte ich achselzuckend, aber insgeheim freute ich mich doch.

Es war schön, wieder ein bißchen Wettkampfluft zu schnuppern. Mein nächstes Rennen, die »U.S. Pro Championships« im Juni, war mein offizielles Comeback in den Rennzirkus. Ich wurde Vierter, und mein Freund und Teamkamerad George Hincapie gewann.

Eines Morgens sagte ich zu Kik: »Hör mal, vielleicht sollten wir es noch mal mit Europa probieren.« Sie nickte vergnügt und fing an zu packen. Es ist nämlich so, ich hätte jederzeit sagen können: »Wir gehen wieder nach Europa.« Und in Europa hätte ich sagen können: »Wir gehen wieder nach Austin.« In Austin dann hätte ich sagen können: »Weißt du, ich glaube, ich hab' mich vertan. Wir gehen doch wieder nach Europa.« Und sie hätte alles ohne zu meckern mitgemacht. Sie war einfach durch nichts aus der Ruhe zu bringen.

Kik hatte Spaß an der Herausforderung durch ein neues Land und eine neue Sprache, und deshalb war es für sie überhaupt kein Problem, daß ich wieder nach Europa wollte. Für andere Frauen wäre das eine Zumutung gewesen, aber ich habe ja auch nicht irgendeine geheiratet. Viele Frauen wären da drüben vielleicht auch gar nicht zurechtgekommen. Aber meine Frau ist eben etwas Besonderes.

Wir probierten es erst mal mit einer kleinen Mietwohnung in Nizza. Kik meldete sich wieder zu einem Französischkurs an, und ich startete bei verschiedenen Rennen. Ich nahm an der »Tour de Luxembourg« teil - und gewann sie. Nach der ersten Etappe telefonierte ich mit Kik, und sie wunderte sich, daß ich nicht aufgeregter war. Aber diese ganzen psychologischen Rückschläge beim Comeback hingen mir zum Hals raus, und deshalb hielt ich meine Gefühle und Erwartungen im Zaum. Es war bloß ein Viertagerennen, für Spitzenrennfahrer kein Anlaß zu großen Siegesfeiern. Aber moralisch gesehen war es großartig für mich, denn das hieß, daß ich wieder gewinnen konnte - und außerdem ergatterte ich damit auch ein paar UCI-Bonuspunkte. Dieser Sieg radierte die letzten Selbstzweifel, die noch in mir herumschwirrten, schlicht und einfach aus.

Als nächstes fuhr ich die »Tour von Holland«, die eine Woche dauert, und wurde Vierter. Die Tour de France im Juli ließ ich aus - der mörderischen Dauerbelastung in diesem dreiwöchigen Etappenrennen war ich noch nicht gewachsen. Aber ich kommentierte die Tour ein paarmal im Fernsehen und sah vom Straßenrand aus zu. Es wurde das umstrittenste, traumatischste Rennen in der Geschichte des Radsports. Bei gezielten Razzien in verschiedenen Mannschaftswagen stöberte die französische Polizei ganze Wagenladungen voll Epo, Wachstumshormonen und Steroiden auf. Teammitglieder und Funktionäre wurden ins Gefängnis geworfen, jeder war verdächtig, und die Radrennfahrer platzten vor Wut über das Vorgehen der Behörden. Von den ursprünglich 21 Teams beendeten nur 14 das Rennen. Ein Team wurde ausgeschlossen, und sechs weitere schieden unter Protest aus.

Doping gehört zu den unseligen Begleiterscheinungen im Radsport, das heißt, in den meisten Ausdauersportarten. Für manche Teams oder Rennfahrer ist das wie mit den Atomwaffen - sie müssen aufrüsten, um im Peloton konkurrenzfähig zu bleiben. Ich habe das nie so gesehen, und nach der Chemo wäre ich sowieso nie auf die Idee gekommen, so was zu benutzen. Alles in allem habe ich die Tour von 1998 mit sehr gemischten Gefühlen verfolgt: Die Rennfahrer, die der Hetzjagd zum Opfer fielen, taten mir leid; ein paar von ihnen kannte ich gut. Aber ich hatte auch das Gefühl, daß die Tour von jetzt an fairer verlaufen würde.

In diesem Sommer machte ich auf dem Rad große Fortschritte, und im August waren Kik und ich uns meiner Zukunft als Rennfahrer so sicher, daß wir uns in Nizza ein Haus kauften. Während Kik sich mit ihren frisch erworbenen Französischkenntnissen mit Bankangestellten und Möbelverkäufern herumschlug, fuhr ich mit dem Team zur »Vuelta a España«, der dreiwöchigen Tour von Spanien, die zu den anstrengendsten Radrennen der Welt gehört. Es gibt drei wirklich große Touren im Radrennsport: Italien, Spanien und Frankreich.

Am 1. Oktober 1998, fast zwei Jahre nach meiner Krebsdiagnose, fuhr ich bei der »Vuelta« durchs Ziel und wurde Vierter. Für mich einer der wichtigsten Erfolge meiner Karriere. In 23 Tagen fuhr ich 3757 Kilometer und verpaßte das Treppchen nur um sechs Sekunden. Der Sieger, der Spanier Abraham Olano, war nur 2 Minuten und 18 Sekunden schneller als ich. Besonders wichtig für mich war, daß ich um ein Haar die härteste Bergetappe des Rennens gewonnen hätte, und das bei Sturm und Eiseskälte. Das Rennen war so hart, daß fast das halbe Feld vor dem Finish aufgab. Aber ich gab nicht auf.

Der 4. Platz in der »Vuelta«, das war mehr als ein Comeback.

In meinem früheren Leben war ich bei Eintagesrennen immer sehr stark gewesen, aber bei den dreiwöchigen Etappenrennen hatte ich nie eine große Chance. Die »Vuelta« bedeutete nicht nur, daß ich wieder da war, ich war sogar besser geworden. Jetzt konnte ich jedes Rennen der Welt gewinnen. Ich schoß in der UCI-Wertung ziemlich weit nach oben und stand plötzlich hoch im Kurs.

Während ich die »Vuelta« fuhr, machte Kik ihren eigenen Ausdauertest, unseren Umzug. Unsere Wohnung lag im dritten Stock. Sie holte den Aufzug, schob die mit Kleidung, Radausrüstungen und Küchenutensilien vollgestopften Umzugskisten hinein, fuhr nach unten, lud den ganzen Krempel aus, schaffte ihn aus dem Flur vors Haus und packte ihn ins Auto. Dann fuhr sie zu unserem neuen Haus, lud das Auto aus, schleppte die Kisten eine steile Treppe hinauf und setzte sie im Haus ab. Anschließend fuhr sie wieder zur Wohnung zurück, und alles ging wieder von vorne los, eine Aufzugsladung nach der anderen. Kik arbeitete zwei Tage lang ununterbrochen, bis sie vor Erschöpfung kaum noch aus den Augen gucken konnte.

Als ich nach Hause kam, waren meine Kleider eingeräumt und der Kühlschrank gefüllt, und Kik überreichte mir die neuen Schlüssel. Irgendwie hatte ich dabei ein verrücktes Glücksgefühl. Das Haus kam mir vor wie der Höhepunkt dieses Jahres. Wir hatten es geschafft, wir hatten uns in Europa eingerichtet, und meine Karriere war neu gestartet. Kik konnte ein bißchen Französisch, wir hatten ein neues Zuhause und waren zusammen, und das war uns das Wichtigste. »Mein Gott«, sagte sie, »wir haben es geschafft. Wir haben neu angefangen.«

Um das zu feiern, fuhren wir für ein paar Tage zum Comer See, einer Lieblingsgegend von mir. Wir wohnten in einem wunderbaren Hotel – das Zimmer hatte ich persönlich ausgesucht. Wir hatten eine riesengroße Terrasse, einen hinreißenden Ausblick und taten nichts außer Schlafen, Spazierengehen und schön Essen gehen.

Dann flogen wir nach Austin und verbrachten dort den

Herbst und die Winterferien. Wir waren noch nicht lange zurück, da bekam ich eine E-Mail von Johan Bruyneel, dem Sportdirektor des U.S. Postal Teams. Er gratulierte mir zur »Vuelta«. »Ich denke, der 4. Platz war mehr, als Sie erwartet haben«, schrieb er. Dann machte er eine interessante Andeutung. »Auf dem Siegerpodest der Tour de France nächstes Jahr werden Sie eine gute Figur machen.«

Mehr stand nicht drin. Ich speicherte die E-Mail auf einer Diskette ab, druckte sie aus und sah mir die Worte genau an. Die Tour? Johan sah mich also nicht nur wieder in Etappenrennen, sondern traute mir sogar die Tour zu. Er meinte, ich könnte die ganze Sache sogar gewinnen.

Warum eigentlich nicht?

In den folgenden Tagen las ich mir immer wieder diese E-Mail durch. Nach einem Jahr der Verwirrung und der Selbstzweifel wußte ich endlich genau, was ich wollte.

Ich wollte die Tour de France gewinnen.

Es gibt etwas, das man beim Überleben lernen muß: Nach all der Aufregung, nachdem Verzweiflung und Krise überstanden sind, wenn man seine Krankheit angenommen und schließlich die Heilung gefeiert hat, sind es die alten Routinesachen und Gewohnheiten, die das Leben zusammenhalten. Zum Beispiel, daß man sich morgens rasiert, weil man einen Job hat, der einen erwartet, eine Frau, die man liebt und ein Kind, das man großzieht. Das alles gibt dem Leben eine Muster, das den Begriff »Leben« erst ausmacht.

Eines der Dinge, die ich an Boone liebte, war die phantastische Aussicht. Manchmal, wenn ich auf den Straßen fuhr, breitete sich hinter einer Kurve plötzlich die Landschaft vor mir aus und zwischen den Baumreihen konnte ich 30 Bergketten sehen, die sich bis zum Horizont hinzogen. Ich fing an, mein Leben auf dieselbe Weise zu sehen.

Ich wollte ein Kind haben. Während meiner Krankheit war die Vaterschaft aus meinem Blickfeld gerückt, vielleicht sogar unmöglich, eine verlorene Chance. Jetzt war mein Blick in die

Zukunft klar und fest umrissen wie die Bergketten in der Ferne. Ich wollte die Frage der Vaterschaft nicht länger aufschieben. Zum Glück ging es Kik genauso. Wir verstanden uns großartig, trotz des ganzen Durcheinanders im letzten Jahr. Wir lebten in einer liebevollen Harmonie miteinander, aus der das Bedürfnis entsteht, sich zusammenzutun und ein neues Menschenleben zu erschaffen.

Ironischerweise wurde das medizinisch fast genauso kompliziert wie eine Krebsbehandlung: Es gab ebenso viele Untersuchungen und Vorkehrungen, jede Menge Spritzen, Medikamente und zwei Operationen. Der Grund? Ich war unfruchtbar. Um schwanger zu werden, mußte Kik eine künstliche Befruchtung (IVF) machen lassen, mit dem Sperma, das seit jenem entsetzlichen Tag in San Antonio eingefroren war.

Was auf den nächsten Seiten folgt, ist der Versuch, diese Erfahrung in aller Offenheit weiterzugeben. Viele Paare behalten ihre Erfahrungen mit der IVF für sich und möchten überhaupt nicht darüber sprechen, was ihr gutes Recht ist. Bei uns ist das anders. Wir wissen, daß man uns vielleicht für unsere Offenheit kritisiert, aber wir haben uns entschlossen, die Einzelheiten zu beschreiben, denn es gibt genug Paare, die sich mit Unfruchtbarkeit herumschlagen und mit der Angst, vielleicht nie eine Familie gründen zu können. Wir wollen, daß sie über die Besonderheiten der IVF Bescheid wissen, damit sie begreifen, was sie erwartet. Für uns war die Erfahrung grauenhaft, aber der Mühe wert.

Wir wollten mit der Familiengründung gleich nach Neujahr anfangen. Ich vertiefte mich in die einschlägige Literatur, genauso wie damals beim Krebs. Ich suchte im Internet und sprach mit Ärzten. Wir flogen nach New York und sprachen dort mit den IVF-Experten der Cornell University. Aber als das Datum auf dem Kalender näher rückte, kamen uns doch Zweifel. Die ganze Prozedur würde sehr nüchtern und unpersönlich über die Bühne gehen. Außerdem hatten wir vom Reisen derart die Nase voll, daß uns die Vorstellung, wochenlang in einem fremden Hotel in New York zu hocken, mindestens so abstieß wie eine Chemotherapie. Wir änderten unsere Pläne und beschlossen, einen IVF-Spezialisten zu Hause in Austin aufzusuchen, Dr. Thomas Vaughn.

Am 28. Dezember hatten wir den ersten Termin bei Dr. Vaughn. Wir waren beide total nervös, als wir da in seinem Sprechzimmer auf dem Sofa saßen, und aus alter Gewohnheit hatte ich meine »medizinische Miene« aufgesetzt, wie Kik es nannte. So guckte ich immer, wenn es um etwas Medizinisches ging, verkniffen und mißtrauisch. Kik lächelte die ganze Zeit heftig, um Dr. Vaughn von meinem grimmigen Gesicht abzulenken, damit er einen guten Eindruck von uns als zukünftigen Eltern bekam.

Als wir mit dem Arzt über die künstliche Befruchtung sprachen, sah ich, daß Kik ein bißchen rot wurde. Sie war nicht an die Medizinersprache gewöhnt, während ich nach meinem Hodenkrebs keine Schwierigkeiten hatte, mit Fremden über sexuelle Dinge zu reden. Als wir das Sprechzimmer verließen, hatten wir einen groben Zeitplan in der Tasche und waren überrascht, daß es so schnell gehen könnte – wenn alles klappte, konnte Kik schon im Februar schwanger sein. Das Timing war wichtig, weil wir die Geburt des Babys mit meinen Trainingsphasen abstimmen mußten, wenn ich wirklich die Tour de France gewinnen wollte.

Zwei Tage später hatte Kik ihren ersten Röntgentermin. Sie wurde auf einem Röntgentisch festgeschnallt, und dann steckte man so ein Foltergerät in sie hinein, das Farbstoff versprühte. Die Röntgenaufnahme sollte verklebte Eierstöcke oder andere Probleme ausschließen. Erst nach zwei Versuchen bekamen die Krankenschwestern es richtig hin. Dabei taten sie Kik so weh, daß sie weinte. Aber, typisch Kik, sie konnte sich selbst nicht leiden, wenn sie weinen mußte.

»Ach, ich bin immer so empfindlich«, sagte sie.

Am nächsten Tag war Silvester, der letzte Abend, an dem sie Alkohol trinken durfte. Kein Alkohol und Koffein mehr im neuen Jahr. Am nächsten Morgen hatte meine Königin von Java einen furchtbaren Kater und lechzte nach einem Kaffee, aber sie trank von da an keinen Tropfen mehr. Wir wollten, daß unser Baby gesund war.

Eine Woche später hatten wir einen Termin im Krankenhaus. Wir dachten, es ginge nur um ein Treffen mit einer IVF-Schwester. Falsch. Wir kamen in den Raum, und er war, ohne Witz, wie für eine Verhandlung hergerichtet. An zwei einander gegenüberstehenden Tischen saßen nervöse Paare, die schweigend Händchen hielten. Eine übertrieben muntere Schwester kam und wollte ein Foto von uns für die Akten machen. Wir bleckten die Zähne und grinsten, und dann mußten wir zwei Stunden Sexualerziehung über uns ergehen lassen, garniert mit diesen alten Filmen, in denen Spermien die Eierstöcke hinaufschwimmen. Das kannten wir alles schon von der Highschool, und eigentlich hatten wir keine Lust, es uns noch mal anzugucken. Nebenbei verteilten die Schwestern stapelweise Informationsmaterial und gingen es Seite um Seite durch. Ich räkelte mich in meinem Stuhl und brachte Kik mit Zeichnungen von Spermien zum Lachen, die aus einem Schwänzchen und einem durchgestrichenen Kreis bestanden. Ich flüsterte ihr zu, ich käme mir vor wie bei einem Treffen der Anonymen Alkoholiker: »Hei, ich heiße Lance, und ich habe kein Sperma.«

Ich stieß Kik mit dem Ellbogen an und machte ihr ein Zeichen zum Gehen, aber es klappte irgendwie nicht. Wir beide saßen da, ständig auf dem Sprung, aber die Schwestern gaben uns keine Gelegenheit, uns höflich zu verdrücken. Schließlich konnten wir es keine Minute länger aushalten. Kik packte ihre Broschüren zusammen, stand auf und rannte fast aus dem Raum, ich ihr dicht auf den Fersen. Albern wie Schulkinder stürzten wir hinaus und rannten atemlos vor Lachen zum Auto. Wir fragten uns, immer noch kichernd, ob wir vielleicht doch zu unreif waren, um Eltern zu werden.

Ein paar Tage später gingen wir in die IVF-Sprechstunde wegen der Blutuntersuchungen. Kik wurde leichenblaß bei der Blutabnahme. Ich sagte ihr, sie sei eine Zicke, aber eigentlich hatte ich Mitleid mit ihr. Sie hat Angst vor Spritzen, und die nächsten Wochen würden sehr schwer für sie werden.

An diesem Abend bekam sie ihre erste Lupronspritze. Lupron ist ein Medikament, das den Eisprung verhindert. Alle 24 Stunden mußte sie zehn Einheiten spritzen – also eine Spritze pro Abend, bis die Ärzte ihr sagten, daß es genug sei. Für jemanden, der eine Aversion gegen Nadeln hat, war das natürlich ein Horror. Um die Sache noch schlimmer zu machen, mußte sie sich die Spritzen auch noch selbst setzen.

Jeden Abend Punkt halb neun ging Kik ins Bad und gab sich eine Spritze in den Oberschenkel. Beim ersten Mal zitterten ihr so die Hände, daß sie es nicht schaffte, die Luftbläschen aus dem Kolben zu drücken. Schließlich kniff sie sich fest in den Oberschenkel, fluchte laut und stach zu.

Mitte der Woche kam das U.S. Postal Team für einen Windkanaltest nach Austin. Kik und ich luden die ganze Mannschaft in ein Restaurant ein. Gerade als die Vorspeise serviert wurde, sah Kik auf ihre Uhr. Es war halb neun. Sie entschuldigte sich, ging zur Toilette und setzte sich »einen Schuß wie ein Junkie«, wie sie hinterher taktvoll bemerkte.

Nach dem Test im Windkanal war ein Trainingscamp in Kalifornien angesetzt. Natürlich mußte ich mitgehen, aber das hieß, daß ich Kik bei der Schwangerschaftsvorbereitung mehrere Tage allein lassen mußte. Während ich weg war, machte sie eine große Wallfahrt zur Klinik in San Antonio, wo mein tiefgefrorenes Sperma aufbewahrt wurde. Ich zahlte Miete dafür, 100 Dollar im Jahr.

Früh am Morgen ging Kik zur IVF-Klinik in Austin und holte einen großen Tiefkühlbehälter ab, der den ganzen Beifahrersitz einnahm. Dann fuhr sie eine Stunde nach San Antonio. Dort schaffte sie den Behälter in das Gebäude und fuhr in den dreizehnten Stock hinauf. Während eine Krankenschwester unsere Familie für den eisigen Rückweg nach Austin vorbereitete, blätterte sie in Zeitschriften. Auf meinen Wunsch ließ Kik kurz den Behälter öffnen und warf einen Blick auf die auf dem Fläschchen eingravierten Initialen LA. »Ich hab' im Stillen gebetet, daß das Gläschen nicht irgendeinem Larry Anderson gehört«, erzählte sie mir später. Auf dem Rückweg fuhr sie besonders vorsichtig. Ich rief sie unterwegs ein paarmal an, weil ich wissen wollte, wie weit sie war. Ich fühlte mich erst sicher, als sie den Behälter wieder im IVF-Büro abgegeben hatte. Es war nicht ganz das romantische, kerzenbeleuchtete Liebeserlebnis, das wir im Kopf hatten, aber jetzt waren wir bereit, ein Kind zu empfangen.

Kik setzte sich eine Spritze nach der anderen. Einmal waren ein paar Freundinnen zum Abendessen da, und als es halb neun war, wollte keine von ihnen glauben, daß sie sich tatsächlich selbst mit einer Nadel piekste. Sie gingen mit ihr ins große Bad hinauf und wollten zugucken. War es Lampenfieber, waren es glitschige Finger – jedenfalls fiel die letzte Ampulle Lupron auf die Fließen und zersprang. Ungläubig und entsetzt starrte Kik auf die Scherben. Sie wußte sehr wohl, daß sie im nächsten Monat wieder ganz von vorn anfangen mußte, wenn sie diese letzte Dosis im Zyklus ausließ. Ihr traten die Tränen in die Augen. Während die Freundinnen die Scherben zusammenfegten, bevor der Hund sich darüber hermachen konnte, suchte Kik in ihrem Ordner hektisch nach der Nummer der diensthabenden Schwester und rief sie an. Es war Samstagabend Viertel vor neun. Schluchzend erklärte Kik, was geschehen war. Die Schwester sagte: »Ach, du liebe Zeit.« Und dann telefonierten beide in der Stadt herum, um eine offene Apotheke zu finden. Endlich erreichte Kik eine und raste über die Schnellstraße in die Stadt. Der Apotheker hatte noch offen und erwartete sie schon. Zum Abschied klopfte er ihr auf die Schulter und wünschte ihr noch viel Glück.

Einige Tage später hatte Kik einen Ultraschalltermin bei Dr. Vaughn, bei dem ihre Eizellen erfaßt und gemessen werden sollten. Es war nicht leicht für Kik, ganz allein zum Arzt zu gehen. Die anderen Frauen hatten immer ihre Männer dabei. Als sie im Wartezimmer saß und in Zeitschriften blätterte, konnte sie ihre Blicke spüren. Sie konnte sich denken, was sie dachten: Warum braucht eine so junge Frau eine künstliche Befruchtung, und warum kommt sie immer allein?

Doktor Vaughn begann nun mit der Gonal-F-Therapie. Dieses Medikament soll das Follikelhormon stimulieren und die Produktion von Eizellen fördern. Ab jetzt würde sie zwei Spritzen täglich brauchen: fünf Einheiten Lupron und drei ganze Ampullen Gonal-F. Sie sagte mir, ihr Körper, der einmal ein Tempel war, sei jetzt eher »eine Kreuzung aus einem Nadelkissen und einem Hühnerhaus«.

Das Gonal-F zu mischen war nicht ganz einfach. Wir bekamen es als Pulver in Glasfläschchen. Kik mußte eine Spritze mit einer besonders langen Nadel nehmen, bei deren Anblick ihr schon schlecht wurde, und eine halbe Einheit steriler Wasserlösung aufziehen. Dann brach sie die Ampullen auf und spritzte die Flüssigkeit hinein. Diese Mischung zog sie dann in der Spritze auf, schüttelte sie, um die dicke Luftblase am Ende aufzulösen und drückte den Kolben hoch, bis die Luft ganz aus der Nadel rauskam. Dann spritzte sie sich die teuflische Mischung in den Oberschenkel.

Am 22. Januar hatte Kik morgens um sieben mal wieder einen Termin zur Blutabnahme bei Dr. Vaughn. Noch eine Spritze. Sie schaute so weit wie möglich weg und konzentrierte sich auf die Bilder an der gegenüberliegenden Wand. Dabei fragte sie sich, wie sie erst mit der Geburt zurechtkommen sollte, wenn ihr schon bei der Blutabnahme schwindelig wurde. Um vier Uhr am selben Tag ging sie zu einer weiteren Ultraschalluntersuchung noch mal zu Dr. Vaughn. Er registrierte zwölf Eizellen, die sich alle nach Plan entwickelten.

Es war der Gipfel der Ironie: Am selben Tag flog ich von Kalifornien nach Oregon, um bei Dr. Nichols meine halbjährliche Krebsuntersuchung machen zu lassen. Dr. Nichols war von Indianapolis nach Portland gezogen, trotzdem ging ich zu den regelmäßigen Röntgenuntersuchungen immer noch zu ihm. Ich erzählte ihm, daß meine Frau zur selben Zeit auch bei einem Arzt war, allerdings aus völlig anderen Gründen. Aber wir sagten uns, daß es eine Gemeinsamkeit gab: die Bestätigung, daß Leben möglich war.

Kik war nun fast bereit für die ›Empfängnis‹, die Operation zur Entnahme der Eizellen. Am dem Tag, bevor das passieren sollte, kam ich wieder nach Hause, worüber wir beide sehr erleichtert waren. Sie mußte noch einmal eine Runde von Bluttests und Ultraschalluntersuchungen und eine weitere Injektion über sich ergehen lassen: eine Dosis HCG, der Tumormarker, der mich während der Chemo verfolgt hatte. In diesem Fall aber hatte das HCG etwas Gutes, es würde die Eizellen in Kiks Körper für die Empfängnis reif machen.

Sie bekam die Spritze genau um halb acht abends in einer örtlichen Praxis, 36 Stunden vor dem Eingriff. Diesmal war die Nadel noch länger als sonst. Kik lag zitternd auf der Liege, aber die Schwester machte alles sehr behutsam.

In dieser Nacht träumte Kik von Messern und Hühnerhäusern.

Am Morgen des Eingriffs standen wir um sechs Uhr auf und gingen zum ambulanten OP-Zentrum, wo Kik erst mal Krankenhauskleidung bekam, darunter eine blaue Duschhaube und einen Bademantel. Der Anästhesist erklärte uns das Verfahren und gab uns einen Stapel Einverständniserklärungen, die wir unterzeichnen sollten. Nervös kritzelten wir unsere Namen darunter. In einer wurde den Ärzten das Recht übertragen, die Bauchhöhle zu öffnen, falls die normale Methode, die Eizellen mit Hilfe einer Nadel zu holen, nicht funktionierte. Dann schritt Kik in den OP.

Sie wurde auf dem Operationstisch regelrecht festgeschnallt, ihre Arme ausgestreckt wie am Kreuz. Sie kann sich an nichts mehr erinnern, nachdem die Wirkung der Narkose einsetzte. Ein Glück, denn die Ärzte ernteten ihre Eizellen mit einer besonders langen Nadel und einem Endoskop.

Als Kik im Aufwachzimmer zu sich kam, beugte ich mich über sie. »Kommst du zu mir ins Bett?« fragte sie. Ich kuschelte mich neben sie und blieb bei ihr, bis sie eine Stunde später richtig wach wurde und aus dem Krankenhaus entlassen wurde. In einem Rollstuhl schob ich sie zum Auto und fuhr zum zweiten Mal in meinem Leben im Tempolimit nach Hause.

Am Wochenende ruhte Kik sich aus, schlief viel und sah sich Filme an. Ich pflegte sie und kochte für uns. Barbara, die

Frau von Brat Knaggs, kam mit Blumen und überreichte uns einen Karton mit Eiern. »Weil Sie ja selbst keine mehr haben«, sagte sie. Das Lachen tat Kik weh, aber die Progesteronspritze, die ich ihr später gab, tat noch mehr weh. Die neueste Anweisung der Ärzte war eine tägliche Dosis Progesteron, und das mit der bisher längsten und ekelhaftesten Spritze. Diesmal mußte ich das übernehmen.

Am 1. Februar rief Dr. Vaughn an und berichtete vom Fortschritt der Befruchtung. Das tiefgefrorene Sperma war aufgetaut und Kiks Eizellen durch eine sogenannte ICSI (intrazytoplasmatische Spermieninjektion) befruchtet worden. Dabei wurde in jede Eizelle eine Samenzelle gespritzt. Neun Eizellen seien lebensfähig gewesen, sagte Dr. Vaughn. Von diesen neun seien sechs perfekt, zwei fraglich und eine zerstört. Wir beschlossen, drei der sechs perfekten Eizellen in Kiks Gebärmutter einzupflanzen und die anderen drei einfrieren zu lassen. Merkwürdige Vorstellung, seine zukünftigen Kinder einzufrieren.

Nachdem wir aufgelegt hatten, überkam uns einen Moment lang so etwas wie Panik. Laut überlegte ich: »Und was ist, wenn es bei allen dreien klappt?« Womöglich hätten wir dann drei quäkende, krabbelnde, sabbernde Babys auf einmal.

Drei Tage nach der Befruchtung gingen wir wieder ins Krankenhaus, um den sogenannten Embryonentransfer durchführen zu lassen. Dieses verkehrstechnische Wort steht für den wichtigsten Tag in unserem gemeinsamen Leben, abgesehen von unserer Hochzeit. Wir wurden in die OP-Ambulanz geschickt, wo unsere Embryologin Beth Williams uns erzählte, daß sie das Wochenende über mit der Befruchtung unserer Eizellen beschäftigt gewesen sei. Sie sagte, sie sei sehr froh darüber gewesen, daß die Spermien nach dem Auftauen lebendig und schwimmfähig waren, was nach dem Einfrieren nicht immer der Fall sei. Die Befruchtung sei problemlos verlaufen – sie hatte sogar Fotos mitgebracht. »Das da ist ein Gruppenfoto«, sagte sie – ein ziemlich witziger Ausdruck für ein verschwommenes Bild von drei Embryos –, dann folgten Fotos von jedem einzelnen. Die Embryos hatten acht Zellen, die sich plangemäß teilten.

»Können Sie schon etwas über das Geschlecht sagen?« fragte Kik.

Dr. Williams schüttelte den Kopf und erklärte uns, daß das Geschlecht in diesem frühen Stadium nur bestimmt werden kann, indem man Zellen entnimmt und die DNA analysiert. Von medizinischen Prozeduren hatte ich für mein Leben genug. »Uff, nein danke«, sagte ich, »da lassen wir uns lieber überraschen.«

Nachdem Beth gegangen war, erschien eine Schwester mit zwei Krankenhauskitteln – einen für Kik und einen für mich. Als wir sie angezogen hatten, sagte Kik: »Du siehst aus wie ein Monster.« Kichernd baten wir Dr. Vaughn, ein Foto von uns zu machen, um unsere letzten Minuten als kinderloses Ehepaar festzuhalten. Dann gingen wir in den abgedunkelten OP. Das gedämpfte Licht sollte eine möglichst entspannte Atmosphäre schaffen. Angst hatten wir nicht, wir waren nur sehr aufgeregt und grinsten beide wie die Idioten. Dann gab der Arzt dem Embryologenteam das Zeichen, das es nun soweit war, und sie kamen mit unseren drei Embryos in einer Spritze. Ich saß neben Kik auf einem Stuhl und hielt ihr unter dem Tuch beide Hände. Nach fünf Minuten war alles vorbei. Wir hatten nicht eine Sekunde die Augen voneinander gelassen.

Dann wurde Kik vorsichtig auf eine Liege gehoben und in einen kleinen Raum geschoben, wo sie eine Stunde lang bewegungslos liegen mußte. Ich streckte mich auf einem Bett neben ihr aus. Wir lagen einfach nur da, schauten zur Decke und neckten uns gegenseitig damit, daß wir Drillinge bekommen würden.

Als die Stunde um war, kam eine Schwester und erklärte, Kik dürfe in den nächsten zwei Tagen absolut nichts tun. Vorsichtig fuhr ich nach Hause, brachte sie ins Bett und umsorgte sie. Ich brachte ihr auf einem Tablett etwas zu essen, und abends deckte ich den Tisch mit hübschen Stoffservietten.

»Armstrong, bitte einen Tisch für fünf Personen«, verkündete ich.

Ich servierte das Essen wie ein Oberkellner. Kik durfte nur

zum Essen aufstehen, zwischen dem Salat und dem Hauptgang mußte sie sich aufs Sofa legen. Sie ernannte mich zum »Oberaufseher«.

Kik wachte am nächsten Morgen davon auf, daß ich ihren Bauch küßte. Von diesem Tag an mußte sie eine Medizin einnehmen, die wir ›Brutpillen‹ nannten. Die Embryologen hatten vor dem Transfer in jede Eizelle ein mikroskopisch kleines Loch gepiekt. Die Brutpillen und dieses winzige Loch sollten den Embryos beim Ausschlüpfen und Einnisten in die Gebärmutter helfen.

Erst in zwei Wochen, am 15. Februar, würden wir wissen, ob Kik wirklich schwanger war, und wir konnten es kaum erwarten. Wir versuchten, auch auf die kleinste Veränderung in ihrem Befinden zu achten. Aber sie hatte ja wochenlang Spritzen und Tabletten bekommen, und so konnte sie kaum noch sagen, wie sie sich normalerweise fühlte. »Spürst du irgendwas?« fragte ich sie andauernd. »Wie soll es sich eigentlich anfühlen?« Das fragten wir uns die ganze Zeit.

»Bin ich oder bin ich nicht?« fragte sie immer wieder.

Am elften Tag nach der Transplantation fuhr Kik frühmorgens zum HCG-Test (dem Schwangerschaftstest) ins Krankenhaus. Sie war so nervös, daß sie das Radio ausmachte und auf dem Hin- und Rückweg vor sich hinbetete. Das Ergebnis sollte um halb zwei da sein. Um die Zeit rumzukriegen, frühstückten wir ausgiebig, duschten und packten für Europa.

Gerade als Kik mit dem Hund rauswollte, klingelte das Telefon. Ich nahm ab und sagte: »Uff.« Während ich zuhörte, stiegen mir die Tränen in die Augen. Ich legte auf und umarmte sie stürmisch. »Baby, du bist schwanger.« Kik warf ihre Arme um mich und fragte: »Bist du sicher?« Ich lachte, und dann mußten wir beide weinen.

Jetzt, wo wir wußten, daß sie schwanger war, war die große Frage, wie viele Babys es waren. Vergnügt verkündete ich, ich wollte am liebsten drei Jungen. »Je mehr, desto besser«, sagte ich.

Kik verdrehte die Augen. »Mein Mann hat eine lebhafte

Phantasie. Entweder das, oder es macht ihm Spaß, mich zu quälen.«

»Ich sehe dich schon auf einem internationalen Elfstundenflug mit den Drillingen«, sagte ich. »Stell dir vor: Wahnsinn, Müdigkeit, Zappelei, Schlaflosigkeit.«

Kik bemühte sich, alles richtig zu machen. Sie ernährte sich gesund, ging sechs Kilometer am Tag spazieren, nahm ihre Schwangerschaftsvitamine ein und hielt Mittagsschläfchen. Sie kaufte einen Stapel Schwangerschaftsbücher, und wir sahen uns Kinderbettchen an. Freunde fragten, ob ihr übel sei, aber das war nicht so. Sie fühlte sich sogar so gut, daß sie anfing sich zu fragen, ob das Krankenhaus vielleicht den Bluttest verwechselt hatte und sie gar nicht schwanger war.

Zur Beruhigung machte sie selbst noch einen Schwangerschaftstest zu Hause. Prompt verfärbten sich beide Streifen.

»Okay, nur zur Sicherheit«, sagte sie.

Dann mußte ich zum U.S. Postal Team nach Europa. Kik blieb noch für ein paar weitere Untersuchungen da, wollte aber so bald wie möglich nachkommen. Am 5. März war eine Ultraschalluntersuchung, um die Anzahl der Babys festzustellen. Ich hatte sie schon fast davon überzeugt, daß sie Drillinge bekommen würde – doch es stellte sich heraus, daß wir ein einziges gesundes Baby erwarteten. Keine Zwillinge, keine Drillinge. Sie war erleichtert, aber irgendwo in ihrem Herzen auch ein bißchen enttäuscht. Nicht, weil sie so gern Mutter von Mehrlingen geworden wäre, sondern weil sie eine Art Verlustgefühl hatte und nicht wußte, was mit den beiden anderen passiert war. Kik fragte Dr. Vaughn, ob wir vielleicht etwas falsch gemacht hatten, etwas, was die anderen beiden geschädigt hätte. Er sagte, das sei bestimmt nicht so und es gebe eben immer noch Dinge, die natürlich und nicht erklärbar seien, selbst in einem scheinbar sterilen, wissenschaftlichen Verfahren.

Dann sagte Dr. Vaughn: »Das ist ein ziemlich kräftiger Herzschlag, den wir hier haben.«

Er zeigte auf eine kleine, glitzernde Bohne auf dem Bildschirm. Das ganze Ding zuckte hin und her. Kik lachte und sagte: »Das sind bestimmt nicht meine Gene, die so einen Herzschlag machen. Das sind die von Lance.« Dr. Vaughn druckte ein verschwommenes Foto von der kleinen Bohne aus, das Kik mir nach Europa mitbringen wollte.

Zwei Tage später kam sie in Nizza an. Sie gab mir das Bild. Ehrfürchtig und gebannt starrte ich es an. Diese Bohne mit ihrem zuckenden Herzschlag gab mir mehr als alles, was ich bisher erlebt hatte, das Gefühl, lebendig zu sein. Ich fühlte mich so gereinigt und ehrfürchtig wie in Boone. Das Gefühl, überlebt zu haben, endlich.

»Fahr wie der Wind«, sagte Kik. »Der große Daddy Armstrong hat eine Familie zu ernähren.«

9 Die Tour

Das Leben ist lang - hoffentlich. Aber »lang« ist ein relativer Begriff: Wenn man einen Berg rauffährt, kann einem eine Minute wie ein Monat vorkommen. Deshalb gibt es auch nur wenige Sachen, die einem länger erscheinen als die Tour de France. Wie lang ist sie? Lang wie eine Leitplanke an der Autobahn, die sich hinstreckt bis in schimmernde, flache Vergessenheit. Lang wie versengte Heuwiesen im Sommer, die sich ohne Unterbrechung bis zum Horizont ziehen. Lang wie der Blick auf drei Länder von einem eisigen, zerklüfteten Gipfel in den Pyrenäen.

Es wäre leicht, die Tour de France als ein monumentales, unsinniges Spektakel anzusehen: 200 Fahrer, die drei Wochen lang in der Sommerhitze ganz Frankreich, einschließlich der Gebirge, mit dem Rad umrunden. Es gibt keinen Grund, warum man bei einem solchen Blödsinn mitmachen sollte, außer daß manche Leute, das heißt, solche wie ich, das Bedürfnis haben, sich dabei selbst zu finden und ihr Durchhaltevermögen zu testen (Ich bin ein Bursche, der so was schafft). Es ist ein Wettbewerb in sinnlosem Leiden.

Aber aus ganz persönlichen Gründen glaube ich, daß die Tour die vielleicht heldenhafteste Sportveranstaltung der Welt ist. Für mich geht es hier natürlich ums Leben.

Ein bißchen zur Geschichte: Das Fahrrad war eine Erfindung der industriellen Revolution, wie die Dampfmaschine und der Telegraph. Die erste Tour fand 1903 statt. Sie ging aus einem Konkurrenzkampf unter den französischen Sportzeitungen hervor und wurde von der Zeitschrift »L'Auto« veranstaltet, die später in »L'Equipe« (Das Team) umbenannt wurde. Von den 60 Radrennfahrern, die an den Start gingen, kamen nur 21 ans Ziel. Das Ereignis zog sofort die gesamte Nation in seinen Bann. Ungefähr 100 000 Zuschauer säumten die Straßen von Paris, und von Anfang an wurde getrickst: Getränke wurden mit Alkohol aufgepeppt, und die führenden Fahrer warfen Nägel und Glasscherben auf die Straße, um ihre Verfolger abzuhängen. Die frühen Radrennfahrer mußten ihre Verpflegung und Ausrüstung selbst mitschleppen, ihre Räder hatten nur zwei Gänge und gebremst wurde mit den Füßen. Die ersten Bergetappen wurden 1910 eingeführt (ebenso die Bremsen), als das Peloton erstmals über die Alpen fuhr, trotz der Gefahr durch wilde Tiere. Im Jahr 1914 begann die Tour am Tag des Attentats auf Erzherzog Franz Ferdinand. Fünf Tage nach dem Ende des Rennens rollte der Erste Weltkrieg über dieselben Alpenpässe hinweg, die die Rennfahrer genommen hatten.

Heute ist das Rennen ein Wunder der Technik. Die Rennmaschinen sind so leicht, daß man sie mit einer Hand hochstemmen kann. Die Fahrer sind mit Computern, Herzfrequenzmessern und sogar Gegensprechgeräten ausgerüstet. Aber an der entscheidenden Herausforderung des Rennens hat sich nichts geändert: Wer kann die Strapazen am besten überstehen und hat die Kraft weiterzumachen? Nach meiner persönlichen Leidensgeschichte kam es mir so vor, als ob ich für dieses Rennen wie geschaffen war.

Bevor die Saison 1999 anfing, fuhr ich zu einem Essen der Krebsstiftung nach Indianapolis. Ich schaute auch im Krankenhaus vorbei und besuchte die alten Freunde aus den Tagen meiner Krankheit. Scott Shapiro sagte: »Sie wollen also wieder Etappenrennen fahren?«

Ich nickte, und dann fragte ich ihn: »Glauben Sie, ich kann die Tour de France gewinnen?«

»Das glaube ich nicht nur. Das erwarte ich von Ihnen.«

Ich baute einen Sturz nach dem anderen.

Der Beginn der Saison 1999 war ein totaler Reinfall. Schon beim zweiten Rennen des Jahres, der »Tour von Valencia«, stürzte ich vom Rad und brach mir fast die Schulter. Ich setzte zwei Wochen aus, aber kaum saß ich wieder im Sattel, fiel ich wieder runter: Ich war auf einer Trainingsfahrt in Südfrankreich, als eine ältere Frau mir mit ihrem Auto in die Quere kam und mich streifte. Vom »Paris – Nizza« bis zum »Mailand – San Remo« litt ich sprichwörtlich wie ein Hund. Das Wetter war grauenvoll, und ich kämpfte mich im Mittelfeld über die Ziellinie. Ich schrieb das der am Saisonbeginn üblichen schlechten Kondition zu und ging ins nächste Rennen. Wieder ein Sturz. Bei der letzten Kurve der ersten Etappe trudelte ich im Regen ab. Die Reifen rutschten auf einem schmierigen, dunklen Ölfleck unter mir weg, und ich fiel vom Rad.

Ich fuhr nach Hause. Das Problem bestand schlicht darin, daß ich eingerostet war. Volle zwei Wochen arbeitete ich an meiner Technik, bis ich mich wieder ganz sicher fühlte. Bei meiner Rückkehr warf mich nichts mehr aus dem Sattel. Dann gewann ich sogar das Zeitrennen im »Circuit de la Sarthe«. Meine Ergebnisse wurden besser.

Aber seltsamerweise war ich bei den Eintagesrennen nicht mehr so gut. Ich war nicht mehr der verrückte, unbeständige, junge Fahrer, der ich einmal gewesen war. Meine Art zu fahren war immer noch sehr kraftvoll, aber ich hatte meinen Stil und meine Technik verfeinert, und ich fuhr nicht mehr so deutlich aggressiv. Etwas anderes gab mir jetzt Energie – psychisch, körperlich und emotional –, und dieses andere war die Tour de France.

Ich war bereit, die ganze Saison zu opfern, um mich auf die Tour vorzubereiten. Ich setzte alles auf diese eine Karte. Ich trat bei keinem der Frühjahrsklassiker an, bei all diesen berühmten Rennen, die das Rückgrat des internationalen Radsports bilden. Statt dessen pickte ich mir nur eine Handvoll Rennen heraus, die mir dabei helfen würden, im Juli in Höchstform zu sein. Niemand konnte verstehen, was ich da machte. In der Vergangenheit hatte ich von den Klassikern gelebt. Warum startete ich nun nicht bei den Rennen, die ich schon mal gewonnen hatte? Schließlich kam ein Journalist zu mir und fragte mich, ob ich an irgendeinem der Frühjahrsklassiker teilnehmen würde.

»Nein«, sagte ich.

»Und warum nicht?«

»Ich konzentriere mich ganz auf die Tour.«

Er grinste mich irgendwie überheblich an und sagte: »Ach, dann sind Sie jetzt also ein Tour-Fahrer.« Als sei das ein Witz.

Ich sah ihn nur an und dachte: »Wie auch immer, du Lackaffe. Wir werden sehen.«

Kurze Zeit später traf ich Miguel Induráin in einem Hotelaufzug. Auch er fragte mich, was ich so machte.

»Ich verbringe viel Zeit in den Pyrenäen, zum Trainieren.«

»*¿Porque?* Warum?« fragte er.

»Wegen der Tour.«

Überrascht zog er die Augenbrauen hoch, sparte sich aber jeden Kommentar.

Alle Mitglieder des Postal Teams hatten sich genauso wie ich der Tour verschrieben. Die Stallordnung der Postals sah so aus: Frankie Andreu, ein großartiger, kraftvoller Sprinter, war unser Kapitän. Er war ein richtiger alter Kämpfer, der mich schon seit meiner Jugend kannte. Kevin Livingston und Tyler Hamilton waren unsere talentierten, jungen Kletterspezialisten. George Hincapie war der Sieger der »U.S. Pro Championship« und wie Frankie ein Spitzensprinter, Christian Vandervelde ein hochbegabtes Nachwuchstalent. Pascal Derame, Jonathan Vaughters und Peter Meiert-Nielsen waren die treuen Domestiken, die stundenlang Spitzengeschwindigkeiten halten konnten, ohne sich zu beklagen.

Der Mann, der uns zu einem Team zusammenschweißte, war unser Sportdirektor Johan Bruyneel, ein belgisches Pokergesicht und ehemaliger Tourfahrer. Johan wußte genau, was nötig war, um die Tour zu gewinnen. In seiner Laufbahn hatte er selbst schon zweimal eine Etappe gewonnen. 1993 gewann er die damals schnellste Etappe in der Geschichte der Tour, und 1995 gewann er noch einmal, als er in einem spektakulären Finish in Liège/Lüttich Miguel Induráin ausstach. An der Spitze nur Johan und Induráin, er hing die ganze Zeit an Induráins Hinterrad, dann brach er aus und schlug ihn im Sprint über die Ziellinie. Er war ein kluger und einfallsreicher Fahrer, der wußte, wie man stärkere Gegner schlug, und dieses sichere Gefühl für Strategie brachte er in unser Team ein.

Johan war es auch, der uns die Trainingscamps verordnete. Wir glaubten an seine Methode, beschwerten uns nicht und verbrachten je eine Woche in den Alpen und in den Pyrenäen. Wir fuhren die Bergstrecken der Tour ab, übten die Steigungen und fuhren einer hinter dem anderen sieben Stunden täglich bei jedem Wetter. Auf den Bergstrecken arbeitete ich eng mit Kevin und Tyler zusammen, denn sie waren ja unsere Kletterspezialisten, die die meiste Arbeit damit haben würden, mich die Steigungen hochzuziehen. Während die meisten anderen Fahrer sich noch in der Vorsaison ausruhten oder in den Klassikern antraten, quälten wir uns unter miesen Bedingungen bergauf.

Johan und ich hatten einen Standardwitz. Es war Januar, wir waren in den Pyrenäen, und von oben pinkelte ständig der Regen. Ich war ziemlich kaputt von den zermürbenden Kletterpartien. Johan fuhr in einem warmen Auto hinterher und redete mit mir über die Gegensprechanlage.

Einmal schaltete ich ein und sagte: »Johan.«

»Ja, Lance, was gibt's?«

»Nächstes Jahr fahr ich die Klassiker.«

Das sagte ich jetzt jeden Tag. Schon bald wußte Johan, was ihn erwartete.

»Johan.«

»Laß mich raten, Lance«, sagte er, »nächstes Jahr fährst du die Klassiker.«

»Genau.«

Wenn wir nicht in den Alpen oder Pyrenäen waren, trainierte ich allein. Alles, was ich tat, hatte ein Ziel. Kik und ich lebten tagaus tagein nur noch für zwei Dinge: die Tour de France und ein gesundes Baby. Alles andere war zweitrangig, eine überflüssige Ablenkung. In unserer Hingabe an diese beiden Ziele lag auch eine Art Frieden.

Ich spielte ziemlich verrückt. Ich ging das Thema Tour an,

als studierte ich Mathe, Physik, Chemie und Ernährungslehre gleichzeitig. Mit dem Computer stellte ich Berechnungen an, die mein Körpergewicht und das Gewicht der Ausrüstung mit der potentiellen Geschwindigkeit der Rennmaschine in den verschiedenen Etappen in Beziehung zueinander setzten, und versuchte die Gleichung zu finden, die mich schneller zum Zielstrich bringen würde als jeden anderen. Ich zeichnete meine Trainingsfahrten als Computerdiagramme auf und kalkulierte Entfernung, Wattleistung und Grenzwerte.

Selbst das Essen wurde zu einer Mathematikaufgabe. Ich berechnete meine Nahrungsaufnahme und wog auf einer kleinen Waage in der Küche meine Nudel- und Brotportionen ab. Dann rechnete ich meine Wattleistung gegen meine Kalorienaufnahme auf, damit ich genau wußte, wieviel ich jeden Tag essen und wieviel Kalorien ich verbrennen mußte, um den Input geringer als den Output zu halten und Gewicht zu verlieren.

Einen unvorhergesehenen Vorteil hatte der Krebs gehabt: Meine Figur hatte sich stark verändert. Ich war viel schmaler geworden. Auf alten Bildern sah ich aus wie ein Footballspieler, mit kräftigem Hals und breitem Oberkörper, was zu meiner Bulligkeit auf dem Rad beigetragen hatte. Paradoxerweise hatte mich meine Kraft in den Bergen aber eher behindert, weil es soviel Energie kostete, mein Gewicht bergauf zu schleppen. Jetzt sah ich fast ausgemergelt aus. Das Ergebnis war eine Leichtigkeit, wie ich sie noch nie auf dem Rad gespürt hatte. Mein Körper war schlanker und mein Geist ausgeglichener geworden.

Ob ich für die Tour geeignet war, hing im Grunde von meiner Kletterfähigkeit ab. Ich war immer ein guter Sprinter gewesen, aber die Berge waren mein Untergang. Schon seit Jahren hatte mir Eddy Merckx immer wieder gesagt, daß ich abnehmen müßte, und jetzt wurde mir auch klar, warum. Fünf Pfund weniger an Gewicht, das machte in den Bergen schon viel aus – ich hatte 15 Pfund abgenommen. Mehr war nicht nötig. Ich wurde sehr gut in den Bergen.

Jeden Morgen stand ich auf und aß das gleiche Frühstück,

ein bißchen Müsli, Brot und Obst. Nur wenn es ein besonders harter Trainingstag werden würde, aß ich noch einen Teller mit gebratenem Eiweiß. Während ich frühstückte, füllte Kik meine Wasserflaschen, und gegen acht verließ ich das Haus, um mich mit Kevin und Tyler zum Training zu treffen. Meistens fuhr ich durch bis zum Mittagessen, so um drei Uhr nachmittags. Wenn ich heimkam, ging ich unter die Dusche und legte mich bis zum Abend hin. Dann stand ich wieder auf, wog meine Nudeln ab und aß mit Kik zu Abend.

Sonst unternahmen wir nichts. Wir gingen nicht aus, wir aßen und legten uns schlafen, damit ich am nächsten Morgen wieder fit fürs Training war. Das war monatelang unser Leben. Kiks Freundinnen sagten manchmal: »Oh, du wohnst in Südfrankreich, wie aufregend.« Sie hatten ja keine Ahnung.

Während ich trainierte, machte Kik Besorgungen oder ruhte sich auf unserer Veranda aus. Nizza war für sie der ideale Ort für eine Schwangerschaft. Sie konnte über die Märkte schlendern und frisches Obst und Gemüse einkaufen. Abends blätterten wir in Schwangerschaftsbüchern und verfolgten das Wachstum unseres Babys. Erst war es so groß wie ein Stecknadelkopf, dann wie eine Zitrone. Und dann kam der große Tag, als Kik zum ersten Mal Schwierigkeiten hatte, ihre Jeans zuzuknöpfen.

Unsere gegenseitige Verantwortung war uns beiden sehr ernst. Radfahren war sehr, sehr harte Arbeit, und Kristin respektierte es auch als solche. »Ich wünsche dir einen guten Arbeitstag«, sagte sie jeden Morgen, wenn ich ging. Wenn wir uns nicht beide gleichermaßen diesem Lebensstil angepaßt hätten, wäre es schiefgegangen. Hätte sie sich gelangweilt oder betrogen gefühlt oder wäre unzufrieden gewesen, dann wären diese Monate nicht so friedlich über die Bühne gegangen. Sie hätte genausogut ein Domestike im Team sein können, so unentbehrlich war sie für mein Training geworden.

Auch Kevin bekam das mit. Er war unser bester Freund und wohnte auch in Nizza. Im Gegensatz zu mir hatte er aber in Europa niemanden, der zu Hause auf ihn wartete. Wenn er von einem Rennen oder einem Trainingscamp nach Hause kam, erwartete ihn eine leere Wohnung und manchmal auch saure Milch. Ich hatte immer frische Bettwäsche, ein sauberes Haus, eine Katze, einen Hund und alles zu essen, was ich brauchte. Aber für Kik war das eine Menge Arbeit. Ich hatte mich in Europa nie wohl gefühlt und war einsam gewesen, bis ich als glücklich verheirateter Mann hier herkam. Nun fing ich an, Europa zu lieben.

Manchmal fuhr ich mir einen Reifen platt, und wenn ich nicht gerade in der Wildnis war, rief ich zu Hause an. Dann kam Kik und kümmerte sich um mich. Oder sie fuhr nachmittags in die Berge, nur um mir etwas zu trinken und zu essen zu bringen. Sie lernte alles über den Radrennsport, damit sie mich unterstützen konnte. Sie wußte, was ich wann brauchte, welche Tage die schlimmsten waren, wann es gut war zu reden und wann sie mich besser allein ließ.

An den wirklich harten Trainingstagen war sie gespannt wie ein Flitzebogen, wie es gelaufen war. Sie wußte, was ich mir vorher ausgerechnet hatte und wie wichtig es für mich war, mein Ziel zu erreichen. Wenn es nicht geklappt hatte, verstand sie meine Enttäuschung und meinen Ärger.

Ende April startete ich in einem berühmten Eintagesklassiker, dem »Amstel Gold Race«, um meine Form zu testen. Von Anfang an spürte ich, daß ich ein anderer, besserer Fahrer geworden war. Fast den ganzen Tag lieferte ich mir ein Duell mit Michael Boogerd aus Holland, der als einer der drei stärksten Radrennfahrer der Welt galt.

Auf den letzten 16 Kilometern lag ich vorn. Boogerd hing an meinem Hinterrad und verfolgte mich. Ich wußte, oder zumindest glaubte ich es, daß ich ihn im letzten Sprint zum Ziel schlagen würde. Ich war mir so sicher, daß ich meine Gesundheit dagegen gewettet hätte.

Ich trat zum Endspurt durch – und da brach Boogerd aus, flüchtete und spurtete die letzten paar hundert Meter neben mir her – und ich verlor. Ich verlor um weniger als einen Zentimeter, weniger als eine Reifenbreite.

Ich war am Boden zerstört. Ich war absolut sicher gewesen, daß ich gewinnen würde. Aber was mir am meisten zu schaffen machte, war, daß Boogerd allgemein als Favorit für die Tour de France gehandelt wurde. Als wir Seite an Seite auf dem Siegerpodest standen, hatte ich nur Gedanken dafür, was diese Niederlage für meine Tour-Pläne bedeutete. Plötzlich beugte ich mich zu ihm rüber und sagte: »Das wirst du mir im Juli zurückzahlen.«

Befremdet sah er mich an und fragte: »Was meinst du damit? Es ist April.«

Ich trainierte weiter. Ich fuhr und fuhr und fuhr. Ich fuhr, wie ich noch nie gefahren war und quälte meinen Körper jeden Hügel rauf und runter, den ich finden konnte. Rund um Nizza gibt es ungefähr 50 gute, richtig anstrengende Steigungen, manche sind 15 Kilometer lang oder noch länger. Der Trick war, nicht ab und zu mal einen Berg raufzufahren, sondern regelmäßig zu klettern. Auf einer sechs- oder siebenstündigen Fahrt machte ich oft drei verschiedene Kletterpartien. Eine Steigung von 20 Kilometern dauerte ungefähr eine Stunde, das macht deutlich, wie meine Tage damals aussahen.

Ich fuhr, wenn kein anderer mehr fuhr, nicht mal meine Kameraden aus dem Team. An einen Tag kann ich mich besonders gut erinnern, den 3. Mai. Es war ein rauher, beißend kalter Frühlingstag. Ich fuhr in die Alpen, und Johan folgte mit dem Auto. Es graupelte, und die Temperatur lag um null Grad. Mir machte das nichts aus. Wir standen am Straßenrand, sahen uns die Berge und das Wetter an, und Johan schlug vor, das Training ausfallen zu lassen. »Nein. Wir ziehen es durch.« Ich fuhr geschlagene sieben Stunden, allein. Wenn ich die Tour gewinnen wollte, mußte ich fahren, auch wenn niemand sonst mehr fuhr.

Der anstrengendste Berg bei Nizza war der Col de la Madone, die Madonna, eine berüchtigte, 13 Kilometer lange Steigung oberhalb der Stadt. Von unserem Haus aus konnte man sie fast sehen, bei den Hügeln, die sich hinter der Skyline abzeichneten. Die Madonna war zu schwierig für ständiges Training, aber hervorragend, um die Fitneß zu testen. Die meisten Leute fuhren ein- oder zweimal pro Saison hinauf – ich einmal im Monat.

Tony Rominger, der jahrelang zu den besten Radrennfahrern der Welt gehörte, benutzte die Madonna als seine Trainingsstrecke, als er in Monaco wohnte. Und er hielt den inoffiziellen Kletterrekord – 31 Minuten und 30 Sekunden. Kevin Livingston, ohne Zweifel der beste Kletterer in unserem Postal Team, schaffte sie einmal in 32 Minuten. Am Anfang meines Comebacks in der Saison 1998 schaffte ich die Madonna in 36 Minuten. Ich wußte, daß ich meine Zeit erheblich verbessern mußte, um die Tour zu gewinnen.

»Ich werde unter 31 fahren«, verkündete ich Kevin eines Tages.

Große Worte für einen, der den Berg noch nicht mal in 35 Minuten geschafft hatte.

»Du spinnst«, sagte Kevin.

Aber ich kam runter auf 34 und dann auf 33. An einem Nachmittag dann war meine Zeit 32:30. Kurz vor der Tour fuhren Kevin und ich noch ein letztes Mal auf die Madonna.

Der Tag war feucht, schwül und heiß, es wehte nur ein leichter Wind. Wir rasten auf den wolkenverhangenen Gipfel zu, der 900 Meter über dem Meeresspiegel liegt. Einen Kilometer vor dem Ziel hatte Kevin einen Platten. Er hielt an, um den Reifen zu wechseln, ich kletterte weiter. Als ich oben ankam, sah ich auf den Zeitmesser am Lenker.

Ich wartete auf Kevin. Außer Atem kam er an, wütend über seine Reifenpanne. Ich zeigte ihm meine Zeit auf dem Computer. Es haute uns schier um, als uns klar wurde, was das für die Tour bedeutete. »Oh, verdammt«, sagte Kevin, »das kann eng werden.«

Kik wußte, daß die Tage, an denen ich an der Madonna trainierte, besonders wichtig für mich waren. Mit versteinerter Miene hatte ich am Frühstückstisch gesessen und mich innerlich auf die Kletterpartie vorbereitet. Als ich heimkam, erwartete sie mich schon an der Tür. Wie war es gelaufen? War ich fröhlich oder sauer? Och war zu Besuch, und auch er war sehr gespannt.

Mit grimmiger Miene stürmte ich an Kik vorbei ins Haus.

»Wie ging's?« fragte sie.

»Beschissen«, sagte ich.

»Oh.«

»Ja. Ich hab nur 30:47 geschafft.«

Sie schlang ihre Arme um mich. Och schlug mir auf die Schulter.

»Jimmy, ich bin soweit«, sagte ich.

Ein paar Tage später flog Och zurück nach Amerika und erzählte jedem, der es hören wollte, daß ich die Tour de France gewinnen würde.

Beim Packen für die Tour war ich nervös und achtete zwanghaft auf jede Kleinigkeit. Kik und ich breiteten alle meine Sachen aus und legten sie dann sorgfältig in den Koffer. Mir war es ganz wichtig, daß der Koffer auf eine ganz bestimmte Weise gepackt wurde. Meine Radfahrershorts mußten eng und schmal aufgerollt werden. Für die Schuhschachteln war ein bestimmter Platz vorgesehen. Auch die Handschuhe kamen in eine bestimmte Ecke und die Ärmlinge in eine andere. Alles mußte so in den Koffer gelegt werden, daß ich mit einem Blick die entsprechende Kleidung für jedes Wetter finden konnte.

Nach unserer Ankunft in Paris brachten wir zunächst die Vorbereitungen hinter uns. Dazu gehörten ein medizinischer Check, eine Dopingkontrolle und die obligatorischen Vorträge der Organisatoren der Tour. Jeder Fahrer bekam eine »Tour-Bibel«, ein Handbuch, in dem jede Etappe beschrieben war, einschließlich der Streckenprofile und der Verpflegungsstationen. Wir bastelten an unseren Rennrädern herum, tauschten Lenker aus und überprüften, ob unsere Schuhplatten genau in die Pedale paßten. Manche Fahrer waren bei der Vorbereitung ihrer Rennräder ziemlich nachlässig, aber ich achtete sehr genau darauf. Das Team nannte mich »Mister Millimeter«.

Im Medienrummel vor der Tour galt der Rennstall von U.S.

Postal als Außenseiter. Niemand diskutierte darüber, ob wir eine Chance hatten zu gewinnen. Sie redeten über Abraham Olano, den amtierenden Weltmeister. Sie redeten über Michael Boogerd, der mich beim »Amstel«-Rennen besiegt hatte. Sie redeten über Alex Zülle aus der Schweiz und über den Spanier Fernando Escartin. Sie zählten auf, wer nicht zur Tour angetreten war, und sie redeten über die Opfer der Dopingkontrollen. Ich wurde höchstens am Rande erwähnt, als der bedauernswerte Amerikaner, der den Krebs überlebt hatte. Nur einer schien zu glauben, daß ich es schaffen könnte. Kurz vor dem Start wurde Miguel Induráin gefragt, wer seiner Meinung nach gute Chancen auf den Sieg habe. Vielleicht erinnerte er sich an unsere Unterhaltung im Lift und wußte, wie ich trainiert hatte. Jedenfalls antwortete er: »Armstrong.«

Die erste Etappe der Tour bestand aus dem kurzen Prolog, einem Zeitfahren über acht Kilometer in Le Puy du Fou, einer Stadt mit einem sandfarbenen Schloß und einem Mittelalter-Freizeitpark. Der Prolog diente nebenbei auch als eine Art Plazierungssystem, so daß man die schnellen von den langsameren Fahrern unterscheiden und besser vorhersagen konnte, wer an der Spitze des Peloton fahren würde. Obwohl die Etappe nur acht Kilometer lang war, stellte sie doch eine schwierige Prüfung dar, bei der man sich nicht den kleinsten Fehler erlauben durfte. Man mußte sofort lossprinten und zu seiner optimalen Leistung finden, sonst lag man schon zurück, bevor das Rennen richtig begonnen hatte. Wer in der Gesamtwertung führen wollte, mußte schon bei dieser ersten Etappe mindestens auf einen der ersten drei oder vier Plätze fahren.

Die Etappe begann mit einem Sprint über fünf Kilometer und führte dann einen großen Hügel hinauf, einen 700 Meter langen Anstieg, auf dem man sein Letztes geben mußte. Nach einer langgezogenen Kurve kam ein Spurt auf flacher Strecke bis zum Ziel. Eine solche Etappe war günstig für kräftige Fahrer wie mich, und sie war auch für den großen Induráin geradezu perfekt gewesen, der die Strecke einmal in der Rekordzeit von 8:12 heruntergespult hatte.

Insgesamt würde man also für die Etappe nicht mehr als neun Minuten brauchen. Der wichtigste Faktor war der Hügel. Ich durfte auf den ersten fünf Sprintkilometern nicht schon meine ganze Kraft verschwenden, weil ich dann am Berg einbrechen würde. Außerdem mußte ich auch eine strategische Frage entscheiden: Sollte ich den Hügel mit einem großen oder mit einem kleineren Zahnrad angehen? Über diese Frage diskutierten wir zwei Tage lang.

Ruhig, aber streng plante Johan unsere Strategie. Er sezierte die Strecke nach Wattzahlen und Zwischenzeiten und gab mir präzise Anweisungen. Er wußte sogar, wie hoch meine Herzfrequenz beim ersten Sprint sein durfte: 190.

Die Fahrer gingen in Abständen von drei Minuten an den Start. Von der Strecke kamen Berichte zurück. Frankie Andreu, der zu meinem Team gehörte, opferte sich für ein Experiment und versuchte den Hügel mit dem großen Zahnrad zu nehmen. Das war die falsche Entscheidung. Als er den Gipfel erreichte, war er vollkommen erledigt und erholte sich auch nicht mehr auf dem Rest der Etappe.

Olano brach mit einer Zeit von 8:11 den Etappenrekord. Dann wurde er von Zülle mit 8:7 geschlagen.

Jetzt war ich an der Reihe. Wenn ich in guter Form bin, bewegt sich mein Körper fast nicht auf dem Rad, meine Beine ausgenommen, die wie automatische Kolbenstangen rauf und runter stampfen. Vom Teamwagen aus beobachtete Johan, daß sich meine Schultern kaum bewegten. Das bedeutete, daß ich keine Energien verschwendete, daß ich meine ganze Kraft in das Rad pumpte und es über die Strecke jagte.

Über die Ohrmuschel gab mir Johan während der Fahrt Zwischenzeiten und Anweisungen durch.

»Du bist aus dem Sattel«, sagte Johan. »Setz dich hin.«

Ich fuhr zu scharf, ohne es zu merken. Also setzte ich mich wieder und konzentrierte mich nur noch auf meine Fahrtechnik, die eine eigene Wissenschaft war. Ich hatte keine Ahnung, wie meine Gesamtzeit aussah. Ich trat nur in die Pedale.

Dann überfuhr ich die Ziellinie. Ich schaute auf die offizielle Uhr.

Dort stand: 8:02.

»Das kann ja wohl nicht stimmen«, dachte ich.

Ich schaute noch einmal rüber: 8:02.

Ich hatte die Führung der Tour de France übernommen. Zum ersten Mal in meiner Karriere sollte ich nun das Gelbe Trikot tragen, »le maillot jaune«, das mich von allen anderen Fahrern unterscheiden würde.

Als ich zu unseren Wohnmobilen zurückkam, fielen meine Teamkollegen über mich her und umarmten mich, und Johan drückte mich besonders herzlich. Ein Kamerateam des amerikanischen Sportsenders ESPN wollte ein Interview mit mir, aber ich konnte mich nicht richtig konzentrieren. Mein Mund war wie ausgetrocknet, und ich hatte Angst, daß ich während der Sendung zusammenbrechen würde. Ich konnte nicht mehr reden. Ich brachte einfach kein Wort mehr heraus. »Ich habe einen Schock«, sagte ich heiser. »Ich habe einen Schock.«

Über die Menge hinweg sah ich Induráin. Er drängte sich zu mir durch, drückte mir die Hand und umarmte mich.

Bei der Tour findet man keine Zeit, die einzelnen Etappensiege zu feiern. Zuerst wird man in aller Eile zum Dopingtest geführt, und danach übernimmt das Protokoll. Ich wurde rasch zu einem Wohnmobil gebracht, wo ich mich für die Siegerehrung frisch machen und das Gelbe Trikot anziehen sollte. So intensiv ich mich auch auf die Tour vorbereitet hatte, für diesen Augenblick hatte ich nicht geprobt. Ich war überhaupt nicht auf die Gefühle vorbereitet, die mich überkamen, als ich das Gelbe Trikot überstreifte.

Zu Hause in Nizza verfolgte Kik die Ereignisse im Fernsehen. Als ich im Gelben Trikot auf das Podium kam, hüpfte sie im Haus herum, schrie und schüttelte das Baby, bis sogar der Hund zu bellen anfing. Schließlich konnte ich das Podium wieder verlassen. Ich ging zum Wohnwagen meines Teams und rief sie an. »Liebling«, sagte ich nur.

Alles, was ich am anderen Ende hörte war: »Oh mein Gott,

oh mein Gott, oh mein Gott!« Dann fing sie an zu weinen und sagte: »Verdammt, Lance, du hast es geschafft.«

Es gab noch einen zweiten, besonders köstlichen Moment des Sieges. Auf dem Weg zurück kam ich am Cofidis-Team vorbei. Verschiedene Mitglieder des Rennstalls standen herum. Es waren vermutlich genau die Männer, die mich, weil sie mich im Krankenzimmer schon fast für tot hielten, abgeschrieben hatten.

»Das war für euch«, sagte ich, als ich an ihnen vorbeiging.

Wir brachen auf zu den Ebenen Nordfrankreichs. Ich war der erste Amerikaner, der für ein amerikanisches Team auf einem amerikanischen Rennrad fuhr und die Führung der Tour de France übernommen hatte. An diesem Morgen sah ich auf die Datumsanzeige: Es war der 4. Juli, der Unabhängigkeits- und Nationalfeiertag meines Landes.

Plötzlich wurde ich nervös. Das Gelbe Trikot brachte auch Verantwortung mit sich. Jetzt war ich nicht mehr der Angreifer, sondern mußte damit rechnen, ständig selbst attackiert zu werden. Ich war noch nie in der Situation gewesen, dieses Trikot verteidigen zu müssen.

Die Eröffnungsetappen der Tour gehörten den Sprintfahrern. Wir rasten auf eintönigen Straßen über die Ebenen und spielten eine Art Schnellschach auf Rädern. Die Nerven waren zum Zerreißen gespannt, die Fahrer manövrierten und änderten im Feld ständig ihre Positionen. Es gab mehrere Beinah-Zusammenstöße und ein paar klassische Tour-Stürze.

Lenker berührten sich, Hüften stießen zusammen, Räder kollidierten. An der Spitze des Hauptfelds gab es weniger Streit, deshalb versuchten wir, vorn mitzufahren, aber auch die anderen Teams waren auf diese Idee gekommen, und die Straße war nicht breit genug. Mit fast 200 Fahrern, die um ihre Positionen kämpften, war es schwierig, Zusammenstöße zu vermeiden. Die Hauptstrategie während der ersten paar Tage lautete, sich aus allen Problemen rauszuhalten, aber das war leichter gesagt, als getan. Es herrschte ständige Bewegung, und in diesen Positionskämpfen konnte es passieren, daß man vom Feld hinten ausgespuckt wurde, bevor man überhaupt etwas davon mitbekam. Im Vorjahr war Kevin im Flachland zweimal gestürzt und hatte schon volle 15 Minuten Rückstand, als die Bergetappen noch vor ihm lagen.

Zu unserem Team gehörten zwei Begleitfahrzeuge und ein Transporter. Im ersten Teamwagen fuhren Johan und die Crew, mit unseren Reserverädern auf dem Dach. Im anderen Wagen befanden sich einige Teammanager und jene Sponsoren, die an diesem Tag mitfahren durften. In dem Transporter waren alle Rennräder, das Gepäck und die sonstige Ausrüstung. Wenn jemand eine Reifenpanne hatte, stand ein Mechaniker bereit, und wenn wir Wasser oder Nahrung brauchten, wurden es uns von der Crew angereicht.

Johan dirigierte die Renntaktik vom Begleitwagen aus. Er gab die Zwischenzeiten, Positionsberichte und Angriffsversuche durch, wobei er ein ausgeklügeltes Zweikanal-Funkgerät benutzte. Jeder Fahrer des Postal-Rennstalls hatte eine Hörmuschel im Ohr, ein kleines schwarzes Funkgerät um den Hals und war mit einem Herzfrequenz-Meßgerät verbunden, so daß Johan jederzeit unsere Leistung unter Belastung überprüfen konnte.

Den ganzen Tag lang und an allen Tagen der Tour fuhren meine Teamkameraden vor mir her, schützten mich vor Wind, Zusammenstößen, attackierenden Fahrern und anderen Gefahren. Ständig mußten wir übereifrigen Zuschauern und Fotografen und ihren verschiedenen Utensilien ausweichen: Kinderwagen, Kühlboxen und weiß Gott was alles.

Auf der 2. Etappe fuhren wir über einen vier Kilometer langen Damm, der Passage du Gois genannt wurde, ein Abschnitt von merkwürdiger Surrealität. Die Passage du Gois ist eine lange, schmale, geteerte Straße durch ein Sumpfgebiet am Meer, aber bei Flut bedeckt das brackige Wasser die Straße, so daß sie unpassierbar wird. Doch der Straßenbelag ist auch dann schlüpfrig und gefährlich, wenn die Straße befahrbar ist, und ihre Ränder sind mit Seetang und Schlamm bedeckt.

Das Peloton war noch immer eng zusammen, ständig wurde geschubst und manövriert, so daß die Fahrt über die Straße gefährlich werden konnte. Die vorderen Teams würden am sichersten durchkommen. Deshalb sammelten sich die meisten Postal-Fahrer um mich, und wir stießen zur Spitze vor. Zwischendurch wurden einige unserer Fahrer vom Team getrennt und fanden sich in der zweiten Gruppe wieder. Frankie und George brachten mich ohne Unfälle hinüber, aber wir hatten Angst: Die Straße unter unseren Reifen war so schlüpfrig, daß wir zögerten, die Pedale durchzutreten. Außerdem mußten wir gegen den Seitenwind ankämpfen. Man konnte das Rad nur mit großer Mühe gerade auf der Straße halten.

Andere Fahrer hinter uns hatten weniger Glück. Sie fuhren genau in eine Massenkarambolage.

Jemand hatte gebremst, und plötzlich lagen überall Fahrer auf der Straße herum. Die Räder flogen mit wild wirbelnden Reifen durch die Luft, und die Fahrer fielen in einer riesigen Kettenreaktion auf die Straße. Die Burschen lagen mitten auf dem Asphalt, während der Rest des Feldes bereits auf sie zuraste und immer weitere Fahrer stürzten. Wir verloren Jonathan Vaughters, der mit dem Kopf aufschlug und eine tiefe Wunde am Kinn davontrug, so daß er das Rennen aufgeben mußte. Erst am Vortag hatte Jonathan bei einem anderen Unfall eine Katastrophe vermeiden können, als er mit dem Kopf voraus über den Lenker schoß und es trotzdem fertigbrachte, auf den Füßen zu landen. Dafür hatte ihm das Feld den Spitznamen »el Gato«, die Katze, verliehen, aber jetzt war er draußen. Tyler Hamilton überstand die Karambolage mit einer Knieverletzung.

Wie sich später herausstellte, war die Passage du Gois einer der entscheidenden Augenblicke des gesamten Rennens. Weil ich die Passage vor dem Hauptfeld überquert hatte, gewann ich kostbare Zeit, während einige der Leute, die auf der Straße hinter mir herumlagen, zu den Favoriten der Tour gehört hatten. Michael Boogerd und Alex Zülle fielen mehr als sechs Minuten zurück – ein Rückstand, den sie im weiteren Verlauf des Rennens nicht mehr gutmachen konnten.

Während der ersten zehn Tage hatten wir nur ein einziges Ziel: an der Spitze mitzufahren und allen Problemen aus dem Weg zu gehen. Ich versuchte, den goldenen Mittelweg zu finden. Einerseits wollte ich meine Position verteidigen, andererseits mußte ich frisch genug bleiben, damit ich die noch wichtigere Etappe bewältigen konnte, die vor uns lag: das Zeitfahren in Metz. Das Gelbe Trikot mußte ich für eine Weile abgeben.

Das waren einige der längsten Tage der Tour, und die Straßen und die Landschaft sahen immer gleich aus. Wir fuhren von Nantes nach Laval und von dort nach Amiens, aber es kam uns so vor, als führen wir immer weiter, ohne irgendwo anzukommen. Der Italiener Mario Cippolini gewann hintereinander vier Etappen, ein Tour-Rekord, und wir gaben diese Etappen kampflos verloren. Cippolini war ein großartiger Fahrer, aber kein Bergspezialist. Wir wußten, daß er keine Chance auf den Gesamtsieg hatte.

Jeden Abend hielten wir uns an dieselbe Routine: Massagen für unsere schmerzenden Beine, dann das Abendessen. Anschließend zappten wir durch die sechs Kanäle des französischen Fernsehens, die es im Hotel gab. Johan hatte mir verboten, meinen Computer mitzunehmen, weil ich nachts gern lange aufblieb und online herumsurfte.

Wir rasten weiter über die Ebene, in Richtung Metz.

Ich hielt mich zurück, um meine Kraft aufzusparen.

Man nennt es das Rennen der Wahrheit. Auf den früheren Etappen hatten sich die starken von den schwachen Fahrern abgesetzt. Nun würden die Schwachen allesamt ausscheiden.

Wir kamen nach Metz, wo das Zeitfahren stattfinden sollte. Bei dieser Prüfung konnten die Fahrer – im Gegensatz zum kurzen Prolog – viel Zeit herausfahren, aber auch stark zurückfallen. Die Strecke war 56 Kilometer lang, und das bedeutete, daß man fast eine Stunde lang mit vollem Einsatz fahren mußte. Fahrer, die das gesetzte Zeitlimit nicht schafften, mußten aus dem Rennen ausscheiden. Daher die Bezeichnung »Rennen der Wahrheit«.

Kik kam aus Nizza. Fast die gesamte erste Woche über hatte sie das Rennen zu Hause im Fernsehen verfolgt, aber jetzt wollte sie während des Rests der Tour mit ihren Eltern in Europa herumreisen, um die Langeweile oder die Aufregung in Grenzen zu halten und um ab und zu nach mir zu sehen. Die Tour war nicht gerade die beste Situation für einen Besuch des Ehepartners, weil ich mit dem Team zusammenwohnte, aber Kik tagsüber mal zu sehen war besser als gar nichts. Außerdem bekam ich so auch mit, wie sich ihre Schwangerschaft entwickelte. Daß sie hier in Metz bei mir war, erinnerte mich auch daran, wie hart ich mich auf diese Gelegenheit vorbereitet hatte.

Früh am Morgen ging ich hinaus und sah mir die Rennstrekke an, obwohl ich schon mit ihr vertraut war: Wir hatten sie schon während unseres Trainingscamps genau erkundet. Es gab zwei sehr hohe Anstiege, einer war anderthalb und der andere vier Kilometer lang. Am Anfang würde es windig sein, dann kamen die Hügel, und auf den flachen Abschnitten am Schluß würde es heftigen Gegenwind geben. Es war ein Kurs für starke Fahrer, die selbst bei Gegenwind einen großen Gang fahren. Hier reichte es nicht, schnell zu sein; ich mußte mehr als eine Stunde lang sehr schnell sein.

Während ich mich auf einem stationären Fahrrad aufwärmte, kamen die ersten Ergebnisse. Die Fahrer starteten in Abständen von zwei Minuten. Alex Zülle, der Schweizer Favorit, der für das spanische Banesto-Team fuhr und der auf der Passage du Gois unglücklich gestürzt war, setzte sich mit einer Zeit von etwas mehr als einer Stunde und neun Minuten an die Spitze. Das überraschte mich nicht: Zülle war ein strammes, blondes Kraftpaket von Mann, der keine Sekunde ans Aufgeben dachte, was ich während der gesamten Tour noch zu spüren bekommen sollte.

Abraham Olano, der vor dem Rennen ebenfalls als Favorit gegolten hatte, ging direkt vor mir an den Start. Während ich an der Startlinie wartete, hörten wir, daß Olano in einer leichten Kurve gestürzt war und dadurch ungefähr 30 Sekunden verloren hatte. Er war zwar wieder in den Sattel gestiegen, hatte aber seinen Rhythmus nicht mehr gefunden.

Jetzt war ich an der Reihe. Ich stieg sofort stark in die Pedale, vielleicht zu stark. Johan gab mir über die Ohrmuschel ständig Ratschläge und Informationen. Bei den beiden ersten Zwischenzeiten war ich der schnellste.

Dritte Zwischenzeit: Ich lag 1 Minute und 40 Sekunden vor Zülle.

Vor mir sah ich Olano.

Olano war noch nie in einem Zeitfahren überholt worden; er sah sich immer wieder um. Ich bearbeitete meine Pedale wie mit Preßlufthämmern.

Jetzt hatte ich ihn erreicht. Auf seinem Gesicht spiegelten sich blanke Ungläubigkeit und Entsetzen. Ich hatte ihn eingeholt, und dann überholte ich ihn. Er verschwand hinter meinem Hinterrad.

Johan meldete sich wieder. Meine Trittfrequenz war auf 100 Umdrehungen pro Minute gestiegen. »Das ist ziemlich hoch«, warnte Johan. Ich war zu schnell. Ich nahm das Tempo etwas raus.

Ich fegte in eine breite Abwärtskurve, die am Rand mit Strohballen abgesichert war. Jetzt sah ich noch einen weiteren Fahrer vor mir. Er lag verletzt am Straßenrand und wartete auf die Sanitäter. Ich erkannte die Farben des Cofidis-Teams.

Bobby Julich.

Er hatte in der Kurve die Kontrolle verloren und war hinausgeschleudert worden. Später hörte ich, daß er schwere Prellungen an Brust und Rippen hatte. Für ihn war die Tour zu Ende.

Ich nahm die Kurve defensiv.

Plötzlich sprang ein Kind aus der Zuschauermenge auf die Straße.

Ich fuhr einen weiten Bogen, um ihm auszuweichen. Mein Herz raste.

Aber ich faßte mich schnell wieder und behielt meinen Rhythmus bei. Vor mir sah ich wieder einen Fahrer. Ich kniff die Augen zusammen, um herauszufinden, wer das war, und sah etwas Grünes: das Trikot des Belgiers Tom Steels. Er war ein herausragender Sprintfahrer, der zwei der Flachetappen am Anfang der Tour gewonnen hatte und als Anwärter auf den Gesamtsieg galt.

Aber Steels war sechs Minuten vor mir gestartet. War ich so schnell gefahren?

Johan, der normalerweise beherrscht und nüchtern klang, checkte die Zwischenzeit. Er schrie in das Funkgerät: »Du nimmst die ganze Tour de France auseinander!«

Ich überholte Steels.

Doch jetzt spürte ich, wie die Milchsäure in meine Beine schoß. Mein Gesicht war eine einzige Schmerzgrimasse. Ich war zu hart eingestiegen, jetzt kriegte ich die Quittung. Ich kam auf die Zielgerade, auf der starker Gegenwind herrschte, und ich hatte das Gefühl, ich könnte mich überhaupt nicht mehr bewegen. Mit jeder Radumdrehung gab ich Zülle meinen Vorsprung zurück. Die Sekunden tickten dahin, während ich mich zum Ziel quälte.

Endlich überfuhr ich die Ziellinie.

Ich schaute auf die Uhr: 1:08:36. Ich hatte gewonnen. Ich hatte Zülle mit einem Vorsprung von 58 Sekunden geschlagen.

Dann fiel ich vom Rad. Ich war so erschöpft, daß ich schielte. So fertig wie noch nie. Aber ich hatte wieder die Führung im Gesamtklassement übernommen. Als ich das Gelbe Trikot überstreifte und wieder spürte, wie der weiche Stoff über meine Schultern glitt, beschloß ich, daß es von jetzt an dort bleiben müsse.

Ich stieg vom Podium, schenkte Kik die Blumen und umarmte und küßte sie. An diesem Abend sagte ich zu ihr: »Ich glaub', ich werde dieses Ding gewinnen.«

Im Hotel stieß das gesamte Postal Team mit Champagner an. Wir nippten nur daran, denn der Tag hatte uns derart ausgepowert, daß jedes Glas wie eine ganze Flasche wirkte. Nachdem wir angestoßen hatten, erhob sich Johan.

»Okay«, sagte er, »von jetzt an gibt es keinen Champagner mehr. Wir werden nämlich noch so viele Etappen gewinnen, daß wir den ganzen Weg bis Paris ununterbrochen saufen müßten.«

Das Team jubelte.

Wir kamen in die Berge.

Von jetzt an ging es nur noch hoch, bis zum Zielstrich. Die erste Alpenetappe war eine Tour von 132,7 Kilometern bis nach Sestrière, einem mit Chalets übersäten Ort an der französisch-italienischen Grenze. Ich wußte, was man im Peloton dachte: Jetzt würde ich einbrechen. Sie hatten keinen Respekt vor dem Gelben Trikot auf meinem Rücken.

Ich hatte einen Vorsprung von 2 Minuten und 20 Sekunden, aber in den Bergen konnte man an einem einzigen Tag hoffnungslos zurückfallen. Ich hatte nie einen besonderen Ruf als Kletterer gehabt, und nun lagen die zermürbendsten und von den meisten Legenden umwobenen Abschnitte des Rennens vor uns. Wir mußten über Bergpässe, an denen schon Fahrer zerbrochen waren wie Streichhölzer. Ich war mir sicher, daß meine Gegner mich schwer attackieren würden, aber sie wußten nicht, wie präzise und hart ich für diesen Teil des Rennens trainiert hatte. Es war Zeit, es ihnen zu zeigen.

Es würde sowohl ein taktischer wie auch ein körperlicher Wettkampf werden, bei dem ich mich voll auf unsere beiden Bergspezialisten, Kevin Livingston und Tyler Hamilton, verlassen mußte. Das Ziehen ist in den Bergen enorm wichtig: Kevin und Tyler mußten den größten Teil der mörderischen Arbeit übernehmen, bergauf vor mir herzufahren, damit ich meine Energie für den letzten großen Anstieg nach Sestrière aufsparen konnte. Dort würden die anderen Fahrer mit Sicherheit versuchen, mir das Gelbe Trikot abzunehmen.

Eine »Attacke« läuft so ab: Bestimmte Fahrer waren gefährlicher als andere, Alex Zülle aus der Schweiz zum Beispiel und der Spanier Fernando Escartin, die beiden Männer, die mir im ganzen Rennen dicht auf den Fersen geblieben waren. Wenn einer von ihnen, sagen wir Zülle, auszubrechen versuchte, mußte einer aus meinem Postal-Rennstall, zum Beispiel Kevin, sofort hinter ihm herjagen. Ein Fahrer wie Zülle konnte loszischen und zwei Minuten Vorsprung herausholen, bevor wir das überhaupt mitbekommen hatten, und meine Gesamtführung gefährden.

Kevins Job wäre es dann, zu Zülle aufzuschließen und sich an sein Hinterrad zu hängen, was den Anstieg für Zülle schwerer machte. Man nennt das »auf ihm sitzen«. Während Kevin an Zülles Hinterrad hing und ihn bremste, mußte der Rest meines Postal Teams vor mir herfahren und mich ziehen, damit ich aufschließen konnte. Wenn wir durch den Tag kamen, ohne bei einer größeren Attacke zurückgefallen zu sein, sagten wir, daß wir »das Peloton gemanagt« oder »kontrolliert« hatten.

Wir jagten nicht hinter jedem Ausreißer her. Manche Fahrer waren keine Gefahr für unseren Gesamtsieg, und wir verschwendeten unsere Kraft nicht damit, hinter ihnen herzuflitzen. In solchen Fällen paßten meine Teamkameraden einfach nur auf mich auf. Sie umringten mich und sorgten dafür, daß mir nichts passieren konnte. Wenn ich eine neue Wasserflasche brauchte, ließ sich einer zum Teamwagen zurückfallen und holte sie für mich.

Auf der Strecke nach Sestrière gab es drei große Pässe oder Gipfel. Der erste war der Col du Télégraphe, danach kam der riesige Col du Galibier, der höchste Berg der Tour, dann der Col de Montgenèvre. Am Ende kam der Schlußanstieg bis zum Etappenziel in Sestrière.

Über die meisten der 240 Kilometer an diesem Tag funktionierte Postal wie eine Maschine; die Übergänge klappten reibungslos, und wir hatten die Situation unter Kontrolle.

Die Spanier attackierten uns vom Start an. Escartin ließ am Télégraph einen Ausbruch vom Stapel und wollte uns für dumm verkaufen, aber wir reagierten gelassen, weil wir nicht so früh schon so viel Energie verschwenden wollten. Am Galibier machte Kevin Livingstone seinen Job hervorragend: Durch Schneeregen und Hagel zog er mich ruhig und beständig zum Gipfel. Als ich so hinter Kevin herfuhr, redete ich ihm ununterbrochen ermutigend zu. »Du machst das großartig, Mann«, sagte ich. »Die Kerle hinter uns sind am Krepieren.«

Die Strecke vom Galibier hinunter war kurvenreich und führte durch Pinienwälder. Lassen Sie mich Ihnen diese Abfahrt beschreiben: Ich kauerte über dem Lenker und raste mit 110 Sachen auf zwei schmalen, zitternden Reifen dahin, die nur zwei Zentimeter breit sind. Kehren, S-Kurven, Haarnadelkurven und - Nebel. Das Wasser strömte vom Berg herab und unter meinen Rädern durch, und irgendwo hinter mir stürzte Kevin. Er hatte versucht, eine Regenjacke anzuziehen, und ein Ärmel war dabei in die Speichen geraten. Er holte zwar wieder auf, aber während der nächsten Tage hatte er Schürfwunden und Fieber.

Danach kam der Montgenèvre, der dritte Berganstieg innerhalb von sechs Stunden, und die Strecke führte wieder durch eiskalten Regen und Nebel. Wir fuhren in einen Schauer rein und auf der anderen Seite wieder raus. Am Gipfel war es so kalt, daß der Regen auf meinem Hemd festfror. Auf der Abfahrt fing es an zu hageln. Vom Rest des Teams war ich jetzt bereits getrennt, aber die Attacken gingen weiter. Die anderen Fahrer dachten wohl, ich würde jeden Moment zusammenbrechen, und das machte mich wütend. Die schwächeren Fahrer fielen zurück, weil sie nicht mehr mithalten konnten. Ich fand mich plötzlich an der Spitze wieder, zwischen den besten Bergspezialisten der Welt, und ich mußte allein arbeiten. Ich wollte sie leiden lassen, bis sie nicht mehr atmen konnten.

Die einzige Gesellschaft, die ich hatte, war Johans Stimme in meinem Ohr. Er fuhr im Teamwagen, zusammen mit unserem Etappenbetreuer Tom Weisel, dem Chef des Teams.

Auf der Abfahrt vom Montgenèvre setzten Ivan Gotti und Fernando Escartin auf die Haarnadelkurven im Nebel, und tatsächlich entstand da eine Lücke von 25 Sekunden. Ich verfolgte sie mit einer zweiten Gruppe von fünf Fahrern.

Wir kamen zu der letzten Steigung, dem 30 Kilometer langen und harten Anstieg nach Sestrière. Seit fünfeinhalb Stunden saßen wir auf den Rädern, und wir alle hatten zu kämpfen. Von jetzt an ging es nur noch darum, wer einbrach und wer nicht.

Acht Kilometer vor dem Ziel lag ich 32 Sekunden hinter den Führenden und war in der zweiten Gruppe von fünf Fahrern eingeschlossen. Wir alle kämpften uns den Berg hinauf. Die anderen waren bekannte Bergfahrer aus verschiedenen Ländern. Der beste von ihnen war der kräftige und unermüdliche Schweizer Zülle, der im Gesamtklassement direkt hinter mir lag.

Es war Zeit für einen Ausbruch.

In einer kleinen Kurve schwang ich in der Gruppe nach innen, trat stark an und beschleunigte. Mein Rad machte einen Satz nach vorn. Ich fuhr um ein Haar auf die Begleitmotorräder auf.

Im Teamwagen sagte ein überraschter Johan: »Lance, du hast einen kleinen Vorsprung.« Er fügte hinzu: »Drei Meter.«

Auf dem Display des digitalen Computers überprüfte er meine Herzfrequenz. So konnte er sehen, wie schwer ich arbeitete und welche Leistung mein Körper brachte. Ich war bei 180, kein Grund zur Sorge also. Ich fühlte mich, als ob ich gemütlich auf einer ebenen Straße dahinradelte.

Er sagte: »Lance, der Abstand wird größer.«

Ich riß die Lücke noch weiter auf.

In einem einzigen Kilometer machte ich 21 Sekunden auf die Spitzengruppe gut. Jetzt lag ich nur noch elf Sekunden zurück. Seltsamerweise spürte ich nichts. Alles schien ... *mühelos*.

Die beiden Fahrer an der Spitze, Escartin und Gotti, blickten über die Schultern zurück. Ich holte noch immer schnell auf.

Ich fuhr bis zu Escartins Hinterrad. Ungläubig schaute er hinter sich. Gotti versuchte, Schritt zu halten. Ich beschleunigte an ihm vorbei und zog mit Escartin gleich.

Ich preschte wieder vor und machte dadurch das Tempo ein bißchen höher. Ich wollte herausfinden, wie fit sie waren und was sie vorhatten, wie sie reagieren würden.

Eine kleine Lücke tat sich auf. Ich war gespannt. Waren sie erschöpft?

Keine Reaktion.

»Eine Radlänge«, sagte Johan.

Ich beschleunigte.

»Drei Längen, vier Längen, fünf Längen.«

Johan schwieg. Dann sagte er, fast beiläufig: »Warum legst du nicht noch ein bißchen zu?«

Ich fuhr noch schneller.

»Zwölf Meter«, sagte er.

Wenn man einen Vorsprung herausholt und die Gegner nicht reagieren, dann sagt einem das nur eins: Sie pfeifen aus dem letzten Loch. Und wenn sie aus dem letzten Loch pfeifen, kann man sie packen.

Wir waren noch über sechs Kilometer vom Ziel entfernt. Ich hämmerte meine Beine in die Pedale.

»Du hast 30 Sekunden!« sagte Johan, schon ein bißchen aufgeregt.

In meinem Ohr gab mir Johan ständig durch, wie sich mein Vorsprung vergrößerte. Dann sagte er, daß Zülle aufzuholen versuchte. Zülle, immer wieder Zülle.

»Weißt du was, ich hau einfach ab«, sagte ich in mein Mikrofon. »Ich bring das Ding hier jetzt zu Ende.«

In einem Hotelzimmer in Italien saß Kik wie gebannt vor dem Fernseher. Als ich aus dem Sattel hochfuhr und angriff, sprang sie aus dem Sessel.

»Hol sie dir!« schrie sie.

In Plano, Texas, sah sich meine Mutter später am Tag die Aufzeichnung von diesem Streckenabschnitt an. Wegen der Zeitverschiebung wußte sie noch nicht, wer die Etappe gewonnen hatte.

»Paßt auf!« schrie sie. »Jetzt zieht er ab! Er schafft es!«

Das Rad schwankte unter mir hin und her, während ich in die Pedale trat, und meine Schultern sackten vor Ermüdung immer mehr nach vorn. Ich spürte, wie sich die Erschöpfung in meinem ganzen Körper ausbreitete, und beugte mich weit über den Lenker. Ich riß Mund und Nase auf und rang nach Atem.

Eigentlich kämpfte ich darum, überhaupt noch Luft zu bekommen. Mein Gesicht war eine einzige Grimasse.

Und noch immer war es ganz schön weit bis zum Ziel. Ich machte mir Sorgen, daß Zülle mich noch einholen könnte. Aber ich behielt meinen Rhythmus bei.

Ich riskierte einen Blick über die Schulter. Ich hatte schon fast damit gerechnet, daß Zülle an meinem Hinterreifen hing.

Aber da war niemand.

Ich schaute wieder nach vorn. Jetzt konnte ich das Ziel sehen - es ging nur noch bergauf. Ich war auf dem Weg zum Gipfel.

Dachte ich auf diesen letzten paar hundert Metern an Krebs? Nein. Ich würde lügen, wenn ich das behauptete. Aber ich glaube, daß - direkt oder indirekt - all das bei mir war, was in den letzten zwei Jahren mit mir geschehen war. Alles, was ich mitgemacht hatte, war nun zusammengeschnürt und gut verstaut - der ganze Kampf gegen den Krebs und all das mangelnde Vertrauen in meinem Sport, daß ich den Weg zurück schaffen würde. Entweder bin ich dadurch schneller geworden, oder die anderen wurden langsamer. Ich weiß nicht, was stimmt.

Als ich weiterkletterte, hatte ich zwar Schmerzen, aber ich spürte auch Begeisterung über das, was ich alles mit meinem Körper machen konnte. Rennen zu fahren und sich zu quälen, ist schon hart. Aber es ist trotzdem nicht damit zu vergleichen, daß man in einem Krankenhausbett liegt, mit Kathetern in der Brust, und spürt, wie einem das Platin in den Venen brennt, und man sich 24 Stunden lang übergeben muß, fünf Tage in der Woche.

An was dachte ich dann? An etwas Lustiges. Mir fiel eine Szene aus dem Film »Good Will Hunting« ein, in dem Matt Damon einen jungen, rebellischen Außenseiter spielt, ein mathematisches Wunderkind aus dem falschen Bezirk von South Boston, so ähnlich wie ich. In dem Film versucht er, sich in einer Bar mit ein paar piekfeinen Harvard-Studenten anzufreunden. Damon und einer dieser eingebildeten Intellektuellen haben sich beide in das gleiche Mädchen verliebt und versuchen es mit einem beeindruckenden Wortduell zu erobern. Damon gewinnt.

Danach grinst Damon den anderen Burschen hämisch an: »Hey, magst du Äpfel?«

»Ja«, sagt der andere, »ich mag Äpfel.«

»Ich hab ihre Telefonnummer«, sagt Damon triumphierend. »Wie magst du die Äpfel?«

Ich war hundert Meter vor dem Ziel, sog gierig die dünne Bergluft ein, dachte an diesen Film und grinste.

»Hey, Tom, Johan«, sagte ich zu meinen Freunden im Teamwagen, »mögt ihr Äpfel?«

Ihre verblüffte Antwort kam knackend aus dem Ohrhörer. »Ja, wir mögen Äpfel. Warum?«

Da schrie ich in das Mikrofon: »Wie mögt ihr die verdammten Äpfel?!«

Mit hoch ausgestreckten Armen und dem Blick zum Himmel gerichtet, rollte ich über den Zielstrich. Und dann schlug ich ungläubig die Hände vors Gesicht.

In ihrem Hotelzimmer in Italien saß meine Frau vor dem Fernseher und schluchzte.

Später an diesem Tag unterbrachen LaTrice Haney und das Personal des Krankenhauses ihre Arbeit und sahen sich zusammen mit den Patienten die Aufzeichnung des Rennens an. Gebannt starrten alle auf den Bildschirm, als ich auf den Berg hinaufkletterte und mein Vorsprung immer größer wurde. »Er hat's geschafft«, sagte LaTrice. »Er hat diesen Berg bezwungen. Er hat ihn bezwungen.«

Nach der Etappe von Sestrière führte ich in der Tour de France mit sechs Minuten, drei Sekunden.

Von der Landschaft bekommt man nicht besonders viel mit, wenn man durch die Berge fährt. Die Zeit reicht einfach nicht für einen ausgiebigen Blick auf die majestätischen Gipfel, die Felswände, Gletscher und Abhänge rechts und links, die unten in saftig-grüne Wiesen übergehen. Man achtet nur auf die Straße, die vor einem liegt, und auf die Fahrer hinter einem, weil im Gebirge kein Vorsprung sicher ist.

Am Morgen nach Sestrière stand ich zeitig auf und frühstückte mit dem Team. Wir machten jede Woche 25 Packungen Getreidenahrung nieder und außerdem zigdutzend Eier. Zuerst verdrückte ich eine Portion Müsli, dann drei oder vier Spiegeleier, und zum Schluß schaufelte ich noch einen Teller Nudeln in mich rein. Ich hatte einen weiteren langen, harten Tag in den Bergen vor mir, und ich brauchte jedes Gramm an Kraftnahrung, das ich auftreiben konnte. Heute ging es nach L'Alpe d'Huez, eine Etappe, um die sich mehr Mythen ranken als um jeden anderen Abschnitt der Tour – ein Anstieg um 1000 Meter auf einer Strecke von 14 Kilometern mit neunprozentiger Steigung. Auf der Strecke gab es 21 mörderische Haarnadelkurven und eine schier endlose Kette von S-Kurven, die zum Gipfel führten. Beim Aufstieg würde es heiß sein, beim Abstieg kalt, und an manchen Stellen war die Straße nur wenig breiter als mein Lenker. Anfang des zwanzigsten Jahrhunderts, als diese Bergetappen zum ersten Mal in der Tour gefahren wurden, kam ein Fahrer auf seinem schwerfälligen alten Gefährt im Ziel an, drehte sich zu den Rennorganisatoren um und schrie: »Ihr alle seid Mörder!«

Auf der L'Alpe d'Huez-Etappe wollte ich jedes größere Drama vermeiden. Ich brauchte nicht anzugreifen wie vor Sestrière, ich mußte nur einfach meine wichtigsten Gegner in Schach halten: Abraham Olano lag 6 Minuten und 3 Sekunden hinter mir, und Alex Zülle lag mit einem Abstand von 7 Minuten und 47 Sekunden auf dem 4. Platz. Fernando Escartin war auf dem 8. Platz, mit einem Abstand von 9 Minuten. Mein Tagesziel war, gleichmäßig weiterzufahren und nichts von der Zeit abzugeben, die ich vor Sestrière herausgeholt hatte.

Wir erreichten den Fuß der Berge. Ich wollte das Team wissen lassen, daß ich mich gut fühlte, denn bei einer harten Klettertour war die Moral entscheidend. Alle hatten ihre Ohrhörer und Sprechfunkverbindung und konnten mich hören.

»Hey, Johan«, sagte ich.

»Ja, Lance?«

»Das hier könnte ich auf einem verdammten Dreirad machen. Kein Problem.«

Im Hintergrund hörte ich Gelächter.

Wir legten ein hohes Tempo vor, um die Attacken in Grenzen zu halten und die Fahrer zu zermürben, die uns gefährlich werden konnten. Zuerst zog mich Tyler Hamilton den Berg hinauf. Ich klebte an seinem Hinterrad und redete die ganze Zeit lang direkt in sein Ohr. Wir überholten Olano. Johan meldete sich über Funk und sagte: »Olano ist geschafft. Gute Arbeit.« Dann kam Manuel Beltran, einer aus Zülles Rennstall. Ich schrie Tyler zu: »Willst du dir das von Beltran gefallen lassen?«

Wir hatten noch zehn Kilometer vor uns, ungefähr 30 Minuten Arbeit, immer bergauf. Plötzlich tauchten Escartin und sein Teamkamerad Carlos Contreras auf. Sie beschleunigten direkt in die Steigung hinein. Als nächster attackierte uns Pavel Tonkov aus dem Rennstall von Tom Steels. Tyler war am Ende. Er hatte keine Reserven mehr, und ich mußte allein hinter Tonkov herjagen. Dann kam Zülle, der von Beltran gezogen wurde, und Richard Virenque, der französische Bergspezialist, fuhr heran und hängte sich an mein Hinterrad. Alle versuchten, mir die Schlinge um den Hals zu werfen.

Aber ich wurde nicht müde. Diese ganze Aktivität war mir ziemlich egal. Solange ich bei den Angreifern blieb, konnte mir keiner besonders viel Zeit abnehmen. Ich blieb auf dem 4. Platz und behielt die Dinge im Auge. Bis zum Gipfel hatten wir jetzt noch vier Kilometer zu fahren, etwa sechseinhalb weitere Minuten unter größter Anspannung. Da griff der Italiener Giuseppe Guerini an, ein erfolgreicher Fahrer, der beim »Giro d'Italia« schon zweimal Dritter geworden war. Aber Guerini lag in der Gesamtwertung 15 Minuten zurück, ich brauchte mich also um seine Attacke nicht zu kümmern. Ich ließ ihn vorbeiziehen. Inzwischen war bei Zülle endlich der Faden gerissen. Er konnte das Tempo nicht mehr mithalten.

Guerini baute seine Führung auf 20 Sekunden aus – und

dann passierte das Unglaubliche: Er prallte mit einem Zuschauer zusammen. Schon seit Tagen hatten das Publikum Unfälle riskiert: Immer wieder waren ein paar Leute direkt vor dem Peloton über die Straße gerannt. Jetzt war ein verrückter Fan mit seinem Fotoapparat mitten auf die Straße gesprungen. Da stand er nun und fotografierte. Guerini versuchte, ihm auszuweichen, zuerst nach links, dann nach rechts, erwischte ihn aber dann voll mit dem Lenker und stürzte. Ein klassischer Tour-Unfall, und ein Beweis dafür, daß kein Vorsprung sicher ist. Guerini sprang zwar wieder aufs Rad und fuhr weiter, aber Tonkov saß ihm jetzt direkt im Nacken. Glücklicherweise fuhr Guerini als erster über den Zielstrich und wurde damit Etappensieger.

Ich beendete die Etappe auf dem 5. Platz. In der Gesamtwertung führte ich nun mit 7:32 vor Olano. Zülle hatte hart gearbeitet, aber trotzdem nur ein paar Sekunden gewonnen. Sein Rückstand betrug 7:47.

Es war ein ganz normaler, typischer Tag in der Tour de France.

Bei dieser Etappe machte ich mir viele Feinde. Meine neu erworbene Stärke am Berg weckte das Mißtrauen der französischen Presse, die nach dem Skandal des letzten Sommers immer noch nach Blut lechzte. Eine Verleumdungskampagne fing an: »Armstrong muß irgend etwas eingenommen haben.« In ihren Artikeln unterstellten »L'Equipe« und »Le Monde«, ohne es direkt zu sagen, daß mein Comeback ein bißchen zu sehr an ein Wunder grenze, um wahr zu sein.

Ich wußte, daß Sestrière Folgen haben würde – es war fast schon Tradition, daß jeder Fahrer, der das Gelbe Trikot trug, unter Dopingverdacht stand. Trotzdem war ich schockiert über die Äußerungen in der französischen Presse, die völlig an den Haaren herbeigezogen waren: Ein paar Journalisten behaupteten allen Ernstes, daß sich die Chemotherapie positiv auf meine Leistung ausgewirkt habe: Vielleicht hätte ich während der Behandlung irgendein mysteriöses Medikament bekommen, das die Leistung steigerte. Jeder Onkologe dieser

Welt, aus welchem Land auch immer, wird sich über diese Idee totlachen.

Ich verstand das alles nicht. Wie konnte jemand auch nur eine Sekunde lang denken, daß mir die Krebsbehandlung irgendwie geholfen hatte? Vielleicht weiß niemand außer einem Krebspatienten, wie hart diese Behandlung wirklich ist. Drei ganze Monate lang bekam ich ein paar der giftigsten Stoffe, die der Mensch kennt, Gifte, die meinen Körper täglich zerstörten. Ich fühlte mich noch immer wie vergiftet – und selbst jetzt, drei Jahre danach, spüre ich, daß mein Körper noch nicht alles los ist.

Ich hatte absolut nichts zu verbergen, und die Dopingkontrollen bewiesen das auch. Es war kein Zufall, daß es immer mich traf, wenn einer aus unserem Team für die »Stichproben« herausgepickt wurde. Die Dopingkontrollen waren das erniedrigendste an der ganzen Tour: Kaum hatte ich die Ziellinie überquert, wurde ich zu einem offenen Zelt geschleppt, wo ich dann auf einem Stuhl hockte, während der Arzt mir ein Gummiband um den Arm schnürte, mich mit einer Nadel stach und mir Blut abnahm. Eine Menge Fotografen standen um das Zelt herum und feuerten ein Blitzlichtgewitter auf mich ab. Wir nannten die Ärzte die Vampire. »Da kommen die Vampire«, sagten wir immer. Aber ich freundete mich mit den Dopingkontrollen an: Sie zeigten ja, daß ich clean war. Ich war getestet und durchgecheckt und nochmal getestet worden.

Zu den Presseleuten sagte ich: »Mein Leben und meine Krankheit und meine Karriere sind ein offenes Geheimnis.« Was mich betraf, sollte die ganze Geschichte damit abgehakt sein. An meinem Rennen in Sestrière war nichts Geheimnisvolles: Ich hatte mich schlicht und einfach gut darauf vorbereitet. Ich war fit, motiviert und durchtrainiert. Anstieg und Wetterbedingungen – kalt, naß, regnerisch – waren ideal für mich gewesen. Wenn an meiner Leistung an diesem Tag etwas Ungewöhnliches war, dann das Gefühl, mit einer Art körperlosen Unbeschwertheit zu fahren – und dieses Gefühl kam aus meiner bloßen Begeisterung darüber, daß ich noch am Leben war und diesen Anstieg schaffen konnte. Aber die Presseleute ließen nicht locker, und ich beschloß, ein paar Tage nicht mehr mit ihnen zu reden.

Das U.S. Postal Team war inzwischen ein blauer Schnellzug. Wir erreichten nun die Übergangsetappen zwischen den Alpen und den Pyrenäen und fuhren durch das Zentralmassiv. Es war eine seltsame Gegend, nicht gebirgig, aber auch nicht flach, einfach nur wellig, so daß die Beine nie ausruhen konnten. Die Straßen waren von endlosen Feldern mit wogenden Sonnenblumen gesäumt, als wir nun nach Süden fuhren, auf die Pyrenäen zu.

Es war eine brutale Fahrt, ununterbrochen ging es die Hügel rauf und runter, und eine Attacke folgte auf die andere. Nie gab es eine Möglichkeit, einfach nur dahinzurollen und sich zu erholen. Die anderen Fahrer griffen uns dauernd an. Irgendwie hielten wir sie in Schach und kontrollierten das Peloton, aber in diesen Tagen wurden wir gegrillt, und es herrschte eine gewaltige Spannung. Es war so heiß, daß der Teer an manchen Stellen unter unseren Rädern wegschmolz.

Frankie, George, Christian, Kevin und Peter arbeiteten am schwersten. An den Hügeln übernahm Frankie gewöhnlich die Führung, legte ein starkes Tempo vor und ließ andere Fahrer hinter sich zurück. Wenn Frankie müde wurde, übernahm George, und weitere Fahrer fielen hinter uns zurück, die bei unserem Tempo nicht mithalten konnten. Dann kam Tyler, der bei der hohen Geschwindigkeit blieb, und wieder wurden ein paar Gegner überholt. Und dann war da noch Kevin, der mich durch die steilen Stellen zog. Auf diese Weise zermürbten wir das Feld.

Jeden Tag gingen die Attacken weiter. Die anderen Fahrer dachten immer noch, wir wären verwundbar, und sie waren fest entschlossen, uns auszupowern. Dann kamen wir zu einem Abschnitt, der »L'Homme Mort«, der tote Mann, genannt wird, eine Kette von Hügelwellen, die sich über viele Kilometer hinzog. Dauernd versuchte jemand auszubrechen, und unsere Leute fielen einer nach dem anderen aus: Peter Meiert-Nielsens

Knie war wund, und Kevin war seit seiner Erkältung in den Alpen krank. Frankie und George waren erschöpft, weil sie die Schwerarbeit allein tun mußten. Uns allen taten die Füße weh, weil sie in dieser furchtbaren Hitze in den Fahrradschuhen anschwollen.

Plötzlich sprinteten 30 Jungs los, und wir mußten sie stellen. Da blitzten wieder meine alten Instinkte in mir auf: Ich startete durch. Ich wartete erst gar nicht auf Tyler oder Frankie, sondern fuhr einfach los. Ich holte sie ein und setzte mich allein an die Spitze. Im Funk knisterte es, und ich hörte Kevin schreien: »Verdammt, was machst du denn da?« Es war wieder mal meine alte schlechte Gewohnheit – ein sinnloser Angriff und reine Energieverschwendung. »Laß dich zurückfallen«, warnte mich Kevin. »Das brauchst *du* nicht zu machen.«

Ich richtete mich auf und sagte »Okay«, dann ließ ich mich zurückfallen, um meine Kraft aufzusparen. Die anderen Postal-Fahrer übernahmen die Aufholjagd.

Worüber dachte ich nach, wenn ich sechs oder sieben Stunden auf dem Rad saß? Diese Frage höre ich immer wieder, und die Antwort ist nicht gerade aufregend: Ich dachte ans Radfahren. Meine Gedanken wanderten nicht herum. Ich hatte keine Tagträume. Ich dachte über die Techniken nach, die man auf den verschiedenen Etappen brauchte. Ich sagte mir immer wieder, daß ich in diesem Rennen die ganze Zeit Druck machen mußte, wenn ich an der Spitze bleiben wollte. Ich fragte mich, ob ich noch führte. Ich behielt meine Gegner scharf im Auge, wenn einer von ihnen auszubrechen versuchte. Ich achtete genau auf alles, was sich um mich herum tat, und paßte auf, daß ich nicht stürzte.

Fünf monotone Tage und Nächte fuhren wir durch Zentralfrankreich auf die Pyrenäen zu, von Saint-Etienne nach Saint-Galmier, Saint-Flour, Albi und Castres nach Saint-Gaudens. Die 13. Etappe war die längste der Tour und auch die heißeste, mit sieben Anstiegen und ohne flache Abschnitte. Frankie sagte, das Profil der Etappe sähe aus wie eine Säge, und so fühlte sie sich auch an. Peter Meiert-Nielsen gab schließlich wegen seiner Knieverletzung auf. Manchmal waren die Hotelzimmer ausgesprochen winzig, und Frankie beschwerte sich, daß er mit den Knien gegen die Badezimmertür stieß, wenn er auf dem Klo saß. George, der mit Frankie in einem Zimmer war, behauptete, daß sie beide ihre Koffer nicht gleichzeitig aufklappen konnten.

Auf dem Rad waren wir immer hungrig und durstig. Dauernd knabberten wir Kekse, Törtchen, Mandelkuchen, Hafermehlplätzchen mit Rosinen, Müsliriegel - Hauptsache Kohlenhydrate. Wir kippten zuckerhaltige Durstlöscher runter, tagsüber Cytomax und am Ende der Etappe Metabol.

Abends saßen wir über unseren Fitneßmahlzeiten und redeten Unsinn, reinen Quatsch, gespickt mit alten Erinnerungen und unseren angeblichen Eroberungen, die zu 99 Prozent erfunden waren. Wir mochten es, wenn uns unser Koch, der fünfundsechzigjährige Schweizer Willy Balmet, seine Geschichten erzählte. Willy war ein guter Freund, der für jedes Team gekocht hat, für das ich gefahren bin. Er sah viel jünger aus, als er war, und konnte sechs Sprachen, praktisch alles außer Suaheli. Sein Reich war die Küche, und in all den Jahren, die ich ihn kannte, habe ich nie erlebt, daß ihm der Zutritt zu einer Hotelküche verwehrt wurde. Wenn er ankam, gab er den Leuten vom Hotel das Gefühl, daß sie zu unserem Team gehörten. Er kochte immer persönlich unsere Pasta, da durfte sich keiner einmischen.

Während ich auf dem Rad saß, zündete Kik überall in Europa Kerzen an. Egal, in welcher Stadt oder welchem Dorf sie war, sie ging immer in eine Kirche und zündete eine Kerze an. In Rom zündete sie eine im Vatikan an.

Endlich erreichten wir die Pyrenäen.

Im Schatten der Berge fuhren wir durch eine Van Gogh-artige Landschaft nach Saint-Gaudens. Für die Bergspezialisten waren die Pyrenäen die letzte Chance, mich vom Spitzenplatz zu verdrängen: Ein einziger schlechter Tag in diesen Bergen – und das Rennen konnte verloren sein. Ich war mir nicht sicher, ob ich die Tour de France gewinnen konnte, bevor wir nicht wieder von diesen Bergen runter waren.

Der Druck nahm allmählich zu. Ich wußte, wie es war, auf dem 55. Platz im Feld zu fahren und eine Tour de France zu Ende zu bringen. Aber das Gelbe Trikot war eine völlig neue Erfahrung, und dadurch bekam der Druck eine andere Qualität. Ich mußte lernen, daß man jede Menge Wind aushalten muß, wenn man das Gelbe Trikot trägt. Jeden Tag stellten mich die anderen Fahrer auf die Probe. Auch, wenn ich nicht im Sattel saß, wurde ich getestet, denn die Nachforschungen der Presse über mich wurden immer intensiver.

Ich beschloß, mich den Vorwürfen direkt zu stellen, und hielt in Saint-Gaudens eine Pressekonferenz ab. »Ich bin fast tot gewesen, und ich bin nicht blöd«, sagte ich. »Jeder weiß, daß Epo und Steroide schon bei gesunden Menschen Blutkrankheiten und Schlaganfälle verursachen können. Außerdem ist es gar keine so große Überraschung, daß ich in Sestrière gewonnen habe, ich war schließlich schon mal Weltmeister.«

»Ich kann nur ausdrücklich sagen, daß ich nicht gedopt bin«, sagte ich weiter. »Ich dachte, ein Fahrer mit meiner Geschichte und meiner gesundheitlichen Situation wäre keine große Überraschung. Ich bin kein neuer Fahrer. Ich weiß, daß jeder rumsucht und spioniert und bohrt, aber Sie werden nichts finden. Es gibt nichts zu finden... Sie werden noch ein bißchen rumstochern und dann merken, daß man sich professionell verhalten muß und daß man nicht jeden Quatsch drukken kann. Und dann werden Sie endlich einsehen, daß Sie es mit einem sauberen Burschen zu tun haben.«

Alles, was ich tun konnte, war weiterfahren, die Dopingkontrollen über mich ergehen lassen und meine Unschuld beteuern. Wir brachen auf zur ersten Pyrenäen-Etappe, die von Saint-Gaudens nach Piau-Engaly führte und sieben Berge umfaßte. Durch dieses Gebiet war ich schon mal gefahren, und damals war es eiskalt gewesen. Aber jetzt war es staubig und heiß, als wir einen felsigen Col nach dem anderen hinter uns brachten. Die Fahrer bettelten sich gegenseitig um Wasser an.

Die Abstiege waren steil und gefährlich, denn direkt neben der Straße fiel der Berg bedrohlich tief ab.

Das Etappenziel lag kurz vor der spanischen Grenze. Das bedeutete, daß alle spanischen Fahrer entschlossen waren, diese Etappe zu gewinnen - und keiner mehr als Escartin, der drahtige Fahrer mit dem Habichtsgesicht. Das Rennen war hektisch, und unser Postal Team wurde auseinandergerissen; ganz allein fuhr ich hinter Escartin her. Er trat in die Pedale wie ein Tier. Ich konnte nur versuchen zu verhindern, daß er mir zuviel Zeit abnahm.

Als sich die Berge vor mir auf dem vorletzten Anstieg der Etappe öffneten, schaffte ich es, Zülle von meinem Hinterrad abzuschütteln und mich auf den 2. Platz vorzuschieben. Aber ich hatte keine Chance, Escartin einzuholen, der einen Vorsprung von 2 Minuten herausgefahren hatte. Bei der letzten Steigung war ich müde und geschafft. Seit dem Frühstück hatte ich keine feste Nahrung mehr zu mir genommen. Die Spitzengruppe überholte mich, und ich wurde Vierter. Escartin gewann die Etappe und sprang in der Gesamtwertung auf den 2. Platz, mit einem Rückstand von 6:19. Zülle lag 7:26 zurück.

Kurz nachdem ich die Ziellinie überfahren hatte, sagte mir ein französischer Fernsehjournalist, es gebe Gerüchte, daß in meinen Dopingproben eine verbotene Substanz gefunden worden wäre. Natürlich waren die Berichte falsch. Ich ging ins Teamhotel, schob mich durch eine Menge lärmender Medienleute und gab noch eine Pressekonferenz. Wieder beteuerte ich meine Unschuld, aber wie immer gab es nur eine neue Welle von Spekulationen in den Zeitungen - und das alle drei oder vier Tage.

»Le Monde« hatte einen Bericht veröffentlicht, wonach bei einer Dopingkontrolle in meinem Urin winzige Spuren von Corticosteroid entdeckt worden seien. Tatsächlich hatte ich mir eine vom Sattel wundgescheuerte Stelle mit einer cortisonhaltigen Salbe eingerieben - aber ich hatte mir extra noch vor der Tour die Genehmigung der Tourleitung dafür eingeholt. Sofort gab die Leitung eine Pressemitteilung heraus, in der meine Unschuld bestätigt wurde. »›Le Monde‹ hat nach einer Story über

Doping gesucht, aber sie haben nur eine über Hautcreme gefunden«, sagte ich.

Der ständige Beschuß durch die Presse verletzte mich und nahm mir meine Motivation. Ich hatte mich so sehr angestrengt und einen so hohen Preis gezahlt, um wieder fahren zu können, und das wurde nun alles abgewertet. Ich versuchte, mit den Berichten ehrlich und geradeheraus umzugehen, aber es sah nicht so aus, als ob das irgendwas brachte.

Doch eins wurde mir langsam klar: Die Leute, die jetzt die Gerüchteküche anheizten und schrieben, daß ich Drogen benützen würde, waren genau dieselben, die schon während meiner Krankheit gesagt hatten: »Der ist erledigt. Er wird nie mehr fahren.« Es waren dieselben, die am Anfang meines Comebacks sagten: »Nein, wir geben ihm keine Chance. Aus dem wird nie wieder was.«

Aber jetzt fuhr ich im Gelben Trikot an der Spitze der Tour de France, und es sah immer mehr danach aus, daß ich sie auch gewinnen könnte. Doch diese Leute blieben bei ihrer alten Leier: »Das geht nicht. Das schafft er nicht. Was ist hier los? Da muß doch noch etwas anderes dahinterstecken, irgendwas Verdächtiges.« Sie ließen nicht locker, diese Miesmacher.

Wie gut, daß ich ihnen nicht zugehört hatte, als ich krank war.

Es verletzte mich auch, daß mich besonders die französischen Journalisten verdächtigten. Ich hatte in Frankreich gelebt, und ich liebte dieses Land. Nach den Problemen während der Tour im Vorjahr waren viele Spitzenfahrer 1999 nicht angetreten, aber ich schon. Andere Fahrer hatten Angst, von der Polizei oder von den Regierungsbehörden belästigt zu werden, aber ich hatte täglich in Frankreich trainiert. Frankreich ist das strengste Land der Welt, wenn man mit leistungssteigernden Mitteln erwischt wird, aber ich fuhr alle meine Rennen im Frühjahr in Frankreich und zog mein ganzes Vorbereitungsprogramm für die Tour dort durch. Nach französischem Recht hätte die Polizei jederzeit meine Wohnung durchsuchen können. Sie hätten nicht mal um Erlaubnis bitten oder auch nur anklopfen müssen. Sie hätten in meinen Schubladen wühlen, meine Taschen umkrempeln und mein Auto durchsuchen können. Sie hätten tun und lassen können, was sie wollten, ohne Hausdurchsuchungsbefehl oder irgendeine Vorwarnung.

Ich erklärte der Presse: »Ich lebe in Frankreich. Ich war den ganzen Mai und den ganzen Juni in Frankreich und habe Rennen gefahren und trainiert. Wenn ich was zu verbergen hätte, dann hätte ich mir ein anderes Land ausgesucht.«

Aber das schrieben und druckten sie nicht.

Am nächsten Tag waren wir auf dem Weg zum vielleicht berühmtesten Berg der Tour, dem Col du Tourmalet. Die Straße zum Gipfel führt mehr als 16 Kilometer himmelwärts. Es war unser letzter großer Anstieg und Test, und auch diesmal wußten wir, daß man uns unbarmherzig attackieren würde. Wir hatten längst die Nase voll davon, immer vorneweg zu fahren und gegen den Wind anzukämpfen, während uns die anderen auf den Pelz rückten. Aber wenn wir in den Bergen nur noch einen Tag an der Spitze blieben, konnte man uns den obersten Platz auf dem Siegerpodest in Paris nur noch schwer streitig machen.

Kaum hatten wir den Fuß der 20 Kilometer langen Strecke über den Tourmalet erreicht, als die anderen Fahrer schon anfingen, uns zu attackieren. Wir fuhren ein hohes Tempo und versuchten, die Angreifer auszulaugen, und als wir noch acht Kilometer vor uns hatten, legten wir noch mal zu. Der französische Bergspezialist Virenque schloß zu Kevin auf und fragte wütend: »Hast du ein Problem?« Als Kevin den Kopf schüttelte, fragte Virenque, ob Kevin »à bloc« fahre, das heißt, ob er alles auf eine Karte setzte. Kevin fragte zurück: »Nein, du vielleicht?« Dann trat er in die Pedale und setzte sich von Virenque ab. Den Rest des Tages wurden wir von einem wütenden Virenque gejagt.

Escartin und ich beschatteten uns gegenseitig, während wir uns bergauf kämpften. Ich beobachtete ihn aufmerksam. An der steilsten Stelle des Anstiegs griff er an. Ich ging mit – und auch Zülle schloß sich an. Zu dritt überquerten wir den höchsten Punkt, abgesondert in unserem kleinen Privatrennen. Vom Gipfel aus sahen wir auf einen dichten Wolkenteppich hinunter. Bergab wurde es immer nebliger, so daß wir kaum noch vier Meter weit gucken konnten. Es war ein Horror: ein Rennen mit Höchstgeschwindigkeit durch den Nebel, über felsige Straßen ohne Leitplanken.

Von jetzt ab ging es mir nur noch darum, meine Rivalen entweder neben mir oder hinter mir zu halten. Vor uns lag dann der zweite Anstieg, der Col du Soulor. Escartin attackierte erneut, und wieder zog ich mit. Wir erreichten den zweiten nebelbedeckten Gipfel, und dann lag die letzte Steigung dieser Tour de France vor uns: der Col d'Aubisque, siebeneinhalb Kilometer strapaziöser Anstieg. Danach würde die Bergarbeit hinter uns liegen. Dann ging es nur noch steil runter bis zum Ziel, mit über 110 Sachen.

Es lagen jetzt drei Fahrer vorn, die um den Etappensieg kämpften. Danach kam mit einer Minute Abstand eine Gruppe von neun Fahrern, die ebenfalls noch Chancen auf den Etappensieg hatten, unter ihnen Escartin, Zülle und ich. Aber der Etappensieg war mir egal. Als wir noch vier Kilometer vor uns hatten, entschloß ich mich, auf Sicherheit zu fahren. Die anderen konnten sich von mir aus Sprintduelle mit Zusammenstößen liefern, aber ohne mich. Ich hatte nur ein einziges Ziel: mein Gelbes Trikot zu verteidigen.

Ich fuhr durch das Etappenziel und stieg aus dem Sattel, total erschöpft, aber froh, daß ich meine Führung verteidigt hatte. Aber obwohl ich fünf Stunden auf dem Rad gesessen hatte, gab es jetzt noch eine zweistündige Pressekonferenz. Ich bekam langsam das Gefühl, daß die Presse versuchte, mich mental fertigzumachen, weil die anderen Fahrer es nicht schafften, mich physisch zu erledigen. Die Auseinandersetzung mit den Medien war inzwischen genauso anstrengend wie die Tour selbst.

An diesem Tag veröffentlichte die UCI alle meine Dopingtests, und tatsächlich waren alle sauber. Außerdem sprach mir Jean-Marie Leblanc, der Organisator des Rennens, sein volles

Vertrauen aus. »Daß Armstrong seine Krankheit besiegt hat, ist ein Zeichen, daß auch die Tour ihre eigene Krankheit besiegen kann«, sagte er.

Irgendwie hatten wir es geschafft, alle Attacken abzuwehren, auf dem Rad und am Rand des Rennens, und das Gelbe Trikot zu verteidigen. Wir hatten es geschafft, wir hatten das Rennen in den Bergen kontrolliert, und nach drei Wochen und 3520 Kilometern führte ich die Tour mit einer Gesamtzeit von 86:46:20 an. Escartin lag 6 Minuten und 15 Sekunden zurück an zweiter Stelle, und Dritter war Alex Zülle mit einem Rückstand von 7 Minuten und 28 Sekunden.

Und ich trug noch immer das Gelbe Trikot.

Eigenartigerweise wurde ich immer nervöser, je näher wir Paris kamen. Jede Nacht wachte ich schweißgebadet auf und fragte mich allmählich, ob ich krank sei. Die Schweißausbrüche in der Nacht waren heftiger als alle, die ich während meiner Krankheit erlebt hatte. Ich versuchte mir einzureden, daß der Kampf um mein Leben sehr viel wichtiger gewesen war als der Kampf um den Sieg bei der Tour de France, aber jetzt kam es mir so vor, als sei das ein und dasselbe.

Ich war nicht der einzige im Team, der nervös wurde. Unser Chefmechaniker war so angespannt, daß er mein Rad nachts mit auf sein Hotelzimmer nahm. Er wollte es nicht im Transporter lassen, damit niemand heimlich dran rumbasteln konnte. Wer wußte, was für verrückte Sachen passieren würden, um meinen Toursieg zu verhindern? Kurz vor dem Ziel der 17. Etappe, auf einer langen flachen Straße Richtung Bordeaux, beschossen ein paar Idioten den Peloton mit Pfefferspray. Ein paar von den Fahrern mußten anhalten und sich übergeben.

Aber da gab es auch eine sehr reale Gefahr, die mich noch immer um den Sieg bringen konnte: ein Sturz. Ein letztes großes Hindernis lag noch vor mir, ein Einzelzeitfahren über 57 Kilometer im Freizeitpark »Futuroscope«. Bei einem Zeitfahren konnten die übelsten Sachen passieren. Ich konnte stürzen und mir das Schlüsselbein oder ein Bein brechen.

Aber ich wollte das Zeitfahren gewinnen. Ich wollte der Presse und den radfahrenden Gerüchtekrämern ein für allemal zeigen, daß es mir egal war, was sie über mich erzählten. Die Pressekonferenzen hatte ich hinter mir (aber nicht die Dopingkontrollen, denn nach der 17. Etappe wurde wieder zufällig ich für die Kontrolle ausgewählt). Das Zeitfahren gewinnen zu wollen, war jedoch nicht ungefährlich. Ein Fahrer, der unbedingt die schnellste Zeit fahren will, nimmt manchmal unüberlegt Risiken in Kauf und verletzt sich - vielleicht so schwer, daß er das Rennen aufgeben muß.

So was passierte ja ständig vor unseren Augen. Denken Sie nur an Bobby Julich, der mit 90 Sachen stürzte und schwere Prellungen in der Brust hatte. Bei dem Zeitfahren hätte ich fast selbst einen Sturz gebaut, als in einer Rechtskurve das Kind vor mir auf die Fahrbahn lief. Auf der Alpe d'Huez tauchte dieser Zuschauer vor Guerini auf, und er stürzte. Und Zülle hätte höchstens eine Minute Rückstand auf mich, wenn er auf der Passage du Gois nicht gestürzt wäre.

Am Abend vor der Etappe besuchte mich Bill Stapleton im Hotelzimmer. »Lance, ich bin kein Trainer, aber ich glaube, du solltest die Sache locker angehen«, sagte er. »Du hast eine Menge zu verlieren. Zieh es einfach durch. Mach keine Dummheiten.«

Klug wäre gewesen, sich darauf zu konzentrieren, keine Fehler zu machen, nicht zu fallen, sich nicht zu verletzen und nicht zehn Minuten durch einen Sturz zu verlieren.

Aber mir war das alles egal.

»Bill, was glaubst du eigentlich, mit wem du redest?« fragte ich.

»Wie bitte?«

»Ich werd' heute die Sau rauslassen. Ich häng' mich da total rein. Ich will dieser Tour meinen Namen aufstempeln.«

»Okay«, sagte Bill resigniert. »Ich schätze, da gibt es nichts mehr zu diskutieren.«

Ich hatte das Gelbe Trikot seit Metz getragen, und ich wollte es nicht mehr ausziehen. Als Team waren wir perfekt gefahren, aber jetzt wollte ich auch als Einzelfahrer gewinnen. Nur drei Fahrer hatten jemals alle Zeitfahrprüfungen einer Tour gewonnen, und das waren auch die größten Fahrer aller Zeiten gewesen: Bernard Hinault, Eddy Merckx und Miguel Induráin. Zu ihnen wollte ich gehören. Ich wollte beweisen, daß ich der stärkste Mann im Rennen war.

Ich konnte nicht schlafen. Scott McEachern von Nike besuchte mich in meinem Zimmer, und auch Stapleton kam vorbei. Johan schaute herein, sah Scott auf meinem Bett liegen, während ich noch immer auf den Beinen war. Johan tippte auf seine Uhr: Es war halb elf. »Jag die Burschen raus und geh ins Bett«, befahl er mir.

Meine Mutter kam mit dem Flugzeug, um bei der »Futuroscope«-Etappe dabei zu sein. Ich sorgte dafür, daß sie in einem der Teamwagen mitfahren durfte. Sie wollte das Zeitfahren sehen, weil sich ihr alter Schutzinstinkt wieder regte: Wenn sie bei mir war, konnte mir nichts passieren. Aber vor einem Zeitfahren hatte sie mehr Angst als vor irgendwas anderem. Sie kannte eben den Radsport gut genug, um zu wissen, wie leicht ich dabei stürzen konnte. Und sie wußte auch, daß dieser Tag für mich entscheidend war, ein für allemal. Deshalb mußte sie einfach dabeisein.

Ein Zeitfahren ist eine simple Sache – man fährt gegen die Uhr. Der Kurs war eine große Schleife im westlichen Zentralfrankreich. Man brauchte ungefähr eineinviertel Stunden, wobei man auf flacher Strecke 57 Kilometer zurückzulegen hatte. Man fuhr vorbei an Häusern mit ziegelroten Dächern und Feldern mit braunem und goldfarbenem Gras, auf denen es sich die Zuschauer mit Sofas und Sesseln bequem gemacht hatten. Von der Landschaft würde ich allerdings nicht viel sehen, denn die meiste Zeit mußte ich mich tief über den Lenker beugen, um die Aerodynamik zu verbessern.

Die Fahrer starteten in umgekehrter Reihenfolge, ich kam also als letzter dran. Um mich aufzuwärmen, setzte ich das Rad auf die Rollen und schaltete durch alle Gänge, von denen ich glaubte, daß ich sie auf dieser Strecke brauchen würde.

Während ich mich noch aufwärmte, startete Tyler Hamilton. Sein Auftrag lautete, so schnell und hart zu fahren, wie er nur konnte, ohne Rücksicht auf das Risiko. Dann sollte er technische Informationen zurückschicken, die mir vielleicht nützen würden. Tyler fuhr nicht nur schnell, sondern übernahm für einen großen Teil des Tages die Führung. Aber dann fuhr Zülle die Strecke in einer Stunde, 8 Minuten und 26 Sekunden und verdrängte damit Tyler vom ersten Platz.

Jetzt war ich dran. Ich schoß aus dem Startbereich heraus und jagte durch die kurvenreiche Strecke. Escartin, der drei Minuten vorher gestartet war, fuhr vor mir.

Zwischen Bäumen und hohem Gras schwirrte ich an ihm vorbei; mein Kopf war so tief gesenkt, und ich war so vertieft ins Rennen, daß ich ihn nicht einmal ansah.

Die Zwischenzeiten zeigten, daß ich in Führung lag. Ich fuhr so schnell, daß meine Mutter mit dem Kopf nach hinten gedrückt wurde, wenn der Teamwagen nach den Kurven beschleunigte.

Auch nach der dritten Zwischenzeitnahme lag ich mit 50:55 vorn. Die Frage war aber, ob ich dieses Tempo auch auf dem letzten Abschnitt der Etappe halten konnte.

Als ich noch sechs Kilometer vor mir hatte, lag ich 20 Sekunden vor Zülle. Aber jetzt wurde mir die Rechnung präsentiert. Ich zahlte den Preis für die Gebirgsetappen, die Hügelstrecken und die Ebenen. Ich fing an, Zeit zu verlieren, und ich konnte es auch spüren. Wenn ich Zülle schlagen konnte, dann höchstens um ein paar Sekunden. Die beiden letzten, weiten Kurven nahm ich stehend. Ich beschleunigte in den Kurven, paßte auf, daß ich nicht stürzte, nahm sie aber so eng wie möglich – wobei ich fast über den Rinnstein auf den Gehweg gefahren wäre.

Ich raste auf die Zielgerade und ging in den Endspurt. Meine Lippen waren weit über die Zähne zurückgezogen, ich zählte, ich trieb mich vorwärts. Dann war ich über der Linie. Ich checkte die Zeit: 1:08:17.

Ich hatte mit 9 Sekunden Vorsprung gewonnen.

Ich rollte hinter die Absperrung, bremste und fiel zusammengekrümmt vom Rad.

Ich hatte die Etappe gewonnen, und ich hatte die Tour de France gewonnen. Jetzt endlich konnte ich mich sicher fühlen. Mein wichtigster Rivale war Zülle, der in der Gesamtwertung um 7 Minuten und 37 Sekunden zurücklag, ein Abstand, den er unmöglich auf der letzten Etappe nach Paris aufholen konnte.

Ich war nun so gut wie am Ende der Reise. Eigentlich waren es ja zwei Reisen gewesen: die Teilnahme an der Tour zu schaffen, und dann die Tour selbst. Diese erste Woche ganz am Anfang mit dem Prolog und meinem Stimmungshoch - ereignislos, aber sicher. Dann kam diese eigenartige körperlose Unbeschwertheit bei Metz und bei Sestrière, und dann die demoralisierenden Angriffe der Presse. Daß das ganze jetzt mit meinem Sieg enden sollte, gab mir ein süßes Gefühl der Genugtuung. Ich würde in Paris einfahren und das Gelbe Trikot tragen!

Als ich auf dem Siegerpodest stand, klatschte meine Mutter, winkte mit einem Fähnchen und wischte sich die Tränen aus den Augen. Ich hatte sie vor dem Rennen nicht gesehen, aber gleich danach nahm ich sie in die Arme. Als wir gemeinsam zu Mittag aßen, erzählte sie: »Du wirst nicht glauben, was zu Hause los ist. Ich weiß, daß du das im Moment kaum begreifen oder darüber nachdenken kannst, aber die Leute in den Staaten sind absolut verrückt wegen dir. Ich hab so was noch nie gesehen.«

Danach gingen wir ins Hotel zurück, wo die Presse dichtgedrängt in der Lobby wartete. Wir kämpften uns durch die Meute zu meinem Zimmer durch, und einer der französischen Journalisten wandte sich an meine Mutter: »Kann ich mit Ihnen sprechen?«

Ich drehte mich um und sagte: »Sie spricht nicht mit der französischen Presse.« Doch der Typ fragte einfach weiter.

»Laß sie in Ruhe«, sagte ich. Ich legte meinen Arm um ihre Schultern und steuerte uns quer durch die Leute bis rauf in mein Zimmer.

An diesem Abend bekam ich einen Vorgeschmack von der Reaktion zu Hause in den Staaten. Ein Journalist vom Magazin »People« bat mich um ein Interview. Sponsoren strömten in unser Teamhotel, um Hände zu schütteln und uns kennenzulernen. Auch Freunde kamen an; sie waren kurz entschlossen ins Flugzeug gestiegen. Bill Stapleton ging mit mir essen und erklärte, daß mich alle Morning Shows und Late Night Talk Shows in ihren Sendungen haben wollten. Er meinte, ich solle nach der Tour für einen Tag in die Staaten fliegen und im Fernsehen ein paar Interviews geben.

Doch etwas sprach dagegen: Traditionell nimmt der Sieger der Tour de France an einer Reihe von Rennen in ganz Europa teil, um das Gelbe Trikot vorzuführen. An diese Tradition wollte ich mich halten. »Das kommt überhaupt nicht in Frage«, sagte ich. »Ich bleib' hier und mach' diese Rennen.«

»Okay, in Ordnung«, sagte Bill. »Wie du willst.«

»Und was meinst du?«

»Ich meine, daß das ziemlich dumm wäre.«

»Warum?«

»Weil du keine Ahnung hast, was zu Hause los ist und wie wichtig das alles ist. Du bist hier so bei der Sache, daß du überhaupt nicht mitkriegst, was gerade alles passiert. Aber das wirst du schon noch rausfinden. Sobald das hier vorbei ist, wirst du dich nicht mehr verstecken können. In Amerika kennt dich inzwischen jeder.«

Nike wollte, daß ich in ihrem Mega-Store in New York eine Pressekonferenz abhielt. Der Bürgermeister würde dort sein und auch Donald Trump. Die Leute in Austin wollten eine Parade veranstalten. Nike bot einen Privatjet an, der mich in einem Tag in die Staaten und nach Europa zurückfliegen würde, damit ich an den Rennen teilnehmen konnte. Ich war total erstaunt. Seit Jahren hatte ich Rennen gewonnen und niemand in den Staaten hatte sich um mich gekümmert.

Und jetzt das!

Dabei war ich immer noch nicht ganz sicher, daß ich tatsächlich gewinnen würde. Ich hatte noch einen ganzen Renntag vor mir, und so zog ich mich direkt nach dem Abendessen zurück, brachte die Massage hinter mich und die Hydration mit sauerstoffangereichertem Wasser, um den Flüssigkeitsverlust während des Tages auszugleichen, und ging dann ins Bett.

Die letzte Etappe von Arpajon nach Paris ist eine weitgehend zeremonielle Fahrt über 142 Kilometer. Wie es Tradition war, sollte das Peloton in mäßigem Tempo dahinrollen, bis wir den Eiffelturm sahen und den Arc de Triomphe erreichten. Von dort sollte das U.S. Postal Team an der Spitze des ganzen Feldes die Champs-Elysées hinunterfahren. Dann würde es einen Sprint geben, und wir sollten auf einem Rundkurs im Stadtzentrum zehn Runden lang ein Rennen fahren. Ganz am Schluß gab es dann noch die Prozession nach dem Rennen und die Ehrenrunde des Siegers.

Während wir auf Paris zufuhren, gab ich vom Sattel aus Interviews und redete mit meinen Teamkameraden und mit Freunden im Peloton. Ich genehmigte mir sogar ein Eis. Das Postal Team fuhr wie üblich in perfekter Ordnung. »Ich muß überhaupt nichts tun«, erklärte ich einem Fernsehteam. »Das machen alles meine Jungs.«

Nach einer Weile näherte sich ein anderes Team. »Ich grüße Kelly Davidson in Fort Worth, Texas«, sagte ich. »Das ist für dich.« Kelly ist eine der jungen Kämpferinnen gegen den Krebs, die ich beim »Ride for the Roses« kennengelernt hatte. Sie und ihre Familie gehören seitdem zu meinen engsten Freunden.

Dann erreichten wir die Stadt. Ich wurde von meinen Gefühlen überwältigt, als wir zum erstenmal in die Champs-Elysées einbogen. Die breite Straße war abgesperrt, und es sah einfach phantastisch aus – Hunderttausende von Zuschauern standen am Rand. Es gab ein lautes Hupkonzert, überall war Konfetti, und an jedem Haus baumelten Fähnchen. Ich war verblüfft, wie viele amerikanische Fähnchen uns entgegengeschwenkt wurden.

Irgendwo hinten in der Menge hielt jemand ein großes Pappschild hoch. Darauf stand nur ein Wort: TEXAS.

Während wir die »Champs« hinunterfuhren, sah ich, daß

nicht auf allen amerikanischen Fähnchen Stars and Stripes waren. Ich freute mich, als ich sah, daß viele Leute auch mit der Flagge des »Lone Star State«, meiner Heimat Texas, winkten.

Der Endspurt über zehn Runden bis zum Ziel ging merkwürdig ruhig und eigentlich recht enttäuschend über die Bühne, eine reine Formsache, bei der ich nur einen letzten ungeschickten Sturz vermeiden mußte. Dann fuhr ich über die Ziellinie. Jetzt endlich wurde es greifbar und wirklich: Ich war der Sieger.

Ich stieg vom Rad, und um mich herum brach die Hölle los. Überall waren Fotografen, Sicherheitsbeamte, Ordner und Freunde, die mir auf die Schultern klopften. Auch ungefähr 50 Leute aus Austin waren dabei, darunter Bart Knaggs und mein lieber Freund Jeff Garvey, und sogar, fast unglaublich, Jim Hoyt. Der alte Knabe hatte alle plattgeredet, bis sie ihn zu uns durchließen.

Ich wurde zur Siegerehrung auf das Podium geführt. Dort überreichte man mir die Trophäe, und ich hielt sie hoch. Jetzt konnte ich mich nicht mehr beherrschen: Ich sprang hinunter und rannte zur Tribüne hinüber, um meine Frau zu umarmen. Die Fotografen umringten mich, und ich fragte: »Wo ist meine Mutter?« Die Menge teilte sich, so daß ich sie sehen konnte, und ich ging zu ihr und drückte sie heftig. Um sie herum standen Presseleute. Jemand fragte sie, ob mein Sieg für sie nicht gegen jede Wahrscheinlichkeit sprechen würde.

»Das ganze Leben von Lance hat nichts mit Wahrscheinlichkeit zu tun«, erklärte meine Mutter.

Und dann kam der beste Teil: die Ehrenrunde des Siegers. Ein letztes Mal fuhr ich mit meinem Team. Ganz allein rollten wir über die Champs-Elysées. Drei Wochen lang waren wir zusammen gewesen, und jetzt fuhren wir sehr, sehr langsam, um jeden Augenblick auszukosten. Ein Fremder rannte plötzlich auf die Straße und hielt mir eine riesige amerikanische Flagge an einer Stange hin. Ich hatte keine Ahnung, woher er gekommen war – er war einfach aufgetaucht und hatte mir die Fahne in die Hand gedrückt. Als ich sie hoch in die Luft hielt, hatte ich einen Kloß im Hals.

Dann waren wir wieder an der Ziellinie, wo ich mich an die Presse wandte. Ich mußte meine Tränen zurückhalten. »Ich habe einen richtigen Schock, es ist wie ein Traum«, sagte ich. »Ich möchte Ihnen nur eins sagen: Wenn man jemals eine zweite Chance im Leben bekommt, dann muß man sie auch voll nutzen.«

Dann wurde wir als Team weggeführt, damit wir uns auf das Festbankett am Abend vorbereiten konnten. Es war eine aufwendige Sache mit 250 Menschen im Musée d'Orsay, mitten zwischen einigen der kostbarsten Kunstgegenständen der Welt. Wir waren alle todmüde und nach dieser dreiwöchigen Höllenqual völlig erschöpft, aber wir freuten uns auch darauf, endlich mal wieder ein Glas trinken zu können.

Im Museum standen wir vor einem wunderschön gedeckten Tisch, nur etwas paßte irgendwie nicht dazu, etwas, das Tom Weisel vorgeschlagen hatte.

An jedem Platz lagen Äpfel.

Wir tranken das erste Glas Champagner seit Metz, und ich stand auf für einen Toast auf meine Teamkameraden. »Ich trage zwar das Gelbe Trikot«, sagte ich, »aber ich glaube, das einzige, was mir daran wirklich gehört, ist der Reißverschluß. Nur dieses kleine Teil. Alles andere gehört eigentlich meinen Teamkameraden - die Ärmel, die Vorderseite und der Rücken.«

Meine Teamkameraden hoben ihre Hände.

Jeder der Männer hielt etwas in der Faust.

Einen Apfel. Überall um mich herum rote, glänzende Äpfel.

Für diese Nacht hatten Kristin und ich uns eine große und teure Suite im »Ritz« gemietet. Wir schlüpften in die bereitliegenden Bademäntel und öffneten noch eine Flasche Champagner. Dann feierten wir unsere eigene, private Feier. Jetzt waren wir endlich wieder zusammen und allein. Wir amüsierten uns über die riesige Suite und ließen uns das Abendessen aufs Zimmer bringen. Dann sanken wir in einen tiefen, festen Schlaf.

Am nächsten Morgen wachte ich, unter Kissen vergraben, auf und versuchte, mich in der fremden Umgebung zurechtzufinden. Neben mir öffnete Kristin die Augen, und ganz allmählich wurden wir richtig wach. Sie starrte mich an, und jeder las die Gedanken des anderen.

»Oh mein Gott«, sagte ich, »ich hab' die Tour de France gewonnen.«

»Das bildest du dir bloß ein«, sagte sie.

Wir brüllten vor Lachen.

10 Luke

Wenn mich jemand fragen würde, was mir wichtiger ist, der Sieg über den Krebs oder der Sieg bei der Tour de France, dann würde ich sagen, der Sieg über den Krebs. Das hat mich als Menschen, als Mann, als Ehemann, als Sohn und als Vater verändert.

Nachdem ich in Paris durchs Ziel gefahren war, schwamm ich in den ersten Tagen auf einer Welle von Interesse. Ich mußte mich anstrengen, damit ich nicht die Bodenhaftung verlor, und ich fragte mich, warum mein Sieg eine so starke Wirkung auf die Leute hatte. Vielleicht, weil die Krankheit zum Leben gehört – jeder ist irgendwann mal krank, keiner ist immun. Mein Tour-Sieg ist deshalb ein Symbol, ein Beweis dafür, daß man Krebs nicht nur überleben, sondern danach auch erfolgreich sein kann. Vielleicht bin ich, wie mein Freund Phil Knight sagt, ein Symbol der Hoffnung.

Bill Stapleton überzeugte mich schließlich, daß ich für einen Tag nach New York fliegen mußte. Nike stellte einen Privatjet zur Verfügung, und Kik kam mit mir. In New York wurde uns endlich die volle Wirkung und Bedeutung des Sieges klar. Ich hatte eine Pressekonferenz in Niketown, und der Bürgermeister erschien, und auch Donald Trump. Ich war in der »Today Show« und bei David Letterman. Ich ging in die Wall Street und läutete die Eröffnungsglocke. Als ich in die Börsenhalle kam, applaudierten die Devisenhändler spontan und anhaltend, was mich sehr überraschte. Und als wir wieder rauskamen, hatte sich auf dem Bürgersteig eine riesige Menschenmenge versammelt. »Was machen die Leute hier?« fragte ich Bill.

»Das ist wegen dir, Lance«, sagte Bill. »Kapierst du's jetzt endlich?«

Danach gingen Kik und ich in ein großes Geschäft für Babyausstattung. Dort stürzten die Leute in den Gängen auf uns zu, um mir die Hand zu schütteln und mich um ein Autogramm zu bitten. Ich war total erstaunt, aber Kristin blieb gelassen. Völlig ungerührt sagte sie: »Ich glaub, wir brauchen Höschenwindeln und einen Windeleimer.«

Uns stand ein eher normaler Akt des Überlebens bevor: Eltern zu werden.

Am Anfang machte ich mir große Sorgen, daß ich kein guter Vater würde, weil ich keine Beziehung zu meinem eigenen Vater hatte.

Ich versuchte, für meine Rolle als Vater zu üben. Ich kaufte ein Baby-Tragetuch und trug es im Haus rum, leer natürlich. Ich trug es auch, wenn ich in der Küche Frühstück machte. Ich behielt es sogar an, wenn ich in meinem Arbeitszimmer saß, Briefe schrieb oder telefonierte. Auch im Garten spazierte ich damit herum und stellte mir vor, daß sich da eine kleine Gestalt hineinkuschelte.

Kik und ich gingen ins Krankenhaus, um uns alles anzusehen. Eine Schwester erklärte uns, wie wir uns verhalten sollten, wenn Kiks Wehen anfingen.

»Wenn dann das Baby geboren ist, wird es auf Kristins Brust gelegt«, sagte sie. »Dann trennen wir die Nabelschnur durch.«

»Die schneide *ich* durch«, sagte ich.

»In Ordnung«, sagte die Schwester liebenswürdig. »Dann badet eine Schwester das Baby ...«

»*Ich* bade das Baby.«

»Einverstanden«, sagte die Schwester. »Dann tragen wir das Baby den Flur entlang ...«

»*Ich* trage das Baby«, sagte ich. »Das ist mein Baby.«

Einmal mußten wir nachmittags verschiedene Dinge erledigen und fuhren deshalb in zwei Autos, aber hintereinander, wieder nach Hause. Ich fand, daß sie viel zu schnell fuhr, und rief sie über das Autotelefon an.

»Fahr langsamer«, sagte ich. »Du hast mein Kind im Bauch.«

In den letzten Wochen ihrer Schwangerschaft erklärte Kik den Leuten gern: »Ich erwarte mein *zweites* Kind.«

Anfang Oktober, ungefähr zwei Wochen, bevor das Baby fällig war, flogen Bill Stapleton und ich nach Las Vegas, wo ich eine Rede halten und an ein paar geschäftlichen Besprechungen teilnehmen sollte. Als ich zu Hause anrief, sagte mir Kik, daß sie schwitze und sich nicht gut fühle, aber zuerst dachte ich nicht weiter drüber nach. Ich erledigte meine Sachen, und als wir damit fertig waren, stürzten Bill und ich los, um die Nachmittagsmaschine nach Dallas zu kriegen. Am Abend ging es dann weiter nach Austin.

Von einer privaten Lounge in Dallas rief ich Kik an. Sie sagte, sie schwitze noch immer, und nun hatte sie auch Wehen.

»Hör mal«, sagte ich, »du wirst doch jetzt nicht das Baby bekommen, oder? Das ist wahrscheinlich falscher Alarm.«

Aber am anderen Ende sagte Kik: »Lance, das ist nicht witzig.«

Dann kam die nächste Wehe.

»Okay, okay«, sagte ich. »Ich bin schon unterwegs.«

Wir stiegen in das Flugzeug nach Austin, und als wir auf unseren Plätzen saßen, sagte Stapleton: »Laß dir von einem erfahrenen Ehemann einen Rat geben. Ich weiß nicht, ob deine Frau heute das Baby bekommt, aber es ist besser, wenn wir sie noch mal anrufen, sobald wir in der Luft sind.«

Das Flugzeug war auf dem Weg zur Startbahn, aber ich war zu ungeduldig, um zu warten, bis wir endlich oben waren. Deshalb rief ich sie über mein Mobiltelefon an.

»Wie geht's?« fragte ich.

»Meine Wehen dauern eine Minute und kommen alle fünf Minuten, und sie werden immer länger«, sagte sie.

»Kik, glaubst du, daß wir heute nacht das Baby bekommen?«

»Ja, ich glaube, daß wir heute nacht das Baby bekommen.«

»Ich ruf dich wieder an, sobald wir gelandet sind.«

Ich legte auf und bestellte bei der Stewardeß zwei Flaschen Bier. Bill und ich stießen mit den Flaschen an und tranken auf das Baby. Der Flug nach Austin dauerte nur 40 Minuten, aber die ganze Zeit kribbelte es mir in den Beinen. Kaum waren wir gelandet, rief ich Kik wieder an. Normalerweise meldet sie sich am Telefon mit fröhlichem »Hi!«, aber jetzt klang ihre Stimme dumpf.

»Wie fühlst du dich, Liebling?« fragte ich und versuchte, ruhig zu klingen.

»Nicht gut.«

»Und wie geht es uns?«

»Warte mal«, sagte sie.

Sie hatte eine Wehe. Nach einer Minute meldete sie sich wieder.

»Hast du schon den Arzt angerufen?« fragte ich.

»Ja.«

»Und? Was hat er gesagt?«

»Er hat gesagt, daß wir, wenn du da bist, sofort ins Krankenhaus kommen sollen.«

»Okay«, sagte ich. »Ich bin gleich da.«

Ich trat das Gaspedal durch und raste mit 180 Sachen über die Straße, wo nur 60 erlaubt waren. Mit quietschenden Reifen bretterte ich in die Einfahrt, half Kik ins Auto und fuhr dann – sehr viel vorsichtiger – zum St. David's Hospital, dem Krankenhaus, in dem ich auch meine Krebsbehandlung gehabt hatte.

Vergessen Sie alles, was man Ihnen über das Wunder der Geburt erzählt hat, daß es das Wunderbarste sei, das man jemals erleben dürfe. Es war furchtbar, grauenhaft, eine der schlimmsten Nächte in meinem Leben, weil ich solche Angst um Kik hatte, und um das Baby, um uns alle.

Wie sich herausstellte, hatte Kik seit drei Stunden Wehen. Der Arzt untersuchte sie und stellte fest, daß sie schon sehr weit war. »Du bist ja wirklich super«, sagte ich zu ihr. Außerdem lag das Kind mit dem Gesicht zu Kiks Steißbein gedreht, so daß sie wahnsinnige Rückenschmerzen hatte.

Das Baby kam mit dem Po zuerst, und Kik hatte Schwierigkeiten bei der Geburt. Sie preßte und blutete, und der Arzt sagte: »Wir müssen die Saugglocke nehmen.« Sie nahmen ein Instrument, das so ähnlich aussah wie das Ding, mit dem man im Bad den Abfluß freipumpt – und sofort flutschte das Baby raus. Ein Junge. Luke David Armstrong war offiziell geboren.

Als sie ihn rauszogen, war er klein und blau und schleimig. Sie legten ihn auf Kiks Brust, und wir schmiegten uns aneinander. Aber er schrie nicht. Er gab nur ein paar leise miau-artige Töne von sich. Das Entbindungsteam machte sich offenbar Sorgen, weil er nicht laut weinte. »Schrei!« dachte ich. Ein weiterer Moment verging, und alles blieb still; Luke schrie nicht. »Komm schon«, dachte ich, »schrei endlich!« Ich konnte fühlen, wie die Anspannung im Raum immer größer wurde.

»Er braucht ein bißchen Hilfe«, sagte jemand.

Sie nahmen ihn uns weg.

Eine Krankenschwester schnappte ihn sich aus Kiks Armen und trug ihn in ein anderes Zimmer, in dem sich viele komplizierte Apparate befanden.

Plötzlich rannten alle hin und her.

»Stimmt was nicht?« fragte Kik. »Was passiert denn da?«

»Ich weiß nicht«, sagte ich.

Das Personal rannte rein und raus, als wäre es ein Notfall. Ich hielt Kiks Hand und renkte mir den Hals aus, um zu erkennen, was in dem anderen Zimmer los war. Aber ich konnte unser Baby nicht sehen. Ich wußte nicht, was ich tun sollte. Mein Sohn lag da drüben, aber ich wollte Kik nicht allein lassen, weil sie furchtbare Angst hatte. Sie sagte immer wieder: »Was ist los, was machen sie mit ihm?« Dann ließ ich ihre Hand doch einen Moment los, stand auf und schaute um die Ecke.

Sie gaben ihm Sauerstoff. Über seinem Gesicht lag eine winzige Sauerstoffmaske.

»Schrei doch! Bitte, bitte, schrei endlich!«

Ich war wie gelähmt. In diesem Augenblick hätte ich alles getan, um ihn schreien zu hören, absolut alles. Wenn ich jemals geglaubt hatte zu wissen, was Angst war, dann hatte sich das in diesem kleinen Zimmer völlig erledigt. Ich hatte Angst gehabt, als man mir sagte, daß ich Krebs hatte, und während der Behandlung war ich vor Angst fast gestorben. Aber das war nichts im Vergleich zu der entsetzlichen Angst, als sie uns unser Baby wegnahmen. Ich fühlte mich total hilflos, denn diesmal war nicht ich krank, sondern jemand anders: Es war mein Sohn.

Dann nahmen sie die Sauerstoffmaske runter. Er riß den Mund auf, verzog das Gesicht, und dann plötzlich brach es aus ihm heraus, ein kräftiges und lautes »Whäääääää!!!« Er schrie wie ein Weltmeister, und sofort änderte sich auch seine Farbe. Alle entspannten sich, und sie brachten ihn uns zurück. Ich hielt ihn, und ich küßte ihn.

Dann badete ich ihn, und die Schwester zeigte mir, wie ich ihn wickeln mußte. Kik, Luke und ich gingen zusammen in ein großes Zimmer, das fast wie ein Hotelzimmer aussah. Da stand zwar ein normales Krankenhausbett, aber es gab auch ein Sofa und einen kleinen Tisch. Wir schliefen ein paar Stunden, und dann ging's los mit den Besuchen: meine Mutter, Kiks Eltern und Bill Stapleton und seine Frau Laura. An diesem ersten Abend hatten wir eine Pizza-Party. Jeder, der den Kopf durch die Tür streckte, sah Kik im Bett sitzen, wie sie ein Shiner Bock schlürfte und auf einem Stück Pizza herumkaute.

Meine Mutter und ich schlenderten durch die langen Flure, und ich mußte daran denken, was ich gerade mit Luke durchgemacht hatte. Erst jetzt konnte ich richtig begreifen, was sie bei meiner Krankheit gefühlt haben mußte. Eine Weile hatte es so ausgesehen, als ob sie ihr eigenes Kind überleben würde.

Wir kamen an meinem alten Krankenzimmer vorbei. »Erinnerst du dich?« fragte ich.

Wir lächelten uns an.

Manchmal frage ich mich immer noch, wieviel ich selbst zu meinem Überleben beigetragen habe. Wieviel war Wissenschaft und wieviel war Wunder?

Ich habe keine Antwort auf diese Frage. Andere Menschen erwarten von mir die Antwort, ich weiß. Wenn ich die Antwort kennen würde, dann hätten wir die Heilmethode für Krebs, und, was noch wichtiger ist, wir würden den tieferen Sinn unseres Lebens verstehen. Ich kann Motivation, Inspiration, Hoffnung, Mut und Rat geben, aber ich kann nicht das Unbegreifliche erklären. Ich persönlich will das auch gar nicht versuchen. Ich bin damit zufrieden, daß ich einfach am Leben bin und das Geheimnis genieße.

Ein guter Witz:

Ein Mann ist von Überschwemmungsfluten eingeschlossen, und als das Wasser ansteigt, klettert er auf das Dach seines Hauses und wartet darauf, daß ihn jemand rettet. Ein Bursche in einem Motorboot fährt vorbei und sagt: »Spring rüber, ich rette dich.«

»Nein, danke«, sagte der Mann auf dem Dach, »Gott wird mich retten.«

Aber das Wasser steigt weiter. Ein paar Minuten später fliegt ein Rettungshubschrauber über das Haus und der Pilot wirft eine Leine runter.

»Nein, danke«, sagte der Mann auf dem Dach, »Gott wird mich retten.«

Aber die Fluten steigen immer höher, überschwemmen das Dach, und der Mann ertrinkt.

Als er in den Himmel kommt, stellt er Gott zur Rede.

»Mein Gott, warum hast du mich nicht gerettet?«

»Du Idiot«, sagt Gott, »ich hab dir doch ein Rettungsboot geschickt, und dann noch einen Hubschrauber.«

Ich glaube, irgendwie sind wir alle wie der Typ auf dem Dach. Dinge passieren, Ereignisse und Umstände kommen zusammen, und wir können den Sinn darin nicht immer erkennen, oft wissen wir nicht mal, ob es überhaupt einen Sinn gibt. Was wir aber können, ist, die Verantwortung für uns selbst übernehmen und den Mut dafür aufbringen.

Jeder von uns schlägt sich auf seine Weise mit dem Gespenst seines Todes herum. Manche Leute tun so, als ob es ihn nicht gibt. Manche beten. Manche schütten sich mit Tequila zu. Ich habe ein bißchen von allem versucht. Aber ich glaube, daß wir uns dem Schicksal einfach stellen müssen, und unsere einzige Waffe ist der Mut. Mut ist die Eigenschaft des Geistes, durch die wir der Gefahr fest und ohne jede Furcht begegnen können.

Es ist eine Tatsache, daß Kinder bei Krebs bessere Heilungschancen haben als Erwachsene, und ich frage mich, ob das an ihrem natürlichen, nicht weiter nachdenkenden Draufgängertum liegt. Es sind sehr zielstrebige kleine Persönlichkeiten, auf die man nicht erst groß aufmunternd einreden muß. Erwachsene wissen zu viel über Niederlagen, sie sind skeptischer, geben schneller auf oder haben einfach Angst. Kinder sagen: »Ich möchte spielen. Beeil dich und mach mich gesund.« Das ist alles, was sie wollen.

Nach der Tour de France beschloß Wheaties, mich vorne auf seinen Weizenflocken-Packungen abzubilden. Ich fragte, ob die Pressekonferenz nicht in dem Krankenhaus, in dem mein Sohn geboren worden war, stattfinden könnte, und zwar in der Abteilung für krebskranke Kinder. Als ich die Kinder besuchte und ein paar Autogramme gab, schnappte sich ein kleiner Junge eine von den Wheaties-Packungen. Er stand vor mir, drückte sie fest an sich und fragte: »Kann ich das haben?«

»Ja, kannst du«, sagte ich. »Sie gehört dir.«

Er stand einfach da, schaute die Packung an und dann mich. Ich dachte, er sei ziemlich beeindruckt.

Dann sagte er: »Was haben sie für eine Form?«

»Was?« fragte ich.

»Was haben sie für eine *Form*?«

»Das ist so was wie Cornflakes«, sagte ich, »die sehen alle ganz verschieden aus.«

»Oh«, sagte er, »okay.«

Für ihn ging es nicht um Krebs. Für ihn ging es einfach um Cornflakes.

Kinder setzen sich einfach über Erwartungen und statistische Wahrscheinlichkeiten hinweg, und vielleicht können wir alle von ihnen lernen. Denken Sie mal drüber nach: Können wir etwas anderes tun, als zu hoffen? Wir haben zwei Möglichkeiten, medizinisch und emotional: aufzugeben oder wie wild zu kämpfen.

Als ich wieder ganz gesund war, fragte ich Dr. Nichols, wie meine Chancen damals wirklich standen. »Sie waren ziemlich schlecht«, sagte er, »einer der schlimmsten Fälle, die ich je gesehen habe.« »Wie schlimm?« fragte ich weiter. »War meine Chance 50 Prozent?« Er schüttelte den Kopf. »20 Prozent?« Er schüttelte wieder den Kopf. »Zehn Prozent?« Noch immer schüttelte er den Kopf.

Als ich bei drei Prozent angekommen war, fing er an zu nikken.

Alles ist möglich. Wenn man Ihnen sagt, daß Sie eine Überlebenschance von 90, 50 oder einem Prozent haben, dann müssen Sie an sich selbst glauben, und Sie müssen kämpfen. Mit kämpfen meine ich, sich mit jeder verfügbaren Information zu bewaffnen, eine zweite Meinung, vielleicht sogar eine dritte oder vierte einzuholen. Sie müssen genau darüber Bescheid wissen, was in Ihren Körper eingedrungen ist, und welche Heilungsmöglichkeiten es gibt. Eine weitere Tatsache im Zusammenhang mit Krebs ist, daß besser informierte und selbständig handelnde Patienten auch bessere Chancen haben, um langfristig zu überleben.

Was wäre gewesen, wenn ich verloren hätte? Wenn ich einen Rückfall bekommen hätte und der Krebs wieder aufgetreten wäre? Ich würde trotzdem glauben, daß ich in dem Kampf etwas dazugewonnen hätte. Denn in der verbleibenden Zeit wäre ich ein anderer Mensch gewesen: vollständiger, intelligenter und mitfühlender, und deshalb auch lebendiger. Von einem hat mich die Krankheit völlig überzeugt – mehr als jede Erfahrung im Sport: Wir sind viel besser, als wir glauben. Wir haben ungenutzte Fähigkeiten, die manchmal erst in Krisen auftauchen.

Wenn dieses ganze Leiden, das der Krebs mit sich bringt, einen Sinn hat, dann glaube ich diesen: Er kann uns besser machen.

Ich bin absolut überzeugt, daß Krebs nicht eine Form des

Todes ist. Ich definiere ihn lieber neu: Er ist ein Teil des Lebens. Für mich bedeutet er Mut, die Haltung, nie aufzugeben, Heilbarkeit, Aufklärung und die Erinnerung an meine Mitpatienten.

Ich habe Dr. Nichols einmal gefragt, warum er sich die Onkologie, die Krebsforschung, ausgesucht hat, ein so schwieriges und trauriges Gebiet. »Vielleicht war das so ähnlich wie bei Ihnen«, sagte er. Irgendwie sei für ihn Krebs die Tour de France der Krankheiten.

»Krebs ist eine entsetzliche Krankheit«, sagte er, »und eine große Herausforderung. Natürlich ist es traurig und zerreißt einem das Herz, aber selbst wenn man die Leute nicht gesund macht, hilft man ihnen doch immer. Auch wenn die Behandlung nicht erfolgreich ist, kann man ihnen wenigstens helfen, mit ihrer Krankheit umzugehen. Man baut eine Beziehung zu den Leuten auf. In der Onkologie gibt es mehr menschliche Augenblicke als in jedem anderen Gebiet, das ich kenne. Man gewöhnt sich nie dran, aber man lernt es zu schätzen, wie die Leute mit der Krankheit klarkommen – wie stark sie sind.«

»Du weißt es noch nicht, aber *wir* sind die Glückspilze«, hatte mir dieser Soldat damals geschrieben.

Ich werde die Lektion, die mir der Krebs erteilt hat, nie vergessen, und ich spüre, daß ich zur Krebs-Gemeinschaft gehöre. Ich glaube, daß ich die Pflicht habe, etwas Besseres aus meinem Leben zu machen als vorher und allen zu helfen, die mit der Krankheit kämpfen. Es ist eine Gemeinschaft mit gemeinsamen Erfahrungen. Jeder, der einmal gesagt bekam, »Sie haben Krebs«, und der dann dachte, »Oh Gott, ich muß sterben«, gehört zu dieser Gemeinschaft. Sein Leben lang.

Wenn ich die ganze Welt mal wieder über habe, nehme ich meinen Führerschein und schaue mir das Foto an. Dann denke ich an LaTrice Haney, an Scott Shapiro, Craig Nichols und Lawrence Einhorn – und an den kleinen Jungen, der Cornflakes mochte, weil sie so unterschiedlich aussehen. Ich denke an meinen Sohn, der für mein zweites Leben steht. Er zeigt mir, wofür ich lebe, unabhängig von mir selbst.

Manchmal werde ich nachts wach und vermisse ihn. Dann hole ich ihn zu mir ins Bett und lege ihn mir auf den Bauch. Jeder Schrei von ihm ist für mich die reinste Freude. Er wirft seinen kleinen Kopf nach hinten, sein Kinn zittert, seine Hände zappeln in der Luft, und er fängt an zu quengeln. Aber in meinen Ohren klingt das wie das Rufen des Lebens. »Ja, so ist's gut«, sage ich aufmunternd. »Mach weiter.«

Er schreit immer lauter, und ich lächele dazu.

Danksagung

Die Autoren möchten Bill Stapleton von Capitol Sports Management und Esther Newberg von ICM dafür danken, daß sie ein Gespür dafür hatten, wie gut wir zusammenpassen würden, und die uns für dieses Buch zu einem Gespann gemacht haben.

Stacey Cramer von Putnam kümmerte sich um ein sorgfältiges und aufmerksames Lektorat. Stuart Calderwood gab uns wertvolle Ratschläge und sorgte dafür, daß alles seine Richtigkeit hatte.

Wir danken ABC Sports für den umfassenden Satz schöner Schnappschüsse und Stacey Rodrigues und David Mider für ihre Unterstützung und ihre Recherchen.

Robin Rather und David Murray waren unsere großzügigen und aufgeschlossenen Gastgeber in Austin.

Gedankt sei auch den Herausgeberinnen von »Women's Sports and Fitness Magazine« für ihre Geduld und Unterstützung, und schließlich Jeff Garvey, der mich so oft mitfliegen ließ.

Die Abbildungen mit freundlicher Genehmigung von:
Kristin Armstrong (17, 18, 19), Linda Armstrong (1, 2, 3, 4, 5, 8, 9, 10, 11, 12, 14, 16, 25), Colleen Capasso (27), Susan Fox (13), Baron Spafford (20, 21, 28, 29), James Startt (15, 24, 26), Graham Watson (6, 7, 22, 23)